「意味マップ」の キャリア分析

【著】神戸康弘
Yasuhiro Kanbe

「個人の意味」が 「社会の意味」になるメカニズム

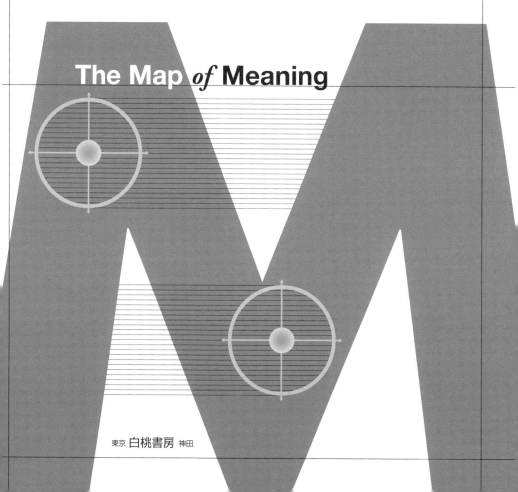

The Map *of* Meaning

東京 白桃書房 神田

はじめに

　本書は,「意味マップ」をテーマに書いた私の博士論文の一部を再構成したものである。意味マップ提唱者の Lips-Wiersma 氏は,以下のように言う。

　　自分にとってどんなことが意味あることなのか,それが描かれた"地図"も持たずに彼らはキャリアという旅をしようとしている。それで意味あるキャリアが歩めるはずがない。なぜなら「見えないもの」はマネジメントできないから。

　確かに地図も持たずに旅をしても迷ってばかりだろう。動物園に行けば,どこにどんな動物がいるのかマップを片手に探索するのが楽しい。これをキャリアに当てはめると,「どこにどんな意味あることが隠されているのか」がわからなければ迷ってばかりだろう。そう,意味は"隠されている"のだ。

　キャリアという学問は近年注目をあび,これまでもすぐれた理論が欧米を中心に生まれている。しかし理論はたくさんあっても,実際にキャリアを歩む人が使える「ツール」（道具）と呼べるようなものが少ないのではないかと思っていた。意味マップを使うと,自分にとって意味の感じられるキャリアに気付くようになる。それは個人にとって意味あるばかりか,社会にとっても意味あることだ。なぜなら社会は個人が意味ある仕事をすることで進歩していくからだ。よって本書の第1の使命は,この「意味マップ」をキャリアを歩む人,あるいはこれから歩もうとする人に知ってもらい活用してもらうことだ。そして自分の職業人生には意味があったと実感してもらいたい,あるいはそんなキャリアを歩んでもらいたいというのが本書の第1の願いである。

　私が意味マップをテーマに博士論文を書くことになった経緯を簡単に説明したい。私は神戸大学の金井壽宏教授に従事し,博士論文のテーマを考

えていた。先生の『働くひとのためのキャリアデザイン』の中で精神性というテーマがあり，これも候補の一つだと考えていた。すると先生から「先日，全米キャリア発達学会（NCDA）の会長経験者であり，キャリア研究の世界的権威であるリー・リッチモンド博士が来日され講演で『これからのキャリア研究で重要になる柱が2つある。ひとつは社会構築主義で，もうひとつが精神性。この2つがキャリア研究の主流となるだろう』と発言された。よって精神性はこれからの時代に必要な面白いテーマだと思うので，ぜひこのテーマで書いたらどうか」というご助言を頂いた。そして AOM に参加することを勧められた。AOM とは「全米経営学会：Academy of Management」のことで世界最大規模の経営学会である。そのため私は AOM に参加するようになり，そこで精神性をテーマに研究しているグループと出会うことになる。そのグループの中で偶然にも，日本人で現在は米国の大学で教員をされている Keiko Krahnke 博士と出会い，出身が神戸で，神戸の実家に何度も帰国されていることを知り，一緒に共同研究させて頂くことになった。その Keiko Krahnke 博士の友人で，同じ研究グループに所属されていたのが意味マップ提唱者のLips-Wiersma 先生であった。私が意味マップに着目していることを知り，Keiko Krahnke 先生が Lips-Wiersma 先生をご紹介して下さり共同研究させて頂くことになった。以上が，私と意味マップとの出会いの経緯である。よって本書の第2の使命は，AOM など世界の経営学やキャリア研究の中で精神性や意味に関してどのようなことが議論されているのかを伝えることである。

「意味マップがなぜ新しいのか，今までも仕事の意味の研究などいくらでもあったではないか」という意見もあるだろうが，今までも仕事の意味は心理学を土台としたいわゆる動機付けといったテーマの中で行われていた。それに対し，意味マップは精神性というテーマから生まれた，通常の意味ではなく，人生の意味をテーマにしたいわゆる「人生の意味のマップ」である。いわゆる心理ではなく，人生に意味があったと思える感覚は，どのようなキャリア上の出来事から得られるのかをテーマにしている。

　私が意味マップに着目したのは，何か新しい学術的発見につながる可能性があると考えたからだ。普段目に見えない，隠れている意味を「見える化」する試みである意味マップを使って，例えば顕著なキャリアを歩む人を分

析すると，意味マップをどのように使うことで顕著なキャリアを歩むことが可能なのかわかるかもしれない。意味を感じている人とそうでない人を意味マップを使って比較検討したら，意味を感じられない人を感じられる人に変える方法がわかるかもしれない。仕事を早期離職した人の話を意味マップで分析することで，早期離職を防ぐ方法がわかるかもしれない。このように意味マップはさまざまな可能性を秘めている。よって本書の第3の使命は，意味マップを使ってさまざまなキャリアを分析することで，今まで気付かなかった学術的，実務的発見ができる可能性があることを示すことである。

　顕著なキャリア業績の代表としてのウーマンオブザイヤー受賞者と意味マップとの関係をテーマに書いた私の博士論文は，幸運にも評価して頂き，出版して広く共有すべきとのご助言を多くの先生から頂き，今回の出版につながった。キャリア研究や学校などにおけるキャリア教育に大きな影響を与える可能性を持つ，"人生や社会を変えるツール"としての意味マップは，この閉塞した社会の中で重要な役目をすることが期待され，日本でも普及させたいと考えており，本書がそのきっかけになることを期待している。

　以上の経緯からも分かるとおり，多くの方にご指導頂きながら本書は完成した。まずもっともお世話になったのが何と言っても指導して頂いた金井先生である。先生からは研究姿勢全てを教わった。先生から読むべきと言われた本や論文，あるいは会うべきと言われた人には全て会い，次のゼミで報告をしていたら，「神戸さんほど私の言ったことを全てやってくれる人ははじめてですね」というお言葉を頂いたがそれほど全てが新鮮で勉強になった。先生のゼミでのお話は，毎回一冊の本にしたいくらい大変興味深いものであった。一人一人に真剣にエネルギッシュに指導して下さる姿勢に感銘を受け研究を継続することができた。中でもAOMへの扉を開いて頂いたことに特に感謝している。先生から「参加すべき，参加すると海外の研究者と直接話ができ，世界とダイレクトにつながることができる」というご助言を頂き思い切って参加することにした。その参加がなければKeiko Krahnke先生とも出会うことがなかったであろう。

　次にお世話になったのはそのKeiko Krahnke先生である。この本は先

生との出会いなくしてはあり得なかったであろう。AOMの精神性をテーマとした研究グループのワークショップに参加することを決めた私は，指導して下さる先生方のリストを見ていたが，そこに日本人らしい方の名前を見つけメールをしたのがきっかけであった。それから日本での実家が偶然にも神戸大の近くだったこともあり，大変よくしてくださり，米国で今どんなことが研究されているのか，日本語で話を聞けたことは本当に大きかった。精神性の研究グループ（スポンサー）の実行委員をされていて，欠席されたワークショップでは「まず今日出席できなかったKeiko Krahnkeからのビデオメッセージから見ましょう」と映像が流されるほど中心メンバーとして活躍されている先生であった。日本では金井ゼミに一緒に参加して下さったり，私の学会発表に参加して下さったり，博士号受賞式にも付き添って頂いたり，公私にわたりお世話になった。またＡＯＭでは共同発表者の一人にして頂いたり，アメリカでの生活やAOMでの過ごし方などをアドバイスして下さった。そして友人のLips-Wiersma先生をご紹介頂き，来日の手配や来日中のお世話などすべてして下さったことに本当に感謝したい。

　そしてお世話になった方の3人目はそのLips-Wiersma先生である。意味マップの提唱者の方とまさか直接お話ができるとは思っていなかったので，本当に貴重な体験となった。先生は大変気さくな方で，また親日家でもあり，どんな質問にも丁寧に答えて下さった。特に講演で意味マップが生まれた経緯や本当の意味などについて話が聞けたことは，本書の内容に大きな影響を与えた。

　その他，博士論文の副査をして下さった栗木契先生（神戸大学）は，中間発表後，研究室に呼んで下さり長時間にわたって，博士論文とは何か，何をどのような方法で明らかにしたものが良い論文なのか丁寧に教えて下さった。そのとき書いて頂いたメモは自宅のパソコンに貼って，博士論文を書くときの方向性を決める羅針盤のような働きをした。またもう一人の副査の先生であった松尾睦先生（北海道大学）は，まだ方向性が定まらない時期に，「この意味マップは面白い，とくに発達ルートの発見というは私の専門とも近いが，意味マップ上で表せるというのは面白いし，このマップを中心に博士論文を組み立てるべき」と言って下さり，この発言がきっかけで空気が変わったように感じた。先生の評価が後の方向性を決め

るきっかけともなった。

　博士論文の最終審査会では先生方から「よく書けている」という評価を頂き，出版するべきではないかというお言葉を頂いた。

　感謝したいもう一人の方はその出版を担当頂いた白桃書房の平千枝子氏である。はじめに平氏に言われたことは意外にも出版する者としての覚悟であった。出版はゴールではなくスタートであること，出版後の筆者の活躍が本書の価値を決めること，出版は出版社にとっては大きなリスクであり，そのリスクを共有する覚悟があるのかを問われた。そして一読者として「この表現はおかしい，これはどういう意味か」といろいろと長時間，長期間にわたって議論する中で，お互いの理解を深めていく作業を繰り返したことで，本書は本当の意味で完成したと思っており，長期間にわたり大変細かく妥協することなく根気強く原稿をチェックして下さったことに深く感謝している。

　その他，一緒に学んだ金井ゼミの方々にも本当にお世話になった。私の唯一の自慢はゼミを一度も欠席することなく，遅刻も早退もせずに過ごせたことである。これも暖かく迎えて下さったゼミ仲間があったからだと思う。また神戸大学経営学研究科は常に自主的な研究会が立ち上がったり，何かわからないことを問いかけるとみんながすぐに調べて返事を下さったり，とても暖かいアットホームな雰囲気があり，本当に過ごしやすい環境であった。またシステムとしても優れており，様々な試験に合格しなければ博士論文を提出できない仕組みとなっているが，これは博士となる人の質を担保する取り組みのひとつだろう。例えば定性的方法論の試験に合格しなければ論文が提出できないが，定性的方法論について，ここまで詳しく，しかも世界で活躍されている方の講義を受講できるのは神戸大独特の強みであり感謝している。

　金井ゼミでロバート・エモンズの「感謝」の研究を教わったことがあり，人は感謝の言葉を考えているときがもっとも幸福を感じるそうだが，まさに今それを実感している次第である。お世話になった方々に本書がお応えする内容になっていることを願いたい。

　　　　　　　　　　　　2016年7月　夏を迎えた平井の丘の研究室にて
　　　　　　　　　　　　　　　　　　　　　　　　　　　　著者

● 目次 ●

はじめに

Chapter 1 問題の所在：本研究の目的 ——— 1

1 ── 本研究の目的 …… 1
2 ── 本研究の背景：意味を問う意味 …… 2
  2.1　意味に飢える近代人 …… 2
    2.1.1　近代の5つの特徴 …… 3
    2.1.2　意味の複雑性縮減機能 …… 4
    2.1.3　「意味の所在」の変遷：神，親，コミュニケーション …… 5
    2.1.4　コミュニケーションによる意味の決定 …… 6
    2.1.5　組織内の意味：機能的意味と人間的意味 …… 7
  2.2　意味を求める近代人 …… 8
  2.3　現代の問題 …… 10

Chapter 2 文献レビュー：キャリア論における伝統的アプローチと新たな潮流 ——— 11

1 ── キャリア論における伝統的アプローチ …… 13
  1.1　特性理論アプローチ …… 13
  1.2　発達理論アプローチ …… 15
    1.2.1　Superの「キャリア・マチュリティ」理論 …… 15
    1.2.2　「キャリアの危機」に関する理論 …… 17
  1.3　伝統的アプローチの限界 …… 20
2 ── キャリア論における新たな潮流 …… 22
  2.1　「本質主義」から「構築主義」へ：第一の変化 …… 22
    2.1.1　Savickasの業績 …… 22
    2.1.2　Hollandの職業パーソナリティ理論との関係 …… 23
    2.1.3　Superのキャリア・アダプタビリティ理論との関係 …… 23
    2.1.4　ライフ・テーマ研究 …… 26
  2.2　「能力」から「意味」へ：第二の変化 …… 27

    2.2.1　キャリアへの意味アプローチ……………28
    2.2.2　Miller-Tiedeman のライフキャリア理論………………28
    2.2.3　Bloch & Richmond の精神性アプローチ………………29
    2.2.4　Hansen の統合的ライフプランニング……………31
  2.3　「必要なもの」から「求めるもの」へ：第三の変化………………32
3┃──「精神性」研究……………33
  3.1　精神性を巡る研究状況：欧米の MSR 研究………………33
  3.2　精神性とは何かに関する研究……………35
    3.2.1　定義研究……………35
    3.2.2　日本における研究……………39
  3.3　精神性の「成果」に関する研究………………39
  3.4　精神性の「測定」に関する研究……………42
      Fox による「仕事の精神性」に関する質問表………………42

Chapter 3　本研究の理論的枠組み ── 47

1┃──「求めるもの」に関する研究：Lips-Wiersma などの研究群………………48
  1.1　Lips-Wiersma の研究……………48
  1.2　Krahnke の研究……………53
  1.3　Mitroff & Denton の研究……………54
2┃──「意味マップ」について……………55
  2.1　意味マップ：最新版……………55
    2.1.1　インスピレーション……………56
    2.1.2　リアリティ……………57
    2.1.3　内容変更……………58
    2.1.4　アクションとリフレクション……………58
    2.1.5　「社会システム」としての意味マップ……………60
    2.1.6　コミュニオンとエージェンシー……………62
  2.2　重要事項の検討……………64
    2.2.1　内面マップの「見える化」……………64
    2.2.2　世界を変えるポジション……………65
    2.2.3　オーガニックな組織……………65

2.3 本研究の目的 …… 65
2.3.1 従来のキャリア研究の課題 …… 65
2.3.2 意味マップ使用のルール作り …… 66

Chapter 4 「意味マップ」のルール作り：分類基準の検討 …… 67

1 ── 意味マップ使用のルール作り …… 67
1.1 金井（2002b）の「一皮むけた経験」研究 …… 68
1.2 鈴木（2002）の「組織と個人」研究 …… 74
1.3 松尾（2010）の「医師の熟達」研究 …… 79
1.4 田路（2006）および尾野・岡田（2014）の研究 …… 84
1.4.1 田路（2006）の研究 …… 84
1.4.2 尾野・岡田（2014）の研究 …… 87
1.5 藤原（2009，2013）のキャリア研究 …… 90
1.5.1 藤原（2009）の研究 …… 90
1.5.2 藤原（2013）の研究 …… 91
1.6 小池編（1991）のキャリアパス研究 …… 93
2 ── 主観的調査における従属変数の問題 …… 95
3 ── 課題と分類基準の検討 …… 96

Chapter 5 調査方法 …… 99

1 ── 意味の研究の意義と問題点 …… 99
2 ── 本研究のリサーチクエスチョン …… 101
3 ── 調査対象者の選定 …… 104
4 ── 研究方法 …… 106
4.1 定量的調査か定性的調査か …… 107
4.2 調査手続き …… 108
5 ── 分析方法 …… 110
5.1 修正版グラウンデッド・セオリー・アプローチとTEM分析 …… 110
5.2 キャリアヒストリーの分析 …… 111
5.3 意味マップを用いたロジックの抽出 …… 113

Chapter 6 調査結果：社会変革に至るストーリーの分析 ——115

1 ── 社会変革・社会貢献に至るストーリーの分析 ——115
　1.1　「スキルの獲得」のストーリーとモデル図 ——116
　1.2　「使命感の獲得」のストーリーとモデル図 ——127
　1.3　「組織リソースの獲得」のストーリーとモデル図 ——138
　1.4　「顧客・社会の課題解消」のストーリーとモデル図 ——155

Chapter 7 調査結果：「意味マップ」を用いた分析 ——171

1 ── 意味マップを用いたロジックの抽出 ——171
2 ── ルート（発達径路）の発見 ——173
3 ── 本調査の結論 ——175
4 ── 発見事実：意味マップで考える利点 ——177
　4.1　統合的理解 ——177
　4.2　逆算モデル ——179
　4.3　「個人の意味」が「社会の意味」になるメカニズム ——181
　　4.3.1　ピラミッドモデル ——181
　　4.3.2　吸収拡大モデル：個人の影響力拡大モデル ——183
　　4.3.3　夢の公式 ——184
　　4.3.4　螺旋モデル ——185
　　4.3.5　キャリアの有意味性 ——187
　4.4　マップを「回す力」「動かす力」 ——188
　　4.4.1　「専門性の獲得」が他者志向への扉をあける ——188
　　4.4.2　使命感の獲得過程：「できる」のに「していない」という思い ——189
　　4.4.3　「○○」なのに「○○」モデル ——191
　4.5　「意味マップ」と「意味の輪」の同一性 ——194
　4.6　社会を変える精神性 ——198
　4.7　「子供モデル」と「大人モデル」 ——200
　4.8　「したい」けど「できない」（一覧） ——202

Chapter 8 考察：研究の意義と展望 ― 209

- **1** ── 本研究の意義………209
  - 1.1 「意味マップ」に関する議論………209
  - 1.2 「意味の輪」に関する議論………210
  - 1.3 経営学の「精神性」に関する議論………211
- **2** ── 本研究の発見事実の意義………212
- **3** ── 実務的意義………214
- **4** ── 学術的意義………217
- **5** ── 展望………218

附録-A　Lee Richmond 博士インタビュー ― 223
- ■-1 インタビュー概要………223
- ■-2 事前の電子メールでの回答………223
- ■-3 インタビュー概要………224
- ■-4 インタビュー内容………224
- ■-5 インタビューからわかったこと………228

附録-B　M.S. Lips-Wiersma 先生来日記念講演会：要約と講演評 ― 230
- ■-1 講演のきっかけ………230
- ■-2 講演者の研究変遷………230
- ■-3 講演の要約………231
- ■-4 本講演の意義………241
- ■-5 インプリケーション………245

附録-C　意味マップの使い方 ― 248
- ■-1 「学生」の就活（会社選び，仕事選び）に………248
- ■-2 「働く人」の悩み整理，意味を感じる働き方への転換に………251

参考文献
索　引

Chapter 1

問題の所在：本研究の目的

1 　本研究の目的

　われわれは，日々仕事をする中で，意味のある仕事をしたいと願っている。自分のした仕事には，何か意味があると信じたいと思っている。本研究で扱うテーマは，そんな仕事の意味，仕事の連続体としてのキャリアの意味だ。

　昨今，キャリア論の文脈でも，欧米の研究者を中心にこの意味や精神性までも含めた問題が盛んに議論されているが，これから見ていくように現代は「意味を問う時代」とも言われるにもかかわらず，従来のキャリア研究は，この意味の問題に適切に答えられていないとする議論が多くある。そこで本研究では，この意味とキャリアの問題をテーマとして考察を進めることとする。本研究の目的は以下の通りである。

　第1に，なぜ従来のキャリア研究が，意味の問題に適切に答えられないのかを，欧米の研究動向を中心に明らかにすることである。その上で，このような意味の問題を克服しようとする研究群の動向，およびその意義と問題点を指摘する。

　第2に，Lips-Wiersma の「意味マップ」を使いながら，これまで展開されてきた意味とキャリアに関する研究群の限界を克服していくことである。これらは先行研究の中で必ずしも十分に検討されていない問題だからである。

　本格的な先行研究のレビューや実証研究の結果について述べる前に，まずは，なぜ今この時代に，意味を問う必要があるのか，「意味を問う意味」

について考察したい。

2 本研究の背景：意味を問う意味

まず，近代人が意味に飢える宿命にあることを指摘した杵渕（2002），続いて，同じく近代人が意味を求める宿命にあることを指摘した Krahnke（1999），そして現代の問題という順に考察する。

■ 2.1 意味に飢える近代人

杵渕（2002）は，まず「意味が感じられる仕事」と「働く意味」は似ているようで違うと指摘する。前者は仕事そのものに意味が付与されているもので，つとに McGregor（1960）や Herzbeurg（1966）などにより提唱され，職務の再設計，職務充実などの経営管理施策によって実現される。後者の働く意味は，働く個人の側が労働を通じて認知するものである。それは個人が他者にコミットするところに生じるものなので，間主観的現象と言うことができる。すなわち，働く意味とは，「働く個人同士の相互交流に生成する意味」と定義される。

そして，なぜ近代人は意味を求めるのか，それは社会の複雑化と関係する。なぜ人は意味を求めるのか。なぜ特に近代においてそうなのか。近代と意味とは不可分の関係にある。すなわち近代においては人々は意味を希求せざるを得ない時代状況におかれているのである。もちろん人は時代状況を問わず意味を必要とするものである。哲学的・社会的に言っても，人間存在に先行して在る世界が様々な意味によって構成されているとすれば，世界と適合的に生きるには，それらの意味と自らの存在を適合させていかねばならない。このことからしてもそれは明らかである。

意味の問題が浮上するレヴェルを，『意味に餓える社会』を書いた Bolz（1997）は，以下のように説明する。

⊙ 事物造形のレヴェル……形がもはや機能に即したものではなくなった段階。
⊙ 自己造形のレヴェル……自分が自分であることが危うくなった段階。
⊙ 政治造形のレヴェル……社会が手がつけられないほど複雑化した段階。

● 2.1.1 ── 近代の5つの特徴

　意味に飢える近代人，そして近代がいかに人をして意味を求めさせる時代であるか，その理由は無数にあるが，5点に絞って説明可能であるという（杵渕，2002）。

　第1の近代の特徴は，権威の否定である。それはひとつには神であり，あるいは身分制度・階級制度であり，伝統である。特に神を否定したことで，近代人は根源的不安に襲われることになった。ヒトにとって，老い，病，死に対する避けがたい不安を緩和するのは，宗教や呪術が担当してきた。近代科学の発達と自我の確立によって，近代人はそれらを超克する道を歩みだした。それは非合理からの解放であり，人間が自由を手にした時代であると同時に，自由によってもたらされた不安を人類が自前で解消して耐えていかなければならない時代ともなった。それは換言すると，それまでの権威に代わる別のものを必要とする時代であるとも言え，蓄財，出世，名声などの近代的価値はひとつの「自由からの逃走」形態と呼ぶこともできるし，また科学技術による問題解明，問題解決もまたその別形態であるともとらえることができる。つまり神などの権威の否定は，別の生きる拠り所としての意味を必要としたのである。

　第2の特徴は，巨大システムである。近代社会は巨大に発達したシステムである。すなわち近代は実に多様な組織から成る複合体としての社会システムから成っており，人はなんらかの形で複数の組織と関わりをもって生きるようになった。それらから成る社会はあまりに巨大で，かつ複雑で，もはや個人が全体像を掌握しつつ組織に参加することは不可能である。人と組織とのつながりは，単発的，断片的になり，ますますその全体像を見えにくくしている。それは人に，社会に対して個人のなしうることの少なさを想像させ，無力感を抱かせると同時に機械の歯車にも似た自己を思わせ，疎外感をもたらす。つまり巨大システムの一員とならざるを得ない状況では，人は自分が存在する意味を求めるようになる。

　第3の特徴は，テクノロジーのブラックボックス化である。あまりに高度に発達したテクノロジーは，ついにはその自明性を喪失させている。たとえば多くの研究者たちはワープロソフトの原理を知らぬままに，その技術を駆使して大量の仕事をしている。ブラックボックス化したハード，ソフトの両技術に大きく依存して生活している事実が，近代人に無能感，不

安感を抱かせる。つまりテクノロジーの複雑化が進むと，人はその不安感から意味を求める。

　第4の特徴は，科学技術の進展による経過捨象である。今道（1990）は，現代は行為の論理構造に逆転が起きていることを警告している。目的が手段を決定するのではなく，手段が目的を限定しているという。つまり技術を手段として使い，その手段がもたらす範囲が許す結果に取り込まれている。技術は経過を捨象する。たとえば登山電車があれば足を使って登らずとも頂上に立って眺めを楽しむことができる。効率的には違いないし，効率性以上の多くの恩恵（例．足の不自由な人や子どもも山頂の景色を味わえる）を人類にもたらしてはいる。しかしこうした経過捨象はわれわれから様々な機会を奪っている。たとえば登山の過程において培われる助け合いの精神，登山の技術，登頂の喜びをさらに大きくする苦労，精神の鍛錬，等々である。すなわち経過捨象は登山経験を希薄にする。ということは生そのものを希薄にすることにほかならない。これは人間存在が時間によって規定されていることを思えば，当然の帰結である。時間性の圧縮はすなわち「人間の本質を虚無化方向に圧縮」（今道，1990）しており，これは人間にとって未経験の虚無感の源泉となっている。つまり経過捨象による虚無感から，人は意味を求める。

　第5の特徴は，インターネットの普及である。インターネット関連技術はわれわれの生活に革命的な変化をもたらした。科学技術による経過捨象の一例としても，インターネットは臨場性のない臨場感を日常的に経験させられている状況である。それが人間存在を空洞化していくが，インターネットには，別の問題もある。インターネットは個人の世界への発信だけでなく，世界からの監視の可能性をも同時にもたらしている。さらに普及の影の部分，すなわちインターネットを使用できないところにいる人々は，いわゆるデジタル・デバイドから派生する所得格差，情報格差に脅威を抱く。つまりインターネットの普及は，監視される不安，情報に取り残される不安を喚起させるため，人はその解消のため意味を求める。

● 2.1.2 ── 意味の複雑性縮減機能

　そして杵渕（2002）は，意味の最大の機能は「複雑性縮減機能」だという。近代性は，複雑性に伴う各種の不安をコストとして発展してきている

とも言える。しかもそれらの要因に真っ向から対峙して解決を図ることは叶わない。そこで人々は，これらの複雑性がもたらす不安を緩和する複雑性縮減装置のひとつとして意味にその役割を託す（その他の例としては「癒し」にその機能が求められることが昨今の流行りになっている）。複雑性とは全体が不透明だということだから，透明であること，明確であること，率直であることに対する憧れが至るところで生まれる。そこで，人々はいまや「失われた意味を捜し求める」のである。近代人が意味を求めるのは必然である。同時に，その意味が透明で，明確で，率直であることが求められるというのであれば，それは安直で，浅薄で，幼稚で，卑近な性格を帯びたものになっていかざるを得ない。

意味には，個人を取り巻く複雑な世界と個人とをつなぐ「媒介の機能」もある。他者をそのまま理解しようとしたら混乱を来すであろうことも，意味を通せば理解できる。混沌とした世界をそのまま把握するのは不可能であるが，その複雑性を秩序立てることができれば世界を内面化でき，その「秩序化機能」をもつのが意味である。それは「複雑な世界を単純化する機能」と呼ぶこともできるし，対象に名づけをすることで世界を分節して「取り扱い可能にする機能」と呼ぶこともできる。世界を単純化して関係締結を可能にするこの形式には，実に様々な形態がある。現代において自己実現，自分探し，アイデンティティ論など自分を知ろうとする欲求はますます強まっているが，これらもその一例と言える。また，精神分析，科学万能主義などに対する人々の信奉も，意味形成のひとつである。さらに健康，環境，平等などへの傾倒も，複雑性縮減行為に含まれる。それが〇〇オタク，〇〇狂，〇〇中毒と称される域に達すれば，単純化の度合いが高度に達した姿であるし，それが社会的に受容される範囲を越えた場合は，主体と世界とのコミュニケーション不全ということになる。ある意味ですべての人間行為は複雑性縮減行為である。なぜならすでに述べたとおり，人は本来的に意味を求める存在だからである。つまり複雑な社会を生きるわれわれ近代人は，複雑性縮減行為としての意味の機能に頼らざるを得ないのである。

● 2.1.3 ──「意味の所在」の変遷：神，親，コミュニケーション

さらに杵渕（2002）は，「意味の生成するところ」がどこにあるのか，

表 1-1 時代別人間モデルの違いによる意味の所在と源泉

時代区分 　細目	人間モデル	意味の所在	意味の源泉
プリモダン	S-R 型	外在	権威による付与
モダン	S-O-R 型	内在	スーパー・エゴ
ポストモダン	自主的情報交換体	間主観	コミュニケーション

出所：杵渕（2002），p.7 を元に筆者作成

時代区分を説明している。社会学的意味をさらに論じるために，人間モデルの違いに基づいてプリモダン，モダン，ポストモダンという時代区分で意味の生成するところを以下の表 1-1 のようにまとめている。

まず時代区分としては，人間が S-R（刺激―反応）型モデルとされた時代をプリモダンとする。このモデルでは，人に刺激を操作して与えれば，相応の反応が返ってくると考える。すなわち意味は付与されるもので，意味は外在しており，したがって人にとって他律的に作用する。「旧ヨーロッパでは意味とは世界の完全性のことであった」（Bolz, 1997）とあるように，意味の源泉が神の領域にあった時代である。

近代（モダン）に入ると，意味を与えるものとして主体が登場する。ここでの人間は S-O-R 型モデルである。O は主体であり，すなわち自主性の存在が認められ，ここに自主管理の可能性が開かれた。意味の源泉が内在化したのである。その中身は，初期の生育歴に影響を与えた身近な大人たち，主に両親，祖父母などによって刷り込まれた価値観である。

そして，社会構成主義と解釈学の所見を得たポストモダンにおいては，「意味は解釈とコミュニケーションの過程」（Bolz, 1997）から生成されるようになった。この時代の人間モデルを自主的情報交換体と呼んでいる。下條（1999）の研究成果に依拠しており，人間実存の本質としての意識を「来歴」という概念でとらえる。来歴とは「過去から現在におよぶ脳と身体の経験と，その経験を提供した世界の総体である」（下條, 1999）。つまり時代区分から見ても，ポストモダンの現代は，意味を求めることが不可欠の時代となる。

● **2.1.4 ── コミュニケーションによる意味の決定**

ポストモダンの時代である現代は，意味の源泉がコミュニケーションと

なった。プリモダン時代の「神」も，モダン時代の「親」もいない現代では，受動的に待っていても意味は獲得できない。非力ながら自前で意味を調達するしかないのがポストモダンである。意味が社会的に構成されるものとなったということは，とりもなおさず意味が主体と他者とのコミュニケーションと主体による解釈の過程で生成されるものとなったということである。このとき，情報というものが意味と無意味を区別しないのであるから，意味あるメッセージとナンセンスなメッセージは情報としては完全に等価である。すなわち意味は相互交流によってしか生成しないのである。情報の意味は文脈からはじめて明らかになるもので，そして文脈は関係があるところに生じるのであるから，人間関係のあるところの相互交流によって意味が生成され，相互了解される。言い換えれば，意味はつねに不確定的である。当然その意味はバーチャルには違いないが，社会的に構成されているのであるから，一定の客観性は確保できているため，幻想や妄想ではない。そこで相互了解されたことは意味を成しているのであるから，行動決定力があり，リアリティが構成されている。この点においてもバーチャルとリアルに差異はない。

このように，意味はつねに別の解釈の可能性を秘めている。両者の関係が規定する文脈によって意味が確定するので，このときたとえば，その関係が支配—被支配関係にあると，相互了解を難しくすることもありうる。つまりコミュニケーションでしか意味が生成しない時代であるため，コミュニケーションから発生する意味に関心をもたざるを得ない。

● 2.1.5 —— 組織内の意味：機能的意味と人間的意味

組織内の意味生成としては，そこで生じる意味は社会的な交流によって得られるいわば社会的意味である。組織内人間関係としてはそのレヴェルでとどまっていても，それさえクリアしていれば組織成員としては必要最低限の規準を満たしたことになるので何ら問題はない，はずである。しかし，たとえば管理の場面において上司と部下の関係が，機能に特化されていて本当に仕事が効率よく運ぶか。ましてや精神的存在としての人間としてはそれだけでは十分ではない。特に人生いかに生きるべきかの意味を問う人間にとっては十分条件ではない。たとえば「売上げを上げる」ことは機能的意味である。しかし，それが自分の人生にとってどのような意味が

あるか，会社は教えてくれない。そのようないわば「精神的存在としての人間の意味」，つまり人間的意味もまた，コミュニケーションによって解釈するしかない。

　組織内人間関係においても，何をもって「意味がある」とみなすかは，その人の来歴と置かれている状況によって様々である。ある人，ある状況にとって「意味ある」ことは，刻々と変化している。なぜなら人は変化しつつその都度意味を確定（make sense）しているからである。ひとつの意味が生成されることで，つぎなる事態が展望され，新たな状況下での意味作りが待ち受けている。このように人は，つぎつぎと意味を確定しつつ変化しているが，そのような人間が成員となって構成される組織もまた，一瞬たりとて同じではない。この常ならざる組織が統一体としての秩序を保っているのは，存続という組織目的で貫徹されているからにほかならない。この限りではこの運動はオートポイエーシス（自己創造性）（Maturana & Varela, 1980）の動きであり，アフォーダンス理論（Gibson, 1986）で説明できる動きである。アフォーダンスとは環境の一部が主体にとって価値あるもの，すなわち意味ある状態のことである。

　以上，杵渕（2002）の主張を見てきたが，現代を生きるわれわれがいかに意味に飢える宿命にあることが理解できるであろう。外在的に意味を与えてくれる「神」も，内在的に意味を与えてくれる（象徴としての）「親」もいない現代に生きる私たちは，自分で意味を決めなければいけない。しかもその意味はコミュニケーションによって間主観的に決定されるため，常に流動的である。そのため常に不安に陥り，その不安を解消するのも意味でしかない。また社会が複雑になり，それを理解するために意味を必要とする。これはこういう意味だと納得し，複雑な社会を意味づけすることでしか生きられない。かくして現代に生きるわれわれは，常に意味づけをしながら生きる存在となった。早期離職の若者が「ここにいても意味がない」など意味という言葉をよく使うのも，現代人が常に意味づけしながら生きる，その証拠とも言えるだろう。

■ 2.2 ── 意味を求める近代人

　また Krahnke（1999）は同様の問題意識から，時代とともに，理論，哲学，

そこから導き出される含意がどのように変遷していったかについて論じている。

まず産業革命以前の時代では，宗教的道徳的な理論が中心となり，救済としての労働などといった哲学が支配していた。

続く産業時代には，科学万能の象徴としてのニュートン主義，進化論的な見方を示すダーウィン主義などが支配的となり，正解や真実はひとつしかないという見方が広がり，労働者は部品化され，創造性と自律性の欠如が問題となった。

ポスト産業時代では，量子理論や社会構築主義などの社会理論が台頭し，多面的な見方が広がり，ワークライフバランスなど仕事と家庭の両立などがテーマとなった。

表 1-2　仕事の意味の変遷とその背景

時代区分	理論	哲学	含意
産業革命以前 (Pre-industrial era)	⊙宗教的道徳的に規定された自己実現	⊙社会的生活と構造の強調 ⊙救済としての労働	⊙職人的価値 ⊙仕事に対する誇り ⊙職業的アイデンティティ ⊙生計の維持
産業時代 (Industrial era)	⊙ニュートン主義 ⊙労働理論 ⊙X理論 ⊙経営学理論 ⊙ダーウィン主義 ⊙科学的方法	⊙人に対する万国共通の見方・万国共通の理由・区別化される個人・ひとつの真実，ひとつの現実・自己に対する静的な感覚・唯一の価値としての合理性	⊙仕事と自己の不一致 ⊙分業されたタスクとしての仕事・役割と消耗品として見られる労働者・創造性と自律性の欠如
ポスト産業時代 (Post-industrial era)	⊙量子理論 　(Quantum theory) ⊙社会理論 　(Social theory)	⊙多面的現実 ⊙直接知覚経験 ⊙構築主義 　(Constructivism) ⊙相対主義	⊙分断化される仕事と社会生活・個人生活と社会生活の重視・自己，技術的進歩，知識重視に対する流動的，構築的感覚
現代 (Present)	⊙自己組織化理論 　(Self-organizing theory) ⊙カオス理論 　(Chaos theory)	⊙支配的信念システムの欠如 　(Lack of dominant belief system)	⊙孤立と喪失の感覚 　(Sense of isolation & loss) ⊙意味と目的を探し求める 　(Looking for meaning & purpose) ⊙不安・選択を迫られる

出所：Krahnke（1999）を元に筆者作成

そして現代は「その次」の時代であるとし，より複雑化が進み，予測不能の混沌とした現象を扱うカオス理論，無秩序の中での組織化をテーマとする自己組織化理論などが台頭し，支配的な信念のシステムが欠如しているため，人々は孤立し，不安になり，それでも自分で選択しないといけないため，目的と意味を日々求める存在であるとしている。
　以上の関係をまとめたものが表1-2である。現代を生きる我々がいかに意味を求める宿命にあるかが理解できるであろう。

■ 2.3 ── 現代の問題

　それでは現代の日本においては，意味に関してどのような問題が起きているだろうか。日本では，若者の早期離職問題，経済状況の悪化によるリストラの問題などが1990年代以降起こっており，これらは働く意味に関わる問題であると言えるだろう。
　内閣府の平成24（2012）年3月発表のデータによると，平成22（2010）年3月に大学や専門学校を卒業し就職した人は56.9万人であったが，そのうちその時点で離職していた人，つまり3年以内に離職したいわゆる早期離職者は19.9万人に及んだという[*1]。率にすると約35%となり，3人に1人が早期離職していることになる。我慢が足りない，忍耐が足りないなど根性論で論じるだけでなく，自発的離職者は，広い意味で「その職場にいることに意味を感じられなかった」人たちであり，なぜ意味のない職場となってしまったのかについて，詳細に調査する必要があるであろう。政府は，このデータを問題視し，平成24年6月に「若者雇用戦略」をまとめ発表した[*2]。それによると，入社後に入社前のイメージと違うと早期離職するいわゆるミスマッチを問題視しているようであり，大学1年次からのキャリア教育の実施，在学中の企業体験であるインターンシップの実施率の向上などを目標に掲げている。

●─注
*1─「若者を取り巻く現状と問題」（雇用戦略対話第7回合意事項，平成24年3月19日，内閣府経済財政運営担当）。雇用戦略対話とは，緊急雇用対策（平成21年10月23日緊急雇用対策本部決定）に基づき，雇用戦略に関する重要事項について，内閣総理大臣の主導の下で，労働界・産業界を始め各界のリーダーや有識者が参加し，意見交換と合意形成を図ることを目的として設置された。
*2─「雇用戦略対話」第8回会合合意（平成24年6月12日）。

Chapter 2

文献レビュー：
キャリア論における
伝統的アプローチと新たな潮流

　この第2章では，文献レビューによって本書の理論的枠組みを説明する。前章で述べたように，現代のキャリア論やマネジメント論の中で，意味やあるいは精神性までも含んだ研究が増えてきた。これはなぜであろうか。その理論的背景や経緯を説明し，後の調査においてテーマとする Lips-Wiersma（2002）の「意味の生成マップ」研究の位置付けを明らかにすることが本章の目的となる。

　なぜ意味や精神性が注目を集めるようになったのか，それを説明するのに，以下のBlochの指摘がわかりやすいであろう。Bloch（1997）は，Holland（1992），Super（1990），Mitchell & Krumboltz（1990）などこれまでの伝統的なキャリア発達理論のレビューを行い，これらの理論は，キャリア選択，仕事満足，仕事のモチベーションの背後のプロセスに関するいくつかの側面を説明する際には，またそれが実務に応用される際には，有効かもしれないが，「意味に関する深い問い（the deeper questions of meaning）」には適切には答えていない，と指摘した（Lips-Wiersma, 2002）。

　前章で見たように現代は意味に飢える社会であるが，その意味について，キャリア論の伝統的アプローチでは解決できないと言う。なぜであろうか。これからその伝統的アプローチがなぜ問題なのか順に説明していくが，理解を助けるために，本研究の文献レビューの全体像を先に見取り図として示しておく。それが図2-1である。左側が伝統的アプローチである。右側

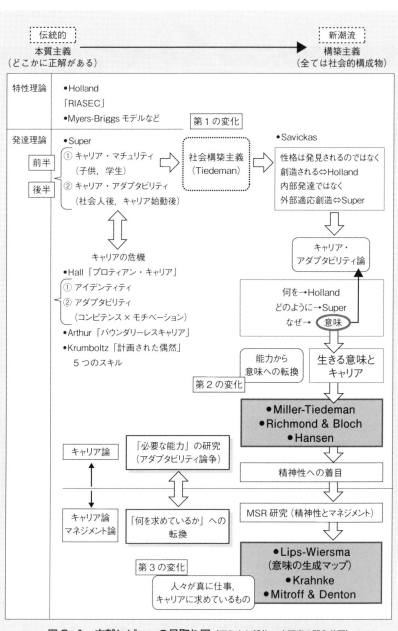

図2-1 文献レビューの見取り図（アミカケ部分＝本研究の関心分野）

が新潮流の流れを表しており，下に行くほど新しい動きとなっている。

この第2章では，まずキャリア論の伝統的アプローチについてレビューする(1)。そして，キャリア論の新しい潮流についてレビューする(2)。そして，キャリアやマネジメントにおける精神性の研究についてレビューする(3)。その後の，本研究の主テーマである Lips-Wiersma（2002）などの研究については，第3章で述べる。

1 キャリア論における伝統的アプローチ

それでは Bloch（1997）のいう伝統的アプローチには，どのような問題があるのだろうか。順番に見ていくこととする。まずは最も代表的な特性理論である。

■ 1.1 特性理論アプローチ

もっとも代表的な伝統的アプローチと言えば，人をある種の特性によって分けようとする特性論アプローチであろう。米国における標準的なキャリアのテキストである Sharf（2009）では，「特性とタイプに関する理論群（trait & type theories）」に分類されていた。もっとも代表的な研究者が Holland であろう。1909年の Frank Parsons の業績から始まるこの種の特性理論は，もっとも代表的な研究のひとつである Holland（1985a, 1997）の「RIASEC」理論につながった。Sharf（2009）によると，「特性と要因の理論（trait & factor theory）」に分類されるという。特性（trait）とは，テストによって測定可能な個人の特徴であり，要因（factor）は，仕事の成功に必要となる特徴である。つまり「特性と要因の理論」とは，人と仕事の関係を評価する研究という意味となる。Holland（1985a, 1997）の特徴は，キャリアを，個人の人格（personality）の延長と見る点にある。よって個人の人格が分かれば向いている仕事が分かると考える。個人の人格の特徴を"Realistic, Investigative, Artistic, Social, Enterprising, Conventional"の6つに分けるため，その頭文字をとって「RIASEC（リアセック）」モデルなどと呼ばれる。またそれを六角形で描くことから「ホランドの六角形（Holland's hexagon）」と呼ばれることもある。このようにテストをすることで，その人のタイプが分かり，向いている仕事が分か

るという発想は,特に産業界にとっては人を雇用する場合便利であり,爆発的に利用されたのも理解できる。Holland（1966, 1973, 1985a, 1992, 1997）は,この理論に関する書物を計5冊出版しており,現在も改訂版が出続けている。また1999年には,ジャーナル（*Journal of Vocational Behavior*, 1999, August）でJohn Hollandの40年の業績を称え特集号が組まれ,この理論に関する12の新たな論文が発表されており,学術的,および実務界への影響は計り知れず,現在ももっとも影響力のある理論と言えるであろう。

　特性理論は他にもいくつかのモデルがある。Myers-Briggsのタイプ理論は,純粋に言えばキャリア理論ではないが,キャリアカウンセラーが好んで使うことで知られているという（Sharf, 2009）。ユング心理学をもとにしたもので,1940年代から開発が始まり,1962年に初版が出版されている（Myers, 1962）。テストの正式名称は"Myers-Briggs Type Indicator"であり,「MBTI」と呼ばれる。図2-2がそのMBTIモデルである。ユングの類型論の指標である「外向（Extraversion）か内向（Introversion）」「感覚（Sensing）か直観（iNtuition）」「思考（Thinking）か感情（Feeling）」に,独自に「判断的態度（Judgment）か知覚的態度（Perception）」を加えて,4指標16タイプで性格を分類する。この4つの指標でどちらと答えるかによって,たとえば「ISTJ」などという自分の性格が決まる。16の

例）例えば「ISTJ」タイプなら,「会計士,エンジニア,投資マネジャー,警察官」などに向いているという。

図2-2 "Myers-Briggs Type Indicator"（MBTI）モデル

出所：Sharf（2009）,pp.162-167を元に筆者作成

タイプがあり，自分のタイプが分かると，どのような職業が向いているかが分かるという。

　この種のタイプ分けモデルは，人のタイプ分けには便利である。しかし，「意味に関する深い問い」（Bloch, 1997）に答えているだろうかと問うたとき，答えていないことは明白であろう。なぜなら自分が何タイプかを知ることと，仕事の意味や生きる意味は，全く別次元のことだからである。よってこの理論やモデルでは，「意味に餓える現代」「意味を求める現代」の要請に応えられない。以上のような，「特性」により人を「タイプ分け」するという発想は，企業の採用試験に取り入れられ，入社前に診断が行われている。しかし，一方で入社後に早期離職する人も多く社会問題になっている。このテストに合格し，適性と判断され入社した人が，「ここにいても意味がない」といって退職するならば，この理論は，意味に関する問いには答えられていないことになる。意味に関する別の次元のアプローチが必要なことを示唆している。

■ 1.2 ── 発達理論アプローチ

　特性論とならび，もうひとつの柱が発達論アプローチである。キャリアが一生にわたってどのように発達するのか，各ステージでどのような発達課題があるかなどを明らかにしようとするアプローチである。Sharf（2009）は，このような研究を「ライフスパン理論」（Life-Span Theory）に分類している。この分野では，Superの数々の業績がある。

● 1.2.1── Superの「キャリア・マチュリティ」理論

　Superといえば「キャリアのアーチ（archway of career determinants）」や「キャリアの虹（life-career rainbow）」などが代表的であるが，本章で着目するのは，「キャリア・マチュリティ（career maturity）」と「キャリア・アダプタビリティ（career adaptability）」という概念である。

　益田（2008）によると，Superは，キャリア発達を考える際に，キャリア発達を促す準備状態の存在を仮定し，これを「キャリア・マチュリティ（成熟度）」と名付けた。思春期におけるキャリア・マチュリティの規定要因は学校教育および教師や両親から寄せられる心理社会的な期待などであり，

暦年齢とキャリア・マチュリティは密接に連関する。社会人となった後にもキャリア発達の準備状態としてのキャリア・マチュリティは想定できるが、それは思春期と違って暦年齢に連動するよりも仕事の内容やその変化によって規定され、個人差も大きくなると考えられる。このような成人期以降の個別性が高く、多様な方向性をもつキャリア成熟の概念をSuperは「キャリア・アダプタビリティ（適応力）」と名づけ、思春期までの「キャリア・マチュリティ」と分けて論じようとした（岡田、2007）。

　Super（1990）は、キャリア開始前の子どもの発達について、キャリア・マチュリティのモデルを提示している。キャリア・マチュリティはまず「好奇心（curiosity）」から始まる。好奇心は、次の「探索（exploration）」の行動へとつながる。探索行動により、「情報（information）」を得ることができる。また探索により、重要なもうひとつの情報源となる「鍵を握る人物（key figures）」と出会う。これはいわゆる真似をしたいと思う人物のことである。探索行動が壁にぶつかり、うまく行かないと「衝突（conflict）」が起こり、やがて「撤退（withdrawal）」してしまい、発達が得られなくなる。

　このSuperのキャリア・マチュリティ理論はもちろん多くの意義を有するが、成功するために必要なものという意味で成熟度というある種の「能力」を特定しようとする試みであろう。またある種の人の準備段階を想定しているものでもあり、科学的な人の発達段階を特定しようとする意図も見える。いずれにしても、観察対象を外から眺めることに主眼があり、観察対象の本人にとっての「意味」は無視されているか除外に置かれているのであり、意味に関する深い問いに答えるものではないであろう。

　またキャリア開始後の大人モデルについてはどうか。Knasel（1980）は、Superとの共同調査（Super & Knasel, 1979）として行ったカナダ人労働者に対するインタビューを通じて、「キャリア・アダプタビリティ」に関する次のような7つのディメンションを見出したと述べている。

　①労働の価値と重要性（work values & work salience）
　②自立心（autonomy or sense of agency）
　③計画性や将来展望（planfulness or future perspective）
　④探求と確立（exploration & establishment）

⑤情報 (information)
⑥意思決定 (decision making)*1
⑦経験したことについての内省 (reflection on experience)

　Super & Knasel (1981) でも，この調査の意義を強調し，大人モデルとしてキャリア・アダプタビリティという概念を導入することの重要性について指摘している。
　この発達理論アプローチでは，その他にも，Gottfredson (1981, 2002, 2005) のモデルなどがある。自己創造 (self-creation)，限界 (circumscription) と妥協などをテーマとしたもので，子どもの発達における「4ステージ限界モデル」などを提示している。
　このように，発達理論アプローチでは，キャリア発達のために何が必要なのか，その因子を特定することが研究の目的となる。しかし，必要な適応能力や成熟度はわかっても，意味に関する深い問いに答えてくれない。仕事への準備度合いなどこのモデルのテストに合格し入社しても，「ここにいても意味がない」と考え，早期離職する人をこの理論では説明ができない。よってこの種の理論やモデルでは，「意味に餓える現代」「意味を求める現代」の要請に応えられないのであれば，別次元のアプローチが必要であろう。

● 1.2.2 ── 「キャリアの危機」に関する理論
　この種の発達理論は，思春期，青年期などいくつかの時期に分けられるが，ここでは，キャリア開始以前の「子ども」と，キャリア開始以降の「大人」に分けて論じることにする。
　大人のキャリア研究では，失業，転職など「キャリアの危機 (career crisis)」に関する研究が多くある。以下，主に益田 (2008) に従って説明する。
　Hall (1976) は，組織によってではなく個人によって管理され，自由や成長を主たる価値観とし，地位や給料によってではなく心理的成功によってその効果性が測られるようなキャリアを「プロティアン・キャリア (protean career)」，つまり「変幻自在なキャリア」と名づけ，伝統的なキャリア観との違いを明らかにするとともに，その実現の方策を探った。Hall (2002) は，プロティアン・キャリアを形成していくにあたって必要な2

つのメタ・コンピテンシーを挙げている。メタ・コンピテンシーとは，コンピテンシーを獲得するためのコンピテンシーである。そのひとつはアイデンティティであり，変化に対応すべきときにこそ自らの価値観や興味に気づいていること，過去・現在・未来を通じて一貫した自分が意識できることが重要だとする。もうひとつのメタ・コンピテンシーがアダプタビリティであり，アダプタビリティは「適応コンピテンス×適応モチベーション」という掛け算で表現されるとする。つまり，能力と動機の相互作用の上に成り立つのがアダプタビリティであり，単なる適応能力ではないとしているのである（益田，2008）。つまり，変化の時代のキャリアに必要とされるメタ・コンピテンシーとは以下の2つだという。

①アイデンティティ
②アダプタビリティ（適応コンピテンス×適応モチベーション）

同様の変化対応のキャリアとしては，Arthur & Rousseau（1996）の「バウンダリレス・キャリア」（boundaryless career）がある。どちらも，個人のキャリアが持ち運び（mobile）され，会社から会社へと渡り歩くことが普通となり，在宅勤務や契約社員など働き方が多様化した時代を背景としている。また，このような指向性を計る尺度も開発されているが，バウンダリレス的態度を計る尺度は，境界線のないような労働環境や，自分が会社内や会社間を異動することを好むかどうかを測定するのに対し，プロティアン的態度を計る尺度は，自分のキャリアを自分で管理できるかといった自己統制力や，個人的な視点から価値づけしているか，といった点を測定するという違いがある（Sharf, 2009）。

また Krumboltz らは，「計画された偶然（planned happenstance）」理論を発表した（Mitchell & Krumboltz, 1990; Mitchell, Levin, & Krumboltz, 1999; Krumboltz & Levin, 2004）。その中で Krumboltz らは，「個人のキャリアは偶然に起こる予期せぬ出来事によって決定される部分が大きく，その偶発的な出来事を主体性や努力によって最大限に活用する姿勢を持つことが重要だ」としている。予期せぬ出来事をキャリアに対する計画的な取り組みの攪乱要因としてとらえるのではなく，それを機会としてとらえ積極的に活用すべきだというのである。そして，そのためには，次のような

5つのスキルを発達させることが重要だとしている（益田，2008）。

　①好奇心（curiosity）
　②持続性（persistence）
　③柔軟性（flexibility）
　④楽観性（optimism）
　⑤リスクテーキング（risk-taking）

　また転機のモデルとしては，Hopson & Adamsモデルもある。Hopson & Adams（1977, p.13）は，転機のモデルを図示して提示したが，後にHopson（1981）がその改訂版として，転機の「気分（mood）」と時間経過との関係を以下の7つの段階で説明するモデル（Seven-Phase Model of Stages Accompanying Transition）を提示している。

　①停止（immobilization）
　②最小化（minimization）
　③自信喪失（self-doubt）
　④受け入れ（letting go）
　⑤やり尽くし（testing out）
　⑥意味探求（search for meaning）
　⑦内在化（internalization）

　まず何らかの転機を告げられた最初のショックで，何も考えられなくなる「停止」がある。そして，それが，解雇など悪いことならば「絶望」(de-spair)，栄転など良いことなら「意気揚々」（elation）な気分となる。その後，大きく動いた気分が普通の状態に落ち着く「最小化」が起こる。その後，自分や自分の能力に対して疑う「自信喪失」，全てを受け入れようという気分になる「受け入れ」，できることは全てやり尽くしたという「やり尽くし」，自分に起こったことの意味を考える「意味探求」と続く。そして，最後にそれらを全て内在化し，自分の価値観やライフスタイルなどが変化し，新たな自分に生まれ変わる「内在化」という段階に行き着き，次の変化に対応できるようになる。

この種の,「キャリアの危機」を乗り切るために必要となる能力などを特定することや,その経緯について明らかにすることは,意義があるであろう。しかし,意味に対する深い問いに答えられているかと問われたら,答えられていないことは明白であろう。なぜなら,危機を乗り切り成功するための能力を特定したり獲得することと,それが意味があるかどうかは別次元の問題だからである。この種の理論やモデルでは,「意味に餓える現代」「意味を求める現代」の要請に応えられないのであれば,別次元のアプローチが必要であろう。

■ 1.3 —— 伝統的アプローチの限界

　以上,いわゆる伝統的アプローチについて見てきたが,これらは今も学術界および実務界で主流であるにもかかわらず,意味に関する深い問いに答えられないとすれば,それはなぜなのだろうか。それは結論から言えば「成功するキャリア」ばかりを追求してきたからだ。

　伝統的アプローチの内容は様々だが,ある共通点がある。それは「成功するキャリアのために」「必要とされる能力を」「特定すること」を最終目標にしているということだ。失敗しないために,成功するキャリアを研究目標とすることは当たり前ではないかと思われるかもしれないが,そこに落とし穴がある。

　この考え方を理解するためのヒントとなるのが,意味の心理学であるロゴセラピーを提唱したFrankl（1969, 1978）の考え方である。「成功か失敗か」という軸を"水平軸"と名付け,現代人はこの成功か失敗かという軸しか見えない「フラットランド」に生きていると指摘した。しかし人は,「絶望か意味充足か」というもうひとつの軸である"垂直軸"でも同時に生きており,水平軸だけでは人は何らかの「むなしさ」を感じ,生きる意味を充足できないとした。

　また杵渕（2002）は,企業などの組織要員には,仕事ができるできない,つまり成功か失敗かという「機能人」という側面と,それが意味あるかどうかを判断する「人格人」という側面と両方があることを指摘し,今までのように機能人の側面ばかり見ているために,現代人は仕事から意味を感じられないのであり,人格人としての側面を重視する必要があることを指摘している。このような関係を図示したものが図 2-3 である[*2]。

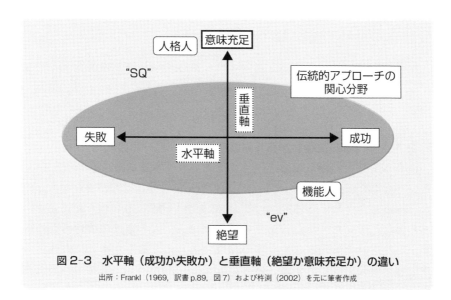

図2-3 水平軸（成功か失敗か）と垂直軸（絶望か意味充足か）の違い
出所：Frankl（1969，訳書p.89，図7）および杵渕（2002）を元に筆者作成

Frankl（1969）によると，ここで言う成功とは，いわゆるビジネスマンや弁護士，医師としての成功を指している。例としてハーバード大学の卒業生に対して行われた調査で，職業的にも結婚生活においても非常に成功している彼らの多くが危機を訴えており，自分の人生には目標もなく無意味であると感じているという調査結果を引用し，かれらは「成功」の下で「絶望」の右にある"ev"であると述べている。"ev"とは実存的空虚（existential vacuum）のことである。成功にもかかわらず絶望というような現象は，2つの異なる次元の線によってしか説明できないと述べている。これに対し，「失敗」しているにもかかわらず「意味充足」を得る例として，"SQ"と記している。これはFranklが死刑執行直前に死刑囚に対して話をする役割をしていた「サンクエンチン」という刑務所の略であり，死の直前まで人生に意味を見出す例として示されている。

それでは，伝統的アプローチの限界を超えて，どのような新しい潮流がキャリア論の中で生まれているのか，これから見ていくことにしよう。

伝統的アプローチから，意味や精神性までもが研究関心となるまでの過程には，少なくとも「3つの変化」があった。その3つの変化に沿って，順に見ていくこととする。

2 ┊ キャリア論における新たな潮流

　伝統的なアプローチから，どのように意味や精神性への研究へとつながったのだろうか。まず第一の変化は，キャリア研究における社会構築主義への転換である。

■ 2.1 ── 「本質主義」から「構築主義」へ：第一の変化

　従来のキャリア論は，正解が必ずあるという「本質主義 (essentialism)」という立場を研究背景としていた。人の職業的性格には何パターンあるのかを特定しようとしたHollandは，自然科学と同じように何らかの正解があると信じていた。またSuperの発達理論も，人の発達には何らかの正解がありそれを特定しようとする研究であった。ある意味では人間という生物を研究する生物学的な視点であった。これに対し，「社会構築主義 (social constructionism)」は，そのような性格のタイプ分けや発達段階を，「科学的発見・知見」としてではなく，「社会的構成物」として見るという視点の転換をともなうものである。ポストモダンの潮流を背景に，ただひとつの決定した真実があるわけではなく，人はそれぞれ個人の現実を知覚し構築しているとする考え方である (Neimeyer & Stewart, 2002)。

　キャリア研究の分野に社会構築主義を最初に持ち込んだのは，ハーバード大学の David Tiedeman だと言われている[*3]。その後この意思を継いだ Mark Savickas が多くの業績を残し，この分野の第一人者となっている。よってまずは Savickas の業績について，この分野に詳しい益田 (2008) などを参考に見ていく。

● 2.1.1 ── Savickas の業績

　Savickas のキャリア構築理論は，職業行動の「何を (what)」「どのように (how)」「なぜ (why)」の3つの視野を含む。これらは言い換えれば，「①職業パーソナリティ（何を）」「②キャリア・アダプタビリティ（どのように）」「③ライフ・テーマ（なぜ）」を統合する理論である (Savickas, 2002)。従来のキャリア理論を援用するいわばメタ理論であり，特にHollandの職業パーソナリティ理論，Superのキャリア・アダプタビリティ理論を発展継承させたものである。Hollandの職業パーソナリティとの関

係（what），Super のキャリア・アダプタビリティ理論との関係（how），そしてライフテーマ（why）という順に検討する。

● 2.1.2 ── Holland の職業パーソナリティ理論との関係

　Savickas のキャリア構築理論は，キャリアを人間の内部構造の成熟としてではなく，環境適応のために引き起こされる発達として文脈的視点に立ってみるもので，この理論ではたとえば職業的性格は，発見されるものではなく，創造されるものとなる。Holland 理論で言えば，「現実的（realistic）」という性格のタイプの人がいると考えるのが Holland であり，Savickas はなぜそのような性格が作られたのか，社会的影響などその構築過程の方に関心をもつ。

　具体的なカウンセリング場面で言えば，Holland のパーソナリティ理論を使うが，それは他のクライアントとの比較のためではなく，その人の「語り」をより理解するためであり，クライアントが今の時点で，職業世界（world of work）をどのように見ているかの糸口になる。たとえば，手先が器用なので職人になりたい，と言った場合，クライアントが職業世界を，Holland のパーソナリティ理論でいえば「現実的」という視点から見ていることになる。

● 2.1.3 ── Super のキャリア・アダプタビリティ理論との関係

　個人の職業パーソナリティはどうすれば社会と適応できるのか，あるいはどうすれば社会によって職業パーソナリティが創造されるのかが Savickas の 2 つ目のテーマとなる。以下，益田（2008）に従って説明する。Savickas（2002）は，Super のキャリア発達研究を踏まえ，キャリア・マチュリティ（成熟度）とキャリア・アダプタビリティ（適応力）を次のように定義した上で，キャリア・マチュリティの概念は，社会が安定し一定の秩序が保たれているとみなされるときには効果的な概念かもしれないが，たえざる変化にさらされている現代の環境にはそぐわないとしている。

　キャリア・マチュリティ（成熟度）：成長期から解放期に至る連続的なキャリア・ステージに沿って個人がどの程度職業的発達を遂げているのかを見る心理社会的な構成概念である。社会的な視点に立って言えば，キャ

リア成熟度は，社会が個人に対してその年齢相応に期待している発達課題と，個人が実際に直面している発達課題とを比較することによって操作的に定義される。

キャリア・アダプタビリティ（適応力）：現在のそして将来予想される職業発達課題に対する個人のレディネスおよび対処力を示す心理社会的構成概念である。キャリア構成における ABC と呼ぶ「態度（attitude），信念（beliefs），能力（competency）」に関する適性が，関心（concern），コントロール（control），好奇心（curiosity），自信（confidence）のディメンションごとに開発されていくことが期待される。

Savickas（2002）によれば，キャリア・アダプタビリティはその最も抽象度の高い次元において4つのディメンションに分けて考えることができる。それは"concern, control, curiosity, confidence"の4つである。適応的な個人は次のような要件を満たしていると考えられている。

①働くものとしての自分の将来に対して関心（concern）を持つ
②将来の職業生活についてのコントロール（control）力を高める
③自己の可能性を探究する好奇心（curiosity）をもつ
④自分の大きな志を追求する自信（confidence）を強める

4つのディメンションの特徴は，以下の通りである。
①関心（concern）
職業生活の過去を振り返り，現在を深く考え，将来を予期することによって，その連続線上に未来を現実のものとして感じさせるのが「関心」である。計画性と楽観性が「関心」を醸成するが，キャリア関心が欠落すると「無関心」の状態となり，無計画と悲観が支配的となる。
②コントロール（control）
個人は，将来の環境に対して多少なりともコントロールできるという感覚をもつことが必要である。コントロールの欠落感は，将来の職業はすでに他者によって決められていて自分にはそれに抗うすべがないと感じている若年層の人々に典型的に見られる。キャリア・コントロールは，個人は自らのキャリアを構成する責任をもっているものと感じ，また信じること

表2-1 Savickas のキャリア・アダプタビリティ論

将来に対する4つのディメンジョン（次元）	欠落したときの状態	欠落した場合, 支配するもの	キャリアのABC	欠落した場合の具体例
①関心	無関心	・無計画 ・悲観	「態度・信念・能力」に表れる	例）無計画な生活態度, 悲観的な信念, そのため能力が身に付かない, など。
②コントロール	コントロール感の欠如	・優柔不断（不決断） ・他者によるコントロール感	「態度・信念・能力」に表れる	例）優柔不断な態度, 自分では決められないという信念, そのため能力が身に付かない, など。
③好奇心	好奇心の欠如	・無知 ・不正確な自己イメージ	「態度・信念・能力」に表れる	例）好奇心が欠如した態度, 不正確な自己イメージによる信念, 知識がない（無知）, など。
④自信	自信の欠如	自己抑制	「態度・信念・能力」に表れる	例）自己抑制的な態度, 自己抑制的な信念, そのため能力が身に付かない, など。

出所：Sharf（2009）および益田（2008）を元に筆者作成

を意味する。キャリア・コントロールの欠落は, キャリア上の優柔不断（不決断）を意味する。

③好奇心（curiosity）

個人が自分自身や職業について知ろうとするときには, 様々な形で環境を探索して回る必要がある。キャリアを構成する上での好奇心の役割の重要性は, 多くのキャリア・ディベロップメント理論の中で繰り返し語られてきた。新しい経験に対してオープンであること, 自分の可能性や今とは異なる役割を試してみることに価値をおく個人は, 新しい冒険をやってみずにはいられない。それによって自分に対する気づきが深まり, 職業に関する多様な情報も収集することができる。好奇心の欠落は, 仕事の世界に対する無知と不正確な自己イメージをもたらす。

④自信（confidence）

自信は, 障害を乗り越え, 挑戦を続けることによって成功につながると

いう予期を表す。キャリア選択は複雑な問題解決を要するテーマであり，それを進めていく上では自信はなくてはならないものである。キャリアに関する自信は，学校教育あるいは職業選択の上での選択決定を適切に行うために必要な一連の活動を成功裏に進めることができるということについての自己効力感を表している。幅広い探索経験は自信を強化する効果をもつ。自信の欠落はキャリア上の自己抑制をもたらす。

　この4つの要件を満たすための，態度，信念，能力を常に高める努力をすることが重要とされる。このような関係をまとめたものが表2-1である。

● 2.1.4 —— ライフ・テーマ研究

　Savickasといえば前述のキャリア・アダプタビリティ理論ばかりが注目されるが，キャリア構築理論の中で，もっとも重要な構成要素となるのが,「ライフ・テーマ（life themes）」である。「what」「how」に続く「why」に当たる。このアイディアは，Adler理論（Adlerian theory）の「ライフスタイルコンセプト（Adler's life style concept）」に依拠している（Savickas, 1988, 1989; Sharf, 2008）。Adler理論では，ライフスタイル，早期記憶（early recollections），人生課題（life tasks）を重視する。人生課題には，自己発達，精神性の発達，仕事，社会，愛，の5つの課題があるという。

　Savickas（1989）は実際のキャリアカウンセリング場面で使用可能な「キャリア・スタイル・インタビュー」(career style interview）という方法を開発している。これは「ライフスタイル」と「早期記憶」についての質問である。ライフスタイルでは「ロールモデルを3人挙げて下さい，好きだった雑誌は何か，好きだったテレビ番組は何か，好きな本は何だったか，どんな趣味をもっていたか，好きな言葉は何か，学校で一番好きだった教科は何か」などの質問を行い，その人のライフ・テーマが社会の中でどのように構築されてきたかを探っていく。

　また早期記憶の質問とは，人生のもっとも最初の記憶についての質問である。人生の最初の記憶は，しばしば人生を貫くテーマとなることがあるという。キング牧師（Martin Luther King）の人生最初の記憶（early recollections）は，父がある店で座っているとき,「黒人席はあちら」と

店員に言われ,席を移動させられているところを見たことだという。その早期記憶が黒人差別撤廃という彼の人生のテーマ(ライフ・テーマ)となった。

彼は,以上の「どんなキャラクターか(what)」「それを社会に適応させるには何が必要か(how)」「その人がそれをしたいのはなぜか(why)」を統合した「7ステップ解釈手続き」(7 step interpretive routine)という解釈手法についても提案している(Savickas, 2005a, 2005b)。例えば,「クライアントの使う"動詞"に注目する」では,人生最初の記憶で使った動詞に注目するなどである。たとえば,「絵を描いた」という動詞ならば,創造性がライフ・テーマと示唆されるし,「覚えた」という動詞なら,考えるということがライフ・テーマと示唆されるという。他に「助けた」「従った」などの動詞が出てくるという。また「記憶にヘッドラインを付けていく」は,今まで語った記憶に"見出し"を付けていく作業だ。たとえば「あなたのこの記憶を一言で言えば"作り上げる(making)"ですね」などと見出しを付けていく。

Savickas(1988, 1989)のこのライフ・テーマへの着目は,なぜそれをすることに意味があるのか,への着目であり,意味に対する深い問いに答えようとしたものである。実際,Savickas(1993)は,これまでのキャリア理論は「意味の生成(meaning-making)に関係する深い問い」について言及していないと述べており,既述のBloch(1997)らと同じ立場を取っている。

このSavickas(1993)の言う「意味の生成に関係する深い問い」というテーマにより特化したのが,次に説明する「キャリアへの意味アプローチ」だ。

■ 2.2 ── 「能力」から「意味」へ:第二の変化

伝統的アプローチからの第一の変化が,本質主義から構築主義への転換であった。本質主義では,何らかの科学的合理的な「正解」を特定しようとしていたが,構築主義では,その人がどのように世界を見ているか,つまりその人が世界をどのように「意味づけ」しながら生きているのかが重要となる。つまり本質主義の伝統的アプローチでは,成功するためにはどのような能力や性格が必要なのか,といった「能力の特定」がテーマで

あったが，構築主義では，自らのキャリアを日々意味づけしながら自分の世界を生きていると考えるため，より意味を感じられるようになるにはどのような課題があるのか，という「意味への課題」という方向性へと次第に関心テーマが変わっていった。つまり，「能力」から「意味」への転換が，第二の変化である。

● 2.2.1 ── キャリアへの意味アプローチ

このようなキャリアへの意味アプローチは，Sharf (2009) のテキストでは，「キャリア意思決定アプローチ」(career decision-making approaches) と名付け分類している。給与など外形的短絡的視点だけでなく，より意味深いキャリア意思決定をするには，どうすればいいかを研究する研究群という意味であり，3組（4人）の研究者達がこの分野の研究者に分類されている。それが，Miller-Tiedeman, Bloch & Richmond, Hansen の3組（4人）である。順に見ていく。

● 2.2.2 ── Miller-Tiedeman のライフキャリア理論

Miller-Tiedeman (1988, 1989, 1992, 1997, 1999) は，ライフキャリア財団（Lifecareer Foundation）の創始者で，彼女の理論は，「ライフキャリア理論」(lifecareer theory)として知られている。「キャリアとしての人生」(life-as-career)，つまり，「人生はキャリア」(life is one's career) であり，決してキャリアとは仕事（job）のことではないと主張する。「人生とはあなたのキャリアのこと」(life is your career) であり，自分の人生を生きるべきで，決して他人が望むキャリアを生きてはいけないことを強調する。その象徴が，個人的現実と一般的現実の区別であろう。

Tiedeman & Miller-Tiedeman (1979) は，誰にとって現実主義的か (realistic to whom?) が大事であるとし，以下の2つの現実を区別する考え方を示した。

①個人的現実（personal reality）
②一般的現実（common reality）

「個人的現実」とは，個人にとっての「何が正しいか」という感覚に依

存する。意思決定やその方向性の決定が，意思決定者にとって正しく適切に行われているという感情（feeling）をともなう現実のことである。一方，「一般的現実」は，他人がその人にそうすべきと言ってくる現実のことであり，たとえば「君は良い先生になれるよ」「もっと良い仕事につくべき」などである。一般的現実には，専門家の意見も含まれる。

2.2.3 ── Bloch & Richmond の精神性アプローチ

Bloch & Richmond は，人々が人生の全体性（wholeness）を感じるとは，精神性を感じることだと言い，キャリアにおける精神性の役割を強調する。Bloch & Richmond（1998）の *Soul Work* では，キャリアにおいて，より意味を感じ，より良い人生とキャリアの決断ができるようになるための以下の「7つのテーマ」を提示している。これらは，より良いキャリア意思決定を実現するための精神性アプローチとして知られている。

①変化（change）
②バランス（balance）
③エナジー（energy）
④コミュニティ（community）
⑤召命（calling）
⑥ハーモニー（harmony）
⑦統一（unity）

まず「変化」とは，人は変化を望むものであり，それは理想の自分に少しでも近づきたいと思う精神性の欲求からだとしている。変化こそ本当の自分を知る機会であることを植木のメタファーで説明する。植木を別の場所に移動させるとき，根っこから抜かないといけない。そのとき，土の中にあった自分の「感情の根」（emotional roots）を初めて見ることになる。転職など何かが変わるとは，何かを捨てることであり，現状にどれだけ根が深かったのか，短い根だったのかもわかる。

「バランス」とは，たとえば働く女性なら，労働者，妻，母，（親に対する）子どもなどの多くの役割を多重にこなしながら日々を過ごしており，その中でバランスを取ることが重要となる。そのことをシーソーのメタファー

で説明している。シーソーは，相手と体重が合わないとバランスが取れない。もっともバランスの良い均衡点を探さないといけない。また均衡を保つためには行動が必要であり，じっとしていてもバランスは保てない。

「エナジー」は，何からエナジーを得ているかである。宇宙創造にはビッグバンの爆発というエナジーが必要であったように，変化にも，バランスにもエナジーが必要である。たとえば，人なら誰からエナジーを得ているのか，行動なら何かを作るなど創造活動からエナジーを得ているなど，自分のエナジーの源を知ることが重要である。また宇宙や自己超越的な存在からエナジーを得る場合もある。

「コミュニティ」は，自分がどんなコミュニティに所属し参加しているのかを，より広い視点で自覚することである。

「召命」は，自分に与えられた「ギフト」を知ることである。自分の人生の召命（your life calling）を見つけるとは，理想の仕事を見つけることである。幸福になる方法は，世界の中で自分のギフトと一致する意味深い仕事を見つけることであり，決して賃金を得ることではない。召命とは，自分の歌を聞き，自分の歌を歌うことである。自分の興味，知識，スキル，パーソナリティ，キャラクター，価値観を探索することにより，自分の召命を知ることができる。

「ハーモニー」は，より慎重に「部分」に注意することである。たとえば理想の仕事だと思っても，家族を養えないほどの低賃金なら仕事を続けられない。情報を集めること，正しい問いをし，正しい答えを見つけること。心の微細な声に気づくマインドフルネス（mindfulness）や瞑想も，自分の中のハーモニーを保つことである。

「統一」は，キャリアの統一，他者との統一など様々な統一を図ることである。統一とは，自分を愛すること，自分の仕事を愛すること，他者を愛すること，人生を愛することである。上記6つの統一という意味もある。

この Bloch & Richmond（1998）の主張は，今までにない重要な視点をもつ。たとえば，「バランス」でいえば，これまでのキャリア論は，キャリアの成功ばかり追求してきたが，様々な役割のバランスをとる，最高の均衡点を見つけることが成功であるという「バランスの成功」という新たな視点を導入したと言えるだろう。

2.2.4 ── Hansen の統合的ライフプランニング

Hansen（1997, 2001, 2002; Goodman & Hansen, 2005）は，東洋など世界中を旅した後，それらの多面的視点を取り入れた「統合的ライフプランニング」（integrative life planning=ILP）理論を完成させた。

彼女の元々の問題意識は，女性差別などジェンダーの問題であった。彼女はカウンセリングで博士号を取得後，高校の教員として 12 年間勤めている。そのとき，高校生がジェンダーの影響を色濃く受けながら職業選択をしていると感じたという。親から「女の子だから看護師になりなさい」などと言われ続け，狭い選択肢の中から職業選択する姿を見て，大学教員になってから米国で "Born Free" プログラムを立ち上げてディレクターとして指揮している。これは「公平な教育の機会を通じて，選択肢を増やし，従来当たり前としてきたことを見直し，自由な役割を手に入れよう」をモットーとしていた。プログラム対象者は教師や親であり，ジェンダー意識がいかに職業選択に影響を及ぼすかについて認識を深め，「チェンジ・エージェント（change agent）」になってもらうことが狙いであった。チェンジ・エージェントとは，変革を推進する変革促進者のことであり，未来を創造する役割，クライアントが属する社会をより良き場所にする役割のことで，Hansen が好んで使う言葉である。

そして Hansen（1997）は，周りからの言葉の影響ではなく，本当に自由な立場で自分がやりたいことを見つけるための「6 つの重要なライフタスク（six critical life tasks）[*4]」を提示した。それが以下の 6 つである。

① グローバルな視点から仕事を探す
② 自分の人生を「有意義な全体」として織りあげる（キルト）
③ 家族と仕事を結ぶ
④ 多元性（pluralism）と包括性（inclusion）を重んじる
⑤ 個人の転機と組織の変革に対処する
⑥ 精神性と，人生の目的や意味を探求する

①の「グローバルな視点から仕事を探す」は，世界の中の自分の役割に気づくという意味であり，Hansen はこの課題に関して『世界がもし 100 人の村だったら』（池田，2001）という書籍をテキストにすることを提唱

している*5。

②の「キルト」志向は，Hansen 理論の象徴であるが，人生には様々な役割があり，仕事はそのひとつに過ぎないと考える Super の理論を土台にし，それぞれの役割がひとつのキルトのように編み込まれる必要があるという。

⑥の「精神性」の探求とは，人生には自分の及ばない力が働いており，人間の考える合理的判断だけでなく，様々な出来事には意味があり，何らかのメッセージではないかと考えるような心的態度であり，合理的判断より直観などときとして非合理的判断を重視して，意思決定を行うことなどを指す。

Hansen は，Savickas（2002）と同じく構築主義（constructivism）の立場を取るが，厳密に言えば，親などの「言葉」により人生が構築されるとする構築主義（con-structivism）であり，国や時代など「時と場所」という意味の社会により人生が構築されるとする Savickas らの社会構築理論（social construction theory）とは，区別される*6。

以上，キャリアにおける意味アプローチと言えるような研究群について見てきたが，意味に関する関心は，次第に精神性への関心へと移っていく。それがつぎに説明する第三の変化である。

■ 2.3 ──「必要なもの」から「求めるもの」へ：第三の変化

これまで伝統的アプローチから，意味や精神性への関心に至るまでの2つの変化について見てきた。本質主義から構築主義への変化が第一の変化であった。科学的な真実の発見よりも本人の意味づけが重視されるようになり，能力の特定から，意味を深めるためにはどうすればいいかという意味への課題が新たなテーマとなった。それが第二の変化であった。

しかし本人にとって意味があるかないかは何で決まるのだろうか。生きる意味は，何か求めているものがあり，それが満たされることで生きる意味が満たされるのであろう。つまり，人は本質的に何を求めているのだろうか，という問いへと関心が移っていった。そこで注目を集めるようになったのが，宗教学や末期医療などの看護学で盛んに研究が行われていた「精神性」という概念であった。

つまり，「生きる意味」への関心は次第に「生きる目的」への関心へと移っ

ていった。そこから，精神性という概念に着目した精神性研究と，特に何らかの宗教を信じているなど精神性の高い人が，仕事やキャリア全体に何を求めているのか，を調べるような研究へと，次第に関心が移っていった。

つまり従来は，成功するために必要な性格，必要な能力，必要な発達課題とは何かを特定することが，キャリア研究の主なテーマであった。意味アプローチにしても，キャリアから意味を得るために必要な方法や課題の特定が主なテーマであった。しかし，精神性への着目や実際に人が仕事やキャリア全体に求めているものを調査するような研究は，求めているものを調べることに焦点がある。つまり「必要とされるもの」の特定研究から，人が仕事やキャリア全体に何を求めているのかという「求めているもの」の特定研究へと変わっていったのだ。それが，伝統的アプローチから意味や精神性研究に至る「第三の変化」である。まずは精神性研究の概要から見ていく。

3 ....「精神性」研究

これまで述べたように，意味への関心から，人が本質的に求めているものへと関心が移り，キャリアやマネジメント分野でも「精神性」という概念が注目されるようになった。まずは研究状況から見ていく。

■3.1 ── 精神性を巡る研究状況：欧米のMSR研究

Dent et al. (2005) によると，経営学分野で精神性という言葉が論文タイトルにはじめて現れるのは1990年だという。さらに Neal & Biberman (2003) によると，この種の研究が突然増えるのは1992年だという。Ashmos & Duchon (2000) や Brandt (1996)，Conger (1994) は，この突然の増加は，米国の社会状況の変化と関係していると考えている。つまり，リエンジニアリング，リストラ，アウトソーシング，格差社会の進展などにより，職場環境がより厳しいものとなり，最も長い時間を過ごす職場にも，家庭同様，精神のよりどころを求めるようになり，精神性の重要性が増したと推測している。

Butts (1999) は，この研究群を詳細にレビューし，精神性概念は，経営学に革命を起こす潜在性（revolutionary potential）をもつアイディア

であるとし,数ある書籍の中でも代表的な著作として,Tom Chappell (1993)『ビジネスの精神(*The Soul of a Business*)』,Matthew Fox (1994)『仕事の再発明』,Maynard & Mehrtens (1993)『第4の波:21世紀のビジネス』,Thomas Moore (1992)『精神のケア:日々の生活の中で深淵と神聖を開拓するためのガイド』の4冊を,研究初期を代表する著作だとしている。

また Wagner-Marsh & Conley (1999)『第4の波(*The Fourth Wave*):精神性ベースの企業』では,精神性ベースの企業は,アルビン・トフラーの『第3の波(情報革命)』に次ぐ,組織論において情報革命に匹敵する「第4の波」であり,この波は「永遠に白い水」というメタファーで表現される (Vaill, 1989),と述べている。

Dent et al. (2005), Poole (2009) などによると,経営学における精神性研究は1990年代後半から2000年代に拡大期に入り,その証拠として専門誌でたびたび精神性の特集号が組まれることを挙げている。たとえば *Journal of Organizational Change Management* 誌は1999年に2回にわたり仕事における精神性の特集号を組んでおり,そこに掲載された論文は初期(90年代)の精神性研究の動向を知る上で便利である。

Poole (2009) によると,世界最大規模の経営学会である The Academy of Management (AOM) でも2001年に"Management, Spirituality & Religion (MSR)"という独立したカテゴリーが追加され,メンバー(研究者)の数は500名を越えており (Dent et al., 2005),この種の研究は欧米では,MSR研究と呼ばれるようになった。

また2001年には,世界的な一般誌で通常のビジネスマンが読む *Fortune* に,仕事の中に精神性を導入し始めた米国の企業の状況を伝える記事が掲載された。このような経緯から,2003年には,これまでの研究成果をまとめたはじめてのハンドブック *Handbook of Workplace Spirituality & Organizational Performance* が出版された (Giacalone & Jurkiewicz, 2003)。そして Dent et al. (2005) によると,2003年には,精神性に関する記述が,組織行動論 (organization behavior=OB) のテキストブックにもはじめて登場した (Robbins, 2003)[*7]。

Rojas (2005) は,経営学における精神性研究の推移について調べるため「精神性」と「マネジメント」をキーワードに論文検索を行った[*8]。そ

の結果，1990年には34件だった論文数は，年々激増し，2000年には227件まで拡大し，10年で約7倍となり，欧米における関心の高さを端的に示している。

また Ashforth & Pratt（2003）には，精神性を導入し始めた各企業の取り組みが紹介されている。

ワールドバンクは，週に1回，サークルの中に1時間入り精神性について語り合い「魂の気づき」に至ることを目指している。

Tom's of Maine（トムズオブメイン）は，米国の歯磨き粉などのブランドの企業だが，精神性を取り入れた代表的企業であり，神学の教授を招き研修などを行っている。

タコベル & ピザハットは，従業員の精神性教育のため牧師を雇用した。

ボーイング社は，500人のトップマネジャーに月に3回，詩の朗読を聞かせる会を開いている。

モンサント社は，仏教の瞑想を教える専門家を利用している。

ワールドビジョンは，「精神性担当の管理職」をおき，週1回のチャペルミーティング，黙想などを行う会を開いている。

■3.2 ── 精神性とは何かに関する研究

それでは，具体的にどのような研究が行われているか，について順に見ていく。まず研究者達の関心を集めたのが，精神性とは何か，キャリアやマネジメントの中でどのように機能しどんな効果をもたらすのか，ということであった。まずは精神性とは何か，に関する定義研究から見ていく。

◉ 3.2.1 ── 定義研究

キャリアやマネジメントにおける精神性の定義は様々であるが，いくつかの傾向もある。それらを「職業観，結合状態，感情，所与，その他，共通点」という順に見ていく。

(1)「職業観」の一種とみなす立場

ひとつ目は，仕事の精神性を，仕事をどう考えるか，職業をどう捉えるか，など職業観の一種のレベルやタイプと見なす立場である。精神性の高い仕事観あるいは職業観のレベルや，その影響を特定することがテーマと

なる。

　Wrzesniewski et al.（1997）は，ワーカーに対して調査し，仕事の見方には，①ジョブ（お金を得るためのもの），②キャリア（適度に自己実現，しかし昇進を目指す過程），③コーリング（それ自体が目的として価値をもつ，奉仕）の3つのレベルがあり，コーリングと答えた人が，仕事と生活の両面でもっとも満足度が高いという実証研究の結果を示している。

　Davidson & Caddell（1994）は，ワーカーに対する定量調査で，自分のキャリアを「召命」（calling）と答えた人，キャリアに「呼ばれた」（called）と信じる人は，社会正義の信念を支持し，より強い仕事の安心感と満足感を得ており，社会的相互関係を強調するような状況で仕事することを好むことを明らかにした。

　Brewer（2001）は，仕事には「①ジョブ，②オキュペーション，③キャリア，④ボケーション（vocation）」の4段階があり，最上位の仕事は，創造主に頼まれた仕事を行うボケーションであり，work（doing），meaning，being の一致が最も起こりやすいのがボケーションであるとしている。そして自分の仕事をボケーションと考える人は，より深い自己理解，思慮深い意味，明確な大志をもち，このような考え方は，従業員の内的成長（inner growth）と真の自己の外的表現（outer expression）を促進する，とするモデルを提示している。

(2) 「統合された状態」と見なす立場

　2つ目は，仕事の精神性を，単一のものとは考えず，いくつかの要素が統合されたある種の「状態」と考える立場である。もっとも新しい考え方のひとつであり，現在の主流となっている。どのような要素があるかその構成要素や，それらがどう仕事生活に影響するかなどを研究しようとする。

　Ashforth & Pratt（2003）は，仕事の精神性には，3つの側面があるという。それは「自身の超越性（transcendence of self）」「ホリズム（全体論）とハーモニー」「成長」の3つである。

　Kinjerski & Skrypnek（2006）は，4つの側面があるとして，「仕事への従事（engaging work）」「精神性の結合」「共同体意識（sense of community）」「神秘的経験（mystical experience）」を挙げている。

　Brewer（2001）は，人の一生は3つの基本的な原理である，意味（meaning），存在（being），行動（doing）に導かれ，仕事の精神性が高い人または状態とは，この MBD が均衡した状態だとした。この状態になると，仕事と仕事以外の境界が溶解し，システム全体にエナジーの流れ（フロー）が生まれる。

　Bloch（2004，2005）は，仕事の精神性が高いとは，「7つの原理」により精神性とキャリア発達が結合（connection）された状態のことだとした。複雑系のセオリーのひとつであり，ひとつのシステムである。この状態になると，世界に対する自分の貢献を自覚し，仕事ライフとパーソナルライフが統合される。よってこのモデルは，キャリアカウンセラーにとって有効だとした。

　Gibbons（1999）は，仕事の精神性が高いとは，自分の仕事と自己の精神性とが統合された状態だとした。仕事とは，個人と組織のために，仕事と精神性の統合へと向かう小旅行だとした。精神性の高さは，仕事に方向性，全体性（wholeness），結合性を与える。

(3)「感情」と見なす立場

　3つ目は，仕事の精神性を，ある種の感情と見なす立場である。どういう立場であろうと最終的には，仕事をどう感じるか（work-feeling）に帰着すると考える。従業員の満足観の原因や要因，それが仕事生活にどう影響するかを研究しようとする。

　Adams & Csiernik（2002）は，仕事の精神性が高いとは，意味のあるゴール志向の行動の中で感じる，シェア，価値，思いやり，尊敬，是認，才能とエナジーの結合の感情をもつことだとした。このような感情は，従業員の所属感，創造性，充実感，自身の運命のオーナーシップ感を高めるという。

　Dehler & Welsh（1994）は，仕事の精神性とは，仕事の感じ方（work feeling）の形式の一種だとした。この感じ方は，行動にエナジーを与えるという。

　Thompson（2001）は，仕事の精神性とは，それがジョブであろうと，コーリングであろうと，仕事をどう感じるかに関係するとしている。

(4)「所与」と見なす立場（しばしば宗教心と同一視）

　4つ目は，精神性を特に説明せず「精神性」または「宗教（心）」と表

記する立場である。しばしば宗教と同一視しており，精神性の内容には関心がなく，精神性や宗教心が，仕事生活にどう影響するかを研究しようとする。

　Duffy & Blustein（2005）は，大学生への定量調査で，精神性を「より高次のパワーへの愛着」と定義した上で，このような精神性や宗教心の高さは，大学生の自己効力感や，友人や家族との良い関係，キャリアタスク達成に役立つという調査結果を示した。

　Robert et al.（2006）は，ワーカーへの定量調査で，精神性や宗教的満足感は，高レベルの仕事満足へとつながるという実証研究の結果を示した。

(5) その他

　その他の立場としては，以下のようなものがある。

　ひとつは，何らかの「力」や「エナジー」と考える立場であり，McKnight（1984）は，仕事の精神性とは，命を吹き込む人生の力（life force）であり，自己を超えた目標や目的へと向かわせるエナジーとなる，としている。

　また一種の「能力」や「健康度」と見なす立場もある。

　Emmons（2000, 2003）は，SI（spiritual intelligence）という概念を提示している。「精神性の知性」のことであり，5つの能力を提示している。これはSalovey & Mayer（1990）のEI（emotional intelligence）概念を土台としている。EIとは「自分や他者の感情を認識する能力」のことである。

　Zohar & Marshall（2001）は，SQ（spiritual quotient）という概念を提示している。これは「精神性の知能指数」のことであり，IQ（intelli-gence quotient：知能指数）を土台にしている。

　Charlene（1996）は，「精神性の健康度（spiritual wellness）」という概念を提示している。これは精神性の健康度を4つの要素で測定しようとするものであり，ウェルネス研究の高まりを土台としている。

(6) 定義の共通点

　研究が増え，定義が増えたため，それらの共通点を探り整理しようとする研究も多くある。

　Pandey et al.（2009）は，実証研究をするに当たり，仕事の中の精神性とは何か，その定義について，過去の研究の詳細な文献レビューを行って

いる。その結果，概念的な収斂が見られたとし，仕事の中の精神性が以下の3つの概念に集約されるとしている。それは「自己とのハーモニー（harmony with self），社会的自然的環境とのハーモニー（harmony in social & natural environment），超越（transcendence）」の3つである。

Sheep（2004）は，これまでの定義には「4つの共通テーマ」があるとした。それは「職場における自己統合感」「仕事の意味」「自身の超越性」「仕事を通じた個人の成長と内的自己の発達（development of one's inner self）」の4つである。

● 3.2.2 —— 日本における研究

これまで欧米の研究状況について見てきたが，日本ではどうか。日本における精神性研究は，経営学の分野では金井（2002a），狩俣（2009）での着目がある以外，ほとんど見られないが，看護学の分野では盛んに行われている。

たとえば竹田他（2007）『高齢者のスピリチュアリティ健康尺度の開発—妥当性と信頼性の検証—』では，日本人764名に対する調査を行った。その結果パス分析を行い，日本人高齢者のスピリチュアリティが，「生きる意味・目的」「自己超越」「他者との調和」「よりどころ」「自然との融和」「死と死にゆくことへの態度」の6因子から構成されるという仮説が支持されたとしている。

■ 3.3 —— 精神性の「成果」に関する研究

定義と並んで，精神性は個人のキャリアや組織に何をもたらすのか，どのような成果があるのか，精神性はどのように機能するのか，精神性の成果や機能に関しても関心を集め，多くの研究がある。

Brewer（2001）は，仕事の精神性には，「目に見える成果」，つまりBrewer（2001）の表現を借りるなら「真の自己の外的表現」と，「目に見えない成果」，つまり「内的成長」の2つの成果があるとした。

よってこれまでの膨大な研究群を，目に見える成果と，目に見えない成果に分けて整理することにする。

(1) 目に見える成果：真の自己の外的表現

　目に見える成果としては，「創造性・生産性，一貫性・関与，職種，場面」の4つに分類した。

　仕事の精神性の目に見える成果として，創造性や生産性が高まるとした研究結果には，生産性としてはGarcia-Zamor（2003），創造性としてはAdams & Csiernik（2002）がある。

　また一貫性や関与が高まるとしたものには，キャリアの一貫性としてLips-Wiersma（2002），仕事への関与としてはMilliman et al.（2001）がある。

　職種との関連で言えば，精神性の高い人は，社会的相互関係を強調するような状況での仕事に適性があるとしたDavidson & Caddell（1994）がある。

　また精神性の高さが関連する場面としては，キャリア意思決定場面に影響するとしたDuffy（2006）がある。

(2) 目に見えない成果：内的成長

　目に見えない成果としては，「満足，欲望・エナジー，感じ方・自覚・方向性」の3つに分類した。

　精神性の高さと仕事満足との関係を指摘したものとしては，高レベルの仕事満足（Robert et al., 2006），仕事・生活の両面で満足度が高い（Wrzesniewski et al., 1997），仕事の強い満足感（Davidson & Caddell, 1994），従業員の高い仕事満足感（Garcia-Zamor, 2003），などの研究がある。

　また精神性の高さが引き起こす欲望やエナジーの関連で言えば，システム全体にエナジーフロー（Brewer, 2001），行動にエナジー（Dehler & Welsh, 1994），他人への奉仕の欲望を喚起（Lips-Wiersma, 2002），自己を超えた目標へのエナジー（McKnight, 1984），などの研究がある。

　また，精神性の高さが引き起こす感じ方・自覚・方向性としては，所属感，充実感，運命オーナーシップ感を高める（Adams & Csiernik, 2002），社会正義の信念を支持（Davidson & Caddell, 1994），深い自己理解，大志を抱く（Brewer, 2001），仕事に方向性，全体性，結合性を与える（Gibbons, 1999），世界に対する貢献を自覚（Bloch, 2004），などの研究がある。大学生への事例も含めて，これらをまとめたものが図2-4である。

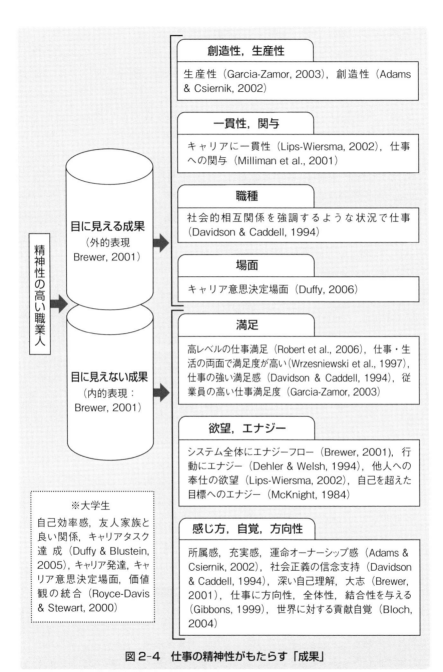

図2-4 仕事の精神性がもたらす「成果」

■ 3.4 ── 精神性の「測定」に関する研究

　精神性の成果研究を見てきたが，成果研究と同時に，精神性が人の働き方に関係する要因であることがわかると，精神性を測定しようとする研究も多く生まれた。

　仕事の精神性は，測定可能なのか，つまり精神性の高いワーカーとそうでないワーカーをはっきりと区別することは可能なのかは，多くの研究者の関心を集めてきた。たとえば Dent et al.（2005）は，過去の 87 の仕事の精神性に関する論文・著作を分析し，研究動向を整理するメタ分析を行っているが，彼らは仕事の精神性が測定可能なのか（measurable）について分析している。87 の論文・著作の各研究者が仕事の精神性の測定可能性について，①精神性概念は，サーベイ調査などの方法で測定可能と見ている，②精神性概念は，測定を試みてもわからないと見ている，という 2 つの定義文を作り，2 人の研究者によって，どちらに分類できるかを調べた。その結果，25 の研究で測定可能と見ていることを明らかにした。

　また Rojas（2005）は，仕事の精神性に関する新たな尺度を開発するため，過去の入手可能な全ての尺度を検証する研究を行っている。その上で，Beazley（1997）と，Howden（1992）の "Spiritual Assessment Scale=SAS" という 2 つの尺度を土台に，iSAS（Independent Spirituality Assessment Scale）という新しい尺度を開発している。iSAS の質問文は 39 問あり，それに答えることで，被験者の仕事の精神性の得点がわかる。専用の得点表に書き込み，合計点が 157 を超えると精神性が「強い」，127 を下回ると，精神性が「弱い」と判断する。また各質問項目も標準的な「強い」「弱い」の得点と比較することで，その項目の強さ弱さを判断することができる。

　また Fox（1994）は，自身の仕事の精神性を測定するための 30 の質問を考案している。仕事の精神性とは何か，どのような概念なのかを知る上でも大変意味がある。その内容は以下の通りである。

Fox による「仕事の精神性」に関する質問表

　以下の質問は「仕事の精神性」に関する質問表です。これらの質問に答えることでまたその答えをシェア（共有）することで，個人またはグループの仕事の精神性に対する自身の態度を測定することができます。この答えを皆さんでシェアし合う

ことは，さらなる多くの議論や研究調査を引き起こすことになるでしょう。

問1. 私は仕事の中で喜び（joy）を経験しているだろうか
〔いつ，どんな状況で，どれくらいの頻度で，どうすればその喜びが増すか，その喜びは仕事の苦しさや困難さと関係するか〕

問2. 他人は，私の仕事から喜び（joy）を経験しているだろうか
〔直接か，間接か，どうすればその喜びは増えるか〕

問3. 私の仕事は他人の良い仕事を活発に作り出しているだろうか
〔どんな仕事か，どう改善できるか，私の仕事は他人の仕事をどう阻害しているか〕

問4. 私が今している仕事に最初に引きつけられたのはいつだっただろう
〔それはどんな気分（feel like）だったか，その感覚（feeling）は時とともに減少したか増加したか，時とともに私はこの感覚を失ってしまったのだろうか，どうすればあの感覚を呼び戻すことができるだろうか〕

問5. 私の仕事は，私の魂（soul）より小さいか
〔私の魂はどれくらい大きいのだろう，私の仕事はどれくらい大きいのだろう，私はこの2つの大きさを同じにするために何ができるだろう〕

問6. 私はどうすれば仕事を単純化できるだろう
〔私は仕事をすることを，あるいは仕事から得られることを単純化できるか，私の仕事はどうすればプレイ（遊び）になるか，私はどうすれば仕事と遊びの区別をなくすことができるだろうか〕

問7. 私の仕事は本物の仕事（real work）かあるいはジョブか
〔それはボケーションかコーリングか，宇宙から私に与えられた役割か，この質問にどうすれば答えられるか，私の仕事が世界の中で果たす役割や不思議さへの気づきを増やすには〕

問8. 私の仕事は宇宙創造の"Great Work"とどのように結びつくか
〔そのたったひとつの仕事，宇宙の進行中の仕事にどう貢献しているか，この結びつきにもっとも気づくのはどんなときか〕

問9. 私の仕事はこれから来る世代にどのような恩恵を与えているだろうか
〔私の仕事は今日の若者のニーズとどのようにつながっているだろう，私は若者に"ギフトを与える"ことに参加してか〕

問10. 私は仕事で無になることがあるだろうか
〔仕事の中で無はどのように起こるか，仕事の中での無にどう対処してい

るか〕

問11. 私は過去5年，どのようなインナーワーク（内的仕事）に参加してきただろうか
〔今後5年，どのようなインナーワークに参加するか，このインナーワークは自分のアウターワーク（外的仕事）にどう影響しているか，私のアウターワークは，インナーワークにどんな影響を与えているか〕

問12. 私の仕事をもっとクリエイティブ（創造的）にすることは可能か
〔もし可能ならどうやってか，何が私を引きとめているか，私の仕事は他人のクリエイティビティ（創造性）を刺激しているか，私の最もクリエイティブな仕事って何だろう〕

問13. 私の仕事から誰が利益を得ているか
〔私の仕事が稼ぎ出したお金はどこへ行くのか，私が稼いだお金はどこから来たのか〕

問14. 私の仕事は何と関係しているだろう
〔この関係はどれほど効率的か，関係がより効率的になることは可能か〕

問15. 私は仕事の中で誰とどのような"同盟"関係を組んでいるだろう〔自分のベースとなるコミュニティと，仕事以外の場所で私はどうやって自分のビジョンを維持しているのか〕

問16. 私の仕事はどのような敵を作り出してきたか
〔私の仕事が邪魔をしているのは誰か，もしある集団か個人が私の仕事に邪魔されているならどうすればいいか〕

問17. 私の仕事は環境にどのような影響を与えているだろう
〔私の仕事は動物にどんな贈り物を与えているだろう，環境の改善にどのような貢献をしているだろう，私は自分の職場の環境意識を改善させることができるだろうか〕

問18. 私はどの環境的価値（ベジタリアン，リサイクリング，サイクリングなど）にもっともよく参加しているだろう
〔どの環境的価値にもっとも興味がないだろう，このような環境的価値はどうすれば世界に広がるだろう〕

問19. 私は仕事から何を学んだのだろう
〔どのような方法で私の仕事は私の学習経験になるのだろう，どのような方法で私の仕事は他人の学習経験になるのだろう〕

問20. 私の仕事の中に畏怖の念や不思議な体験はあるだろうか
〔もしあるなら，いつ，誰から，もしないなら，なぜないのか〕

問21. 日々私は若くなっているだろうか
〔もしそうなら，それはなぜ，違うなら，なぜそうならないのか，心と魂の若さを保つために何ができるか，私は辛さと憤慨と自分への哀れみで空しくなっているか〕

問22. もし今日仕事をやめたなら，変わるのは…：
〔私の精神性の成長か，同僚の精神性の成長か，家族かそれに相当する他人の精神性の成長か〕

問23. 3000万円をもし突然相続したら，すぐに今の仕事をやめるだろうか
〔もしそうなら，今やっている仕事の代わりに何をするか，そのお金を使って何をするか〕

問24. 安息日（休みの日）は，私はどのように過ごしているだろう
〔どのような儀式に参加しているだろう，どのような儀式にもっとも参加したいだろう〕

問25. 自分の職業（プロフェッショナル）を"再発明"するなら私は何をするだろう
〔私の仕事により，世界に，正義や思いやりや祝福をもたらすにはどうしたらいいだろう，私の職業を，神聖な仕事であったその起源まで逆戻るにはどうしたらいいだろう〕

問26. 古典的な「7つのサクラメント」の中で，どれが，私の仕事を最も良く表しているだろう [*9]

問27. 私の仕事の中でもっとも楽しいことは何だろう

問28. 休みの時間をどう過ごせばいいだろう
〔私は余暇時間をどう過ごしているか，1年間休みが取れたら何をするか〕

問29. 私や家族は，より少ないものでより多くの楽しみを得るような，よりシンプルな生活をどうやったら送れるだろうか
〔私は消費するために仕事しているのか，なぜその仕事をしているか〕

問30. 私の仕事にとって「神聖」とは何だろう
〔仕事のために受けた教育や訓練の中で神聖に対応するものは何か，神聖という側面は，仕事の訓練の中に含まれるのだろうか〕

出所：Fox（1994），p.309-312 を元に筆者作成

以上，精神性という概念に関するキャリアおよびマネジメントにおける研究状況を見てきた。人は本質的にキャリアや人生に何を求めているのか，についての関心は，ひとつは精神性という概念とは何かという研究に移ったが，それでは人は，特に精神性の高い人は，実際，仕事やキャリア全体に本質的に何を求めているのかを調べようとするもうひとつの研究群にもつながった。それが，次に紹介する Lips-Wiersma らの研究群である。

◉―注
＊１― 日本語訳は益田（2008）に従った。
＊２― この図は，現代の NHK テレビ番組のテキストである諸富（2012）でも使用されており，現代社会において再び注目を集めている。なお原題では意味ではなく「充足」となっていたが，諸富（2012）の表記に準じて「意味」と表記した。
＊３― 巻末の附録２の Lee Richmond 教授へのインタビューを参照。
＊４― Hansen は大病を経験した後，この６つの課題に「健康」を加えている（2009 年，NCDA global conference にて）。正確に言えば７つ目の課題として「情緒的，精神的，身体的健康を大切にする」を加えたため，それ以降は「6（+1）の課題」と呼ばれる。しかし本研究では健康をテーマとしないため「6つの課題」と表記した。
＊５― 2012 年６月 10 日，日本キャリア開発研究センター（JICD）主催で開催された「Integrative Life Planning（ILP）ワークショップ」より。
＊６― 巻末の附録１の Lee Richmond 教授へのインタビューを参照。
＊７― 日本でも Robbins（2005）の訳として出版され，OB の標準的なテキストブックとして使用されている。
＊８― 検索には，論文検索サイト EBSCO の Academic Search Elite を使用したとしている。
＊９― sacrament【名】／【キリスト教】サクラメント《神の恩寵の印として神聖と考えられる宗教的儀式；洗礼（baptism）・堅信（confirmation）・聖体（the Eucharist）・告解（penance）・終油（extreme unction）・叙階（holy orders）・婚姻（matrimony）の七つをさす》。（出所：研究社『新英和中辞典』）

Chapter 3

本研究の理論的枠組み

　すでに述べたように，本質主義から構築主義へという流れの中で，人々が仕事世界をどのように意味づけしているのかに関心が移ってから，意味づけの基準として，仕事や人生に人は何を求めているのかに対する関心が高まった。人が本質的に求めているものとして，宗教学や看護学の中で議論されてきた精神性という概念が注目されるようになった。精神性について調べるひとつの方向性は，精神性とはどういう概念でどんな成果があるのかについて，これまでの宗教学や看護学の中でどのような成果がもたらされてきたかを調査する方向性である。しかしもうひとつの方向性がある。それは，実際に何らかの宗教を信仰するなど精神性が高いと言われる人たちが，仕事やキャリア全体に対しどのような考えをもって働いているのかを調べることである。
　精神性が高い人の思考や行動を調べることの狙いは2つある。
　ひとつは，精神性の高い人の思考や行動から，精神性を学ぶことである。精神性という概念をよりよく理解するためには，実際の行動から学ぶことの意味は大きい。しかし，ただそれだけではない。
　狙いの2つ目は，精神性が高い人の思考や行動を調べることで，仕事の意味の可能性を広げることだ。一般の人にも当てはまるような仕事の中にある，まだ知られていない意味を発見できる可能性がある。まだ知られていない意味の可能性を開拓することは，仕事から意味を感じられない人を救う可能性がある。たとえば，仕事は金儲けでしかないと思っている人の思考や行動を変える可能性がある。

1 「求めるもの」に関する研究：Lips-Wiersma などの研究群

　この研究群としては，後の実証研究で依拠する Lips-Wiersma の研究を見たのちに，同様の目的で研究された，Krahnke と Mitrof & Denton の研究についても見ていく。

■ 1.1 ── Lips-Wiersma の研究

　Lips-Wiersma は，意味の生成マップ研究で知られているため，まずは意味の生成マップ研究の概要から述べる。

　意味の生成マップは，Lips-Wiersma（2002）によって発表された。本人は，正式には「包括的発達モデル（holistic development model）」と名付けているが（Lips-Wiersma, 2003），本書では，意味の生成を特徴とするマップ形式のモデルであることから「意味の生成マップ（the map of meaning-making）」と呼ぶことにする。

　Lips-Wiersma（2002）の論文「キャリア行動における意味の生成（meaning-making）に対する精神性の影響」は，精神性とキャリア発達との関係をテーマにしている。彼女は，意味を問う意味について，それが個人の幸福感（personal wellbeing）を高めることに関係するからだと説明している。お金や名誉などの客観的なキャリア指標を，キャリアの成功を測る唯一の基準としてしまう現代社会は，キャリアの成果を客観視する危険性をもち，それは，結果として「意味の喪失」（Siervers, 1993），「自己の喪失」（Becker, 1973），そして「個人の幸福感の喪失」（Kofodimos, 1993）につながるケースが多い。心理学者達は，意味の生成能力（ability to make meaning）と個人的幸福感との間に正の相関関係があることを発見してきた（Wong, 1998）。Mirvis & Hall（1996）は，「心理的成功」（psychological success）という概念は，現在のようにますますキャリアを取り巻く環境が激変しているような状況では，特に重要であると指摘し，心理的成功について，「親や友人や組織や社会によって作られたゴールではなく，個人にとって意味のあるゴールを達成したという経験である」と定義している。

　また Lips-Wiersma（2002）は，精神性（spirituality）という言葉について，Biberman & Whittey（1997），Cavanagh（1999），Dale（1991），Kahnweiler

& Otte (1997), Mitroff & Denton (1999), Neck & Milliman (1994) など，最近特に増えている仕事と精神性との関係を扱った多くの著作を検討し，これらに全てに共通していたとして，精神性を「意味の生成に関わる構成物」と定義している。そして組織という文脈における精神性とは，深く保持されたパーソナルな信念を全うするという定義と同様，人生における意味や目的を探すプロセスとして定義されるとしている（Neck & Milliman, 1994)。また精神性とは，「自分とは誰か，自分は今何をしているのか，自分が作り出している貢献とは何か，といった自分にとっての根本的な意味に関する個人のフィーリング」であると述べている（Vaill, 1991)。Yalom (1980) は，意味に関する問いには，「人生の意味とは何か」「私の人生の意味とは何か」「私は何のために生きるのか」「私は何に従って生きるべきか」「もし私たちが死にゆく運命なら，何が意味のあるという感覚を作り出すのか」など様々な形がありうるとしている。またSavickas (1997) は，人は自分の精神性を「意味の感覚 (a sense of meaning)」として経験するのだと述べている。

　調査は，典型的な国民として，何らかの信仰心をもつニュージーランド人を選出し，キャリアに何を求めているのかについて，16名に対する3年間にわたるミーティング（インタビュー）と日記分析により行われた。その16名については，「精神性と仕事との関係を調べるならばこの人」との口コミによる評判で集められた，特に精神性の高い人たちである。その結果，仕事に意味を求める人たちがキャリアに対してもつ「4つのキャリア目的」を明らかにした。それは「自身を成長させ自分自身になる (developing & becoming self)，他者との一体感（unity with others)，自己を表現する（expressing self)，他者への奉仕（serving others)」の4つであった。この4つの目的が達成されたとき，キャリアは「活気づく（animated)」が，もしそれができないと，従業員は，不満を口にしてキャリアの移行を行う。Poole (2009) は，したがって彼女の調査は,（特に最近増えている）仕事に意味や意義を求める精神性の高い世界観をもった人を雇用する場合の雇用戦略を示しているとし，この4つの目的を満たすことができる組織の能力が，今後の従業員保持戦略として重要であることを示唆している，と述べている。

　調査では，この4つの目的にそれぞれサブカテゴリーを抽出してい

表3-1 キャリアに求める「4つの目的」と精神性の内訳

カテゴリー	サブカテゴリー	サンプルコメント
①自身を成長させ自分自身になる (developing & becoming self) ★成長と自分になることの重要性に関する信念	自己知識	「神により創造された私を知りたい」「選択は意識して」「自分自身がわからないと他人にも貢献できない」「自分のユニークな強みと個性で仕事したい」
	個人的成長	「世界とは,学ぶため,真実を発見するための場所」「聖書はパーソナルな成長通じて証明され,成長により評価される」「人間とは成長のこと,人生とは成長の旅」
	尊厳の維持	「軽々しく扱われたくない」「同調 (conform) への抵抗」「自分の価値観に従う」「信念を曲げない」
②他者への奉仕 (serving others) ★他者への奉仕の重要性に関する信念	違いを作り出す	「私が創造したいのは,人々が創造的で,ハッピーで,生き残ることができる,人々がひとつ (whole) になれるような環境だ。その一部として貢献したい」「その中に入り何か価値のあることをしていることで自分のアイデンティティが保てる」
③他者との一体感 (unity with others) ★他者との一体化の重要性に関する信念	価値観の一致	「自分自身を他者に表現したい」「私たちの行動や意見はより深い信念に基づいていると認められている」
	所属観	「私はコミュニティの構築に参加し,信頼,思いやり,誇り,ケアを経験したい」「気楽に付き合える」「強い関係」
④自己表現 (expressing self) ★自己表現の重要性に関する信念	創造すること (creating)	「私は創造(物作り)を,つまり自分の手で何かが生み出されることをエンジョイしている」「マーク(印,生きた証)を残したい」「人間行動とは創造である,なぜならそれは意思の芸術だからだ」「内なる私が表現を必要としている。フォーム(形)を発見することは重要だ」

カテゴリー	サブカテゴリー	サンプルコメント
	達成すること (achieving)	「スタンダードとは異なるものをうまく成し遂げることは重要と知っている」「プロフェッショナルな世界で競争力がある，能力があると認められその世界に誘われることは重要」「自分ができるベストを尽くす」
	影響すること (influencing)	「私の役割は他者を自由にし，心から叫ぶようなことをさせること」「自分の洞察力，知識，能力を他者のために使うことが重要だと気づいた」「自分の人生が空っぽでは嫌だ」
精神性との一貫性 (spiritual coherence)	意味 (それであることの意味とは：What is meant to be?)	「意思決定しているのは自分だが，それを神がテストしドアを開けるか閉じるか決める」
	導き (導きと強みを探す：seeking guidance & strength)	「仕事ではじめての人に会うときいつもうまくいくよう祈る」「助けを求めて祈っている自分に気づく」「この仕事で今まで以上に神に語りかけている」
	試練 (試練は精神性の成長のためデザインされている)	「私の人生なぜこんなに困難なのかと思うが，それが他者のためになっているのかもしれない」「海外に行き新しい言語を学ばないといけないことになった。辛かったがある日突然マスターできた。運命を感じた」
	法則 (精神性の法則)	「より直接神に仕えたいと転職した。収入が減ることが心配だったが，神のおかげで，収入が減ることはなかった」「生徒を大事にしないあるスタッフと衝突した。その人はのちにクビになった。やはり物事はそのようになると感じた」

出所：Lips-Wiersma (2002b) を元に筆者作成

る。「自身を成長させ自分自身になる」というカテゴリーには「個人的成長（personal growth）」「自己知識（self-knowledge）」「尊厳を維持する（maintaining integrity）」という3つのサブカテゴリー，「他者との一体感」には「価値観の共有」（sharing values）「所属観」（belonging）という2つのサブカテゴリー，「自己を表現する」には「創造すること」（creating）「達成すること」（achieving）「影響すること」（influencing）という3つのサブカテゴリー，そして「他者への奉仕」には「違いを作り出す」（making a difference）というひとつのサブカテゴリーをそれぞれ抽出している。

　またなぜその4つの目的が重要なのか，生きる意味や生きる信条として，意味，導き，試練，法則，という4つのサブカテゴリーを抽出しており，それらに精神性との一貫性というカテゴリー名を付けている。それらをまとめたものが表3-1である。

　そしてこれらのカテゴリーが，自己─他者，Doing─Being という軸に分けられること，その中心に「精神性との一貫性（spiritual coherence）」があるとし，その概念図として「意味の生成マップ」を提示した。

　自己─他者，Doing─Being という軸については，たとえば「自身を成長させ自分自身になる」は，「自分との関係はどうありたいか，自分とどう付き合うか」（being with self）であり，「他者との一体感」は，「他者との関係はどうありたいか，他者とどう付き合うか（being with others）」であるとしている。また，「自己を表現する」は，「自分のためにすること（doing for self）」であり，「他者への奉仕」は，「他人のためにすること（doing for others）」であると説明している。

　なお unity with others および being with others は「他者との一体感」と表記し，others は「他者」と表記したが，この他者には同僚，上司などの「人」だけでなく，所属する会社組織など人以外の要素も含まれる点に注意してほしい。

　また，serving others および doing for others は「他者への奉仕」と表記し，others は「他者」と表記したが，この他者には顧客などの「人」だけでなく，社会，世界，自然や動植物など人以外の要素も含まれる点に注意してほしい。

　このマップを使うことで転職（career transition）の説明も可能だという。それが外枠の「均衡のロス（loss of equilibrium）」であり，均衡が崩れる

ほど他者への奉仕をしすぎたために，そろそろ自己表現が必要と感じて転職する「他者→自己」型の転職タイプと，行動を重視してきたが，そろそろ（いい仕事，いい組織などの）価値観を重視した仕事が必要だと思い転職する「Doing → Being」型の転職の２つのタイプがあるという。

また「他者への奉仕」は今までのキャリア理論では「世代継承性（generativity）」という研究分野でしか議論されてこなかったが，精神性の傾向が他者への奉仕の精神を喚起する可能性があることが示唆され，中年以降のテーマだと思われていた世代継承性は，精神性の喚起により若者でも発達課題となることが推定されるとしている。

この意味の生成マップの意義については，以下のようにまとめられるであろう。ひとつ目は，何が意味があるかなど意味そのものよりも，意味の生成プロセスの方に着目した点であろう。成功か失敗かやお金が得られるかどうかといった次元とは別に，人生に意味を求める精神性という次元があり，その意味を求める心が，キャリア行動では具体的には，「自分になる」「他者との一体感」「自分を表現する」「他者への奉仕」という４つの目的への欲求となって現れると明らかにした点に，この研究のひとつ目の意義があるであろう。その精神性についても，具体的な供述から，「意味」（ひとつひとつのことに意味がある），「導き」（何らかの導きを感じる），「試練」（試練も何かのためにデザインされている），「法則」（大きな法則の中に生きている）という４つのカテゴリーが抽出できたとしている。意味の生成への着目は，より普遍的なメカニズムへの関心といってよいであろう。またそれは，表面上に「見えているもの（顕在的）」から，その背後にある「見えていないもの（潜在的）」への着目とも言えるであろう。

２つ目は，自己―他者，Doing―Being という２つの軸に着目し，マップ上に描いた点であろう。マップ上に描くことで，カテゴリー間の関係がより明確になるだけでなく，転職モデルのように，カテゴリー間を「移動する」といった動態的な分析が可能となった点に２つ目の意義があるであろう。

■ 1.2 ── Krahnke の研究

同様の問題意識で書かれたものとして，Krahnke（1999）がある。調査は，14名の様々な職種の典型的な米国人にインタビュー調査を行い，仕事やキャリア全体に本質的に求めているものについて考察し，10のカテゴ

表 3-2 仕事に求めているもの：10 のカテゴリー

カテゴリー	サブカテゴリー
①創造性	⊙個性（individuality）　⊙自律性（autonomy）　⊙自由
②関係性	⊙人とのつながり　⊙所属感（sense of belonging）
③目標と過程（goal & process）	⊙変化の過程における支持
④自己発見（self-discovery）	⊙役割と自己 ⊙成長する場所としての職場（work as a place to grow） ⊙自分の本質の発見（find my essence）
⑤楽しさ（enjoyment）	⊙仕事を愛する　⊙情熱
⑥承認（recognition）	⊙感謝　⊙尊敬
⑦超越的な力（higher power）	⊙運命（fate）　⊙目的（purpose）　⊙導き（guidance）
⑧ネガティブ経験の役割	⊙変化へのきっかけとしてのネガティブ経験 （negative experience as a catalyst for change） ⊙学びの機会としてのネガティブ経験 （negative experience as a learning experience）
⑨スキルと知識の熟練 （mastery of skill & knowledge）	⊙仕事からの満足　⊙職人気質（craftsmanship ethos）
⑩持って生まれた才能 （innate talents & gifts）	

出所：Krahnke（1999）を元に筆者作成

表 3-3　仕事の中でもっとも意味をもたらすもの（N=389）

順位	項目	原語（キーワード）	人数	％
1	興味深い仕事	interesting work	67	17
2	フルポテンシャルの発揮	realize my full potential	60	15
3	良い組織で働く	good organization	52	13
4	倫理的な組織で働く	ethical organization	47	12
5	お金を得る	making money	40	10
6	他者へのサービス	service to others	33	8
7	良き同僚	good colleagues	27	7

出所：Mitroff & Denton（1999），p.212 を元に筆者作成

リーとそれぞれのサブカテゴリーを明らかにした。それが表3-2である。

■ 1.3 ── Mitroff & Denton の研究

　Mitroff & Denton（1999）は，精神性をテーマにした本格的な実証研究として知られているが，調査の一つとして「あなたの仕事にもっとも意味

をもたらすものは何か，選択肢の中から上位3つを挙げて下さい」という質問を行い，389名から回答を得た。その結果，第1位は「興味深い仕事」だった。第2位は「フルポテンシャルの発揮」，第3位は「良い組織で働く」であった。結果は以下の表3-3で示した。

2 「意味マップ」について

　ここまで，本書が着目するLips-Wiersma（2002）の「意味の生成マップ」研究がどのような経緯で生まれたのかについて，文献レビューを通じて見てきた。しかしLips-Wiersmaはのちにこの意味の生成マップの改訂版である「意味マップ」を発表している。また筆者はこのマップ提唱者であるLips-Wiersma博士を2014年に日本にお招きし講演会を企画し開催した。その際に，博士からこのマップについて詳しく説明を受け，今まで論文だけではわからなかったことが明らかになった。その講演会の要約と講演評については神戸（2014）でまとめた。またその内容にすこし付け加えたものを巻末の附録として収録したので詳しくはそちらを見ていただきたいが，ここでは，このマップについて提唱者本人が語ったことからわかったことのうち，重要な点を抜粋して述べておきたい。

■ 2.1 ── 意味マップ：最新版

　まずもっとも重要な点は，マップの変更があった点である。Lips-Wiersmaは2002年に意味の生成マップを発表しているが，その後ワークショップを繰り返す中で変更が必要だと判断し，本人自らLips-Wiersma & Morris（2009）により修正版を発表している。

　Lips-Wiersma & Morris（2009）によると，2002年に発表したこの意味の生成マップは，その後注目をあび，多くの大学のキャリアマネジメントの授業や企業研修に取り入れられ，「意味の問題を見える化（make meaning visible）した」「キャリアの意味について議論するよい機会となった」「意味深い仕事の選択に役立った」などの評価をもらったという。この好評価を基に，母国ニュージーランドだけでなく，米国，英国，オーストラリア，オランダで数々のワークショップを企画開催してきた。Lips-Wiersma & Morris（2009）には，その数多くのワークショップのうち16

ワークショップの 214 名の参加者の記録を基に作成し直した，修正版を提示している。母国や西洋以外の国でのワークショップで万国共通の言葉にした方がいいと判断したためで，後の著作である Lips-Wiersma & Morris (2011) でもこの修正版の方を載せており，日本での講演でもこの修正版が使われていたため，本書ではこの修正版を最新版（正式版）として扱うことにする。発表当初の Lips-Wiersma (2002) では，「意味の生成マップ (the map of meaning-making)」と呼んでいたが，Lips-Wiersma & Morris (2009) 以降の最新版では「意味マップ」(the map of meaning) と呼んでいる。よって，当初版を「意味の生成マップ」，最新版を「意味マップ」と表記し区別することにする。本書では以降は，最新版である「意味マップ」の方を使うものとする。

　「意味の生成マップ」から「意味マップ」への移行で何が変わったのか，順に見ていくことにする。

● 2.1.1 ── インスピレーション
　まず最新版の「意味マップ」が図 3-1 である。下線が 2002 年版であるオリジナルからの変更点である。ひとつ目のもっとも重要な変更点が，中心にある言葉が「精神性」(spirituality) から「インスピレーション」(inspiration) に変更になった点であろう。アジアなど英国や米国以外でワークショップを行ったとき，「精神性（spirituality）とは何か，よくわからない。おそらく宗教心のことだろうが，私は無宗教なのでこのマップは関係ない」という言葉が多く聞かれ，この言葉は誤解を招くと考え，インスピレーションという言葉に変えたのだと言う。これは「自分がインスパイア（inspire）されるもの」という意味で，自分の人生に「命を吹き込むもの」だと言う。たとえば家族を大切にするなど，仕事をする上で一番大切にしている価値観，あるいは生きる上で大切にしている価値観と言えるだろう（この言葉については日本での講演でも質問があり，本人が回答しているので，詳細は巻末の附録を参照頂きたい）。つまり特定の宗教に対する宗教心ではなく，ごく普通の誰にでもある感覚であること，つまりこの意味マップはキリスト教徒など特定の人向きではなく，万国共通のものであることを理解してもらうため，この言葉に変えたという。

● 2.1.2 ── リアリティ

2つ目の変更点が、外側を取り巻く外周を「リアリティ（reality）」という言葉に変更している点である。2002年版では「均衡のロス（喪失）」となっていた。つまり中心にあるインスピレーションが人生の目的、つまり「理想」だとすると外にある外周が日々の「現実」であり、理想と現実の間で、様々な葛藤や活動が生じ、その中で様々な能力を得たり、いろんなことを考えたりする様相をこのマップは表しており、その点をより分かりやすくするためリアリティという言葉に変えている。誰もが理想通り働くことは不可能で、現実に翻弄されながらも、生きていかなければいけない、働いていかなくてはいけない、ということを織り込んだマップとなっている。

図3-1　Lips-Wiersma & Morris（2009, 2011）の「意味マップ」

出所：Lips-Wiersma & Morris（2009, 2011）および神戸（2014）を基に筆者作成。下線は2002年版からの変更点

2.1.3 —— 内容変更

　3つ目の変更点が，マップの中身の文言が変更になっている点である。まずマップの左半分，自己志向の方が，下が「能力発揮」(expressing full potential)，上が「内面的成長」(developing inner self) という言葉に変更になっている。2002年版ではそれぞれ「自己表現」(expressing self) と「自分になる」(developing & becoming self) になっており，両者の違いがわかりにくかったが，下が「自分の能力をフルに発揮すること」，上が「自分のあり方について考えること」と，DoingとBeingの違いがよりわかる言葉に改善されている。

　またそれぞれの補足説明については，下は変更がないが，上の「内面的成長」が「モラル開発，人格成長，自分に誠実」という言葉に変更になっている。これも2002年版の「個人成長，自己理解，尊厳維持」という言葉がわかりにくいという指摘を受けての変更であり，よりわかりやすい言葉になっている。また右半分の方，他者志向の方では，まず上の「他者との一体感」の中に「チームワーク (working together)」という言葉が追加された。これは文字通り一緒に働く仲間が重要であるという意味と，他者とは（顧客ではなく）同僚のこと，つまり内部他者であることを強調する狙いもあるだろう。また下の「他者への奉仕」には，「人間性ニーズに合わせる」(meeting the needs of humanity) という言葉が追加された。この言葉は，ちょっとわかりにくいが，顧客のヒューマニティー（人間性）に気づくという意味で，顧客がモノではなく人間であることに気づき，理解しようとする姿勢のことで，ならば顧客が本当に望んでいることかがわかるという意味である。顧客に寄り添う，声を聞こうとする姿勢と言っても良いであろう。

　以上，各国でワークショップを繰り返す中で，よりわかりやすい言葉に変更になっていると言えるであろう。

2.1.4 —— アクションとリフレクション

　また講演の中で示された点で重要なことは，このマップは，アクションとリフレクションの対比になっているという説明であった。講演の中で，「現代人は行動ばかりに追いやられて考える時間が足りない。しかしアクションばかりではなくリフレクション（熟考）も必要，何のためにそれを

しているのか，立ち止まって考えることが重要。つまりアクションばかりでリフレクションが足りないのも，また考えてばかりで，行動に移さないこともダメで，大切なことはアクションとリフレクションのバランスである」ことを繰り返し強調していた。

つまり意味マップは上半分がリフレクション，下半分がアクションを表していた。上半分のリフレクションは，左が自分のあり方について考える，こと右が会社など自分が所属する組織のあり方について考えることだという。そして下半分がアクションを表しており，左が自分のためのアクション（行動），右が顧客に対する組織としてのアクション（行動）なのだという。この関係を図示したものが図3-2である。このような理解があると，意味

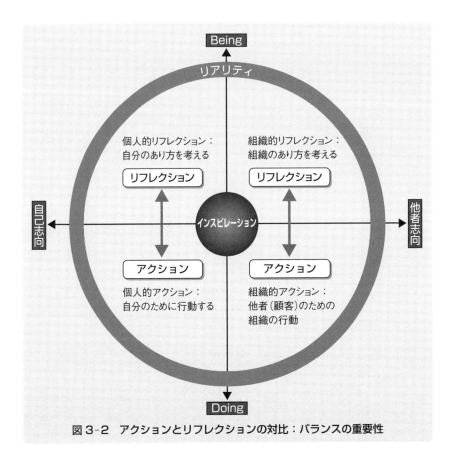

図3-2　アクションとリフレクションの対比：バランスの重要性

マップを使う利点が増すであろう。

● 2.1.5 ── 「社会システム」としての意味マップ

　講演でもうひとつ強調していたのが，このマップは個人のためだけのものではなく，社会全体，世界のためのものでもあるという点であった。個人が意味のある仕事をすると，それは社会全体，世界に影響を与え，世界を変えることができる。なぜなら世界を変えた仕事はみな，個人が意味を感じながら行った仕事から生まれているからだという。効率ばかり考えて行った仕事が世界を変えるような仕事になるはずもない。つまり効率的であるようで実は無駄なことばかりしているという。個人が意味のある仕事をすることで，それがどう影響してどのように世界が変わっていくのか，その結果どのような社会が築かれるのかを研究したいというのが，意味マップの次の研究テーマだという。

　講演では「社会システムとしての意味マップ」も提示された。それが図3-3である。

　少し解説すると，たとえばまず「他者への奉仕」，つまり顧客へのサービスは，組織と顧客との間だけでなく，社会全体で言えば「持続可能性」（sustaina-bility）の問題を考慮するとより深い意味ある仕事になるという。たとえば包装紙を豪華にすることは顧客へのサービスという意味では正しいが，それが社会に与える影響という意味ではゴミを増やすことであり環境破壊につながる。自分たちのビジネスをより深く見つめる，つまり意味ある仕事の発見にこのマップは役立つ。また個人の「能力発揮」は，個人と組織の意味だけでなく，社会全体でどのような人材が開発されたか（human development）という視点で見る必要があるという。つまり社会に必要な人材や開発されるべき技能は何かという視点から会社の人材開発を行うと，ひとつの会社の人材開発が世界とつながり，より深い意味ある仕事になるという。

　また「他者との一体感」の外（延長線上）には，「協力」（co-operation）という文字があるが，これは何も会社内の同僚とだけ仕事するのではなく，たとえば他の企業や，政府，大学などと一緒に問題解決にあたるという視点も，意味ある仕事を作り出すことに有効であることを示している。また同じく「他者との一体感」の外には，「コミュニオン」（共同体，

communion）という言葉もあるが，これは自分たちがどのようなコミュニオン（共同体）の一員であるかを意識することで，より意味のある仕事を作り出すことができることを示している。

また「内面的成長」の外（延長線上）には「エージェンシー」（代理人，agency）という言葉があるが，これはコミュニオンの対比語として置かれており，どのような共同体の代理人であるのかを意識することは，自分のあり方を考える上で，より重要になることを意味している。そして同じく「透明性」（transparent）という言葉もあるが，これは内面的成長は社会全体から見れば「透明性」の問題であること，つまり，たとえば業者間でずるいことをして儲けたとしても，社会全体はそれを見ており，社会全

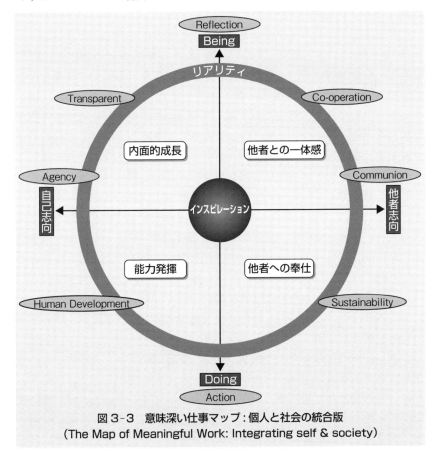

図3-3 意味深い仕事マップ：個人と社会の統合版
(The Map of Meaningful Work: Integrating self & society)

体から信用を失ってしまうことを表している。つまり社会全体から見られているという透明性を意識することで，何が正しいことかという思考が深まり，内面的成長が得られやすいことを示している。

　そして，マップ全体の上下に，それぞれリフレクション（reflection）とアクション（action）という言葉があるが，これは，自分について，または自社について考えることは同時に社会全体について考えることでもあることや，一人の行動，ひとつの会社の行動が社会全体に対しての行動であることを表しており，そのことを意識することで，何をすべきかがわかり，意味のある仕事につながりやすいことを示している。

◉ 2.1.6 ── コミュニオンとエージェンシー

　この講演で示されたマップを見ると分かる通り，他者志向と自己志向は，背景に「コミュニオンとエージェンシー」という考え方がある。人は日々悩みながら生きている，これでいいのかと思いながらも行動せざるを得ないので行動している。つまり行動し考え，また行動し考え，の繰り返しであろう。しかしその考えたり行動したりする"基準"とは何であろうか。行動と考えること，つまりアクションとリフレクションの基準，行動基準，思考基準となるものが，コミュニオンとエージェンシーなのであろう。つまりコミュニオンとは自分はどんな集団，どんな共同体に所属しているのかという感覚である。日本人という意識なのか，自分の会社に所属している感覚なのか，家族の一員なのか，などである。そしてエージェンシーとは，代理人という意味なので，自分はどんな共同体の"使い"なのか，つまりどんな集団の"代理人"として日々考え行動しているのかという感覚のことである。たとえば，日々無心に懸命に働いている人がいるとする。その人は差別を受けた人のためにそれを解決したくて働いているとすれば，それは「差別を受けた人」たちの自分は「代理人」という感覚で，その感覚に突き動かされて働いているということであろう。

　つまり日々の行動と考え，リフレクションとアクションの中に，このコミュニオンとエージェンシーという考えのある人とない人とでは，働き方が違ってくることは明白であろう。お金のために働いている人は，誰の代理人でもない。つまりコミュニオンとエージェンシーという感覚があると，自己志向から離れられ他者志向の中で仕事ができるようになり，社会

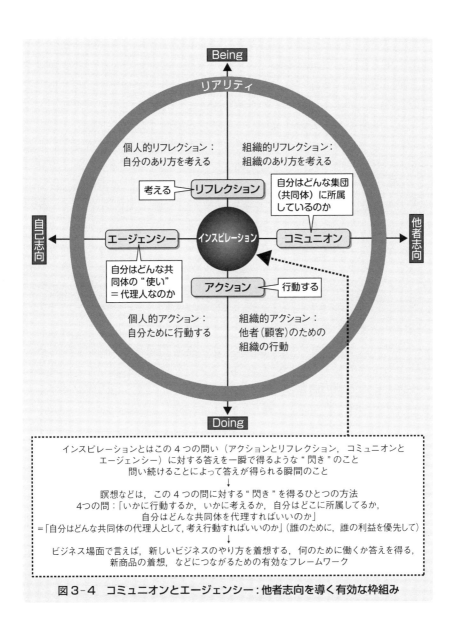

図3-4 コミュニオンとエージェンシー：他者志向を導く有効な枠組み

にとって意味のある仕事ができているという感覚がもて，意味のある仕事，意味を感じながら仕事ができるというのが，意味マップの真の目的なのであろう。
　そう考えると中心にある「インスピレーション」の意味もわかってくる

のではないか。日々のアクションとリフレクションをどうすべきかを，コミュニオンとエージェンシーという基準で問い続けたら，その答えが得られる瞬間がある。その"気づき"や一瞬の"閃き"がインスピレーションなのだろう。そうか自分はこのために生きていたのか，といった答えを得るような瞬間である。それは決して宗教的な意味ではなく，誰もが問い続けると答えが得られるような瞬間でもあるだろう。明日の仕事こうしてみようか，といった単純なことも含めてである。つまり，アクションとリフレクション，コミュニオンとエージェンシー，この4つから問い続けると，生きる意味としてのインスピレーションが，一瞬の閃きとしてインスピレーションが得られるということをこのマップは表しているのだろう。

　瞑想などの手法は，このようなインスピレーションを得るための方法のひとつであろう。4つの問い，つまり，「いかに行動すべきか，どう考えればいいのか，自分はどんな共同体に所属し，どんな共同体を代理すればいいのか」と問い続けたら，日々の仕事に意味の答えが出やすいというのが意味マップなのであろう。仕事の意味を生成させやすいひとつの有効なフレームワークと言ってよいのではないか。本研究でいえば「社会にとって意味のある仕事をする」ための有効なフレームワークと言ってよい。優れた仕事をする人の内面には，外からは見えないこのような内面マップがあるということかもしれない。このような関係を図示したものが図3-4である。

■ 2.2 ── 重要事項の検討

　ここからは，講演（神戸，2014）の中にあった，マップ以外の重要事項について簡単に触れておきたい。

● 2.2.1 ── 内面マップの「見える化」

　ひとつ目は，この意味マップは，内面マップの「見える化」を意図して作られたということである。普段働いていて何か「むなさしさ」を感じているならそれは普段見えない「内面マップ」で問題が起こっているからだという。よって普段見えない内面マップ，つまり人は何を求めているか，自分が本当に何を求めているかが書かれた内面マップを見える化する必要がある，という動機から作られたのがこの意味マップであった。つまり，給与や勤務時間などの「外面マップ」ではわからないことを「見える

化」したい，という思いで作られたのがこの意味マップであったという点は重要であろう。

● 2.2.2 ── 世界を変えるポジション
2つ目は，ヒエラルキー（階級）の話である。ヒエラルキーという意識をもっている限り，われわれはステップアップして，その人が担うことが可能な責任を果たすことができないという指摘は重要であろう。ヒエラルキーの中で子どものままでいなければならない。ヒエラルキーは従業員を子ども扱いするシステムである。われわれは世界の中で自分に与えられた，自分が変えることができる小さなパートの責任を担うことが必要であるという指摘は，本研究のテーマである社会変革や社会貢献をいかにして実現していくのかを考える上で重要な指摘であろう。

● 2.2.3 ── オーガニックな組織
3つ目は，「オーガニックな組織」という考え方を提示した点である。これは後ほど詳しく検討するが（pp.194-197），意味マップを構造に落とし込んだかたちとして重要であろう。本研究では輪のようなかたちをしていることから，「意味の輪」と呼ぶことにする。

■ 2.3 ── 本研究の目的
● 2.3.1 ── 従来のキャリア研究の課題
以上，意味マップ研究が生まれるまでの経緯について見てきた。本研究は，この意味マップに着目し，従来の研究の欠点を克服することを目的としている。従来のキャリア研究の課題は，キャリアの"ゴール"が共通でないことと，共通の分析枠組みをもっていないという2点に集約可能であろう。1点目のキャリアのゴール（目的）は何かという点であるが，たとえば社会に出るために必要な能力を特定する社会人基礎力の研究など様々な研究が行われている。もちろんこれらは大変有意義な研究である。しかし，果たしてそのゴールとは何かという問題が置き去りにされている。どういう状態になることが望ましいのかが不明のままである。2点目であるが，共通の分析枠組みをもっていないため，分析結果は研究者の数だけ存在することになり，後に続く者がそれを使おうと思ってもなかなか使いづ

らいという課題があった。意味マップはこの2つの課題を克服する可能性を秘めている。

　意味マップは，意味という問題に着目することで，どういう状態になれば仕事に意味を感じるのかという点から，キャリアのゴール（目的）を明らかにしている。「能力発揮」「内面的成長」「他者との一体感」「他者への奉仕」というキャリアの4つのゴールを提示し，その4つのうちのどこかで「不足」を感じるときにこの職場にいても意味がないと考えるというメカニズムを提示している。特にマップという「場所」を提示することで，個人（自身），組織，顧客や社会という3つの場面で何が必要かわかるが，特に顧客など社会にとって何か意味のある仕事，社会を少しでも自分が変えたという感覚が，自己の仕事人生に意味があったと思えるかどうかにとって重要であると指摘した点は注目すべきであろう。またこのようなマップ形式になっているため，キャリアを分析する際の共通の枠組みとなりうる可能性がある。

　つまり，程度の差はどうであれ，「社会にとって意味のあることをしているという実感を得ること」がキャリアのゴールで，それが満たされることで，ここにいること，この職場にいることに意味があると感じるなら，それに至るまでどのようなプロセスが必要なのかを，様々な職業で，意味マップを使って分析することで，それぞれの職業で，そのゴールに至るまでのロジック（因果論理のストーリー）を明らかにできるのではないか。

　よって本研究では，「社会にとって意味のある仕事」はどのように実現するのかを，社会変革性，社会貢献性が評価され受賞するウーマンオブザイヤー受賞者を例に，意味マップという共通の枠組みを使って分析し，それによって社会変革や社会貢献に至るまでのプロセスを明らかにし，後に続く者が利用可能なロジックの抽出を試みる。

● 2.3.2 —— 意味マップ使用のルール作り

　しかしその前にひとつ課題がある。様々なキャリアの語りを，この意味マップ上のどこに分類するかという問題である。よって本研究ではまず日本におけるいくつかのキャリア研究に着目し，それを意味マップで分析することで，分類基準の検討を行う。いわば，意味マップを使用する際のルール作りである。

Chapter 4

「意味マップ」のルール作り：
分類基準の検討

1 ── 意味マップ使用のルール作り

　「意味マップ」は，キャリア研究の共通の分析枠組みになる可能性があり，様々な職業や職場で，マップを使って日本でも実証研究を行いたいが，その前に検討しなければいけないことは，キャリアにおける様々な現象をこのひとつのマップで表現可能かどうか，可能ならばどのような出来事をマップ上の「どこに」分類すべきかという分類基準の検討であろう。いわば，意味マップをキャリア研究に用いる場合の「ルール作り」である。特に意味のマップは欧米での研究であり，宗教性などの異なる日本でのキャリア調査で使用可能かどうか，使用する場合のルール作りをしておくことが必要であろう。たとえば，「転職した」というようなよくあるキャリアの出来事（イベント）は，このマップではどこに分類すべきなのか，検討すべきであろう。

　そこで，日本において優れたキャリア研究として認知されている研究をこの意味マップで分析してみることで，転職や昇進などの様々なキャリアイベントがどのように分類されるか，その分類基準の検討を進め，この意味マップを分析枠組みとして使用するためのルール作りをしてみたい。もしそれが成功すれば，意味解釈が問われる定性的研究におけるひとつの統一的基準，統一的枠組み（フレームワーク）を獲得することになるだろう。

■ 1.1 —— **金井（2002b）の「一皮むけた経験」研究**

　日本における優れたキャリア研究としていくつかの研究を取り上げる。まず金井（2002b）の「一皮むけた経験」研究を「意味マップ」を使って検証，解釈することが可能かどうか，検討してみる。金井（2002b）は現在企業の経営幹部になっている人，つまりキャリアの成功者にインタビュー調査を行い，一皮むけた経験として44の事例，つまり44人の経験を収集している。そして，その経験を以下の11のグループに分けることができるとしている。

　①「入社初期段階の配属・異動」で一皮むける
　②「初めての管理職」で一皮むける
　③「新規事業・新市場のゼロからの立ち上げ」で一皮むける
　④「海外勤務」で一皮むける
　⑤「悲惨な部門・業務の改善と再構築」で一皮むける
　⑥「ラインからスタッフ部門・業務への配属」で一皮むける
　⑦「プロジェクトチームへの参画」で一皮むける
　⑧「降格・左遷を含む困難な環境」に直面して一皮むける
　⑨「昇進・昇格による権限の拡大」で一皮むける
　⑩「ほかのひとからの影響」で一皮むける
　⑪「その他の配属・異動，あるいは業務」で一皮むける

　これらの事例を意味マップで解釈するなら，たとえば「入社初期段階の配属・異動」は組織内（他者志向）での新たなポジションの獲得（being）であり，マップ上の「他者志向 − being」（右上）の事例と言えるだろう。またはじめての管理職やプロジェクトチームへの参画なども組織内での「ポジションの獲得や変化」の話であり，同じくマップ上の「他者志向 − being」（右上）の事例と言えるだろう。同様に検討すると一皮むけた経験としての44の事例のうち43はマップ上の「他者志向 − being」（右上）に分類できた。ただ1例のみ「ほかのひとからの影響」として「顧客から言われた一言」を挙げており，これは組織内ではなく対顧客・市場行動の中での出来事であり「他者志向 − doing」（右下）に分類した。以上の関係を図示したものが図4-1である。
　なおオリジナルの意味マップは「円形」で表現されているが，表現のし

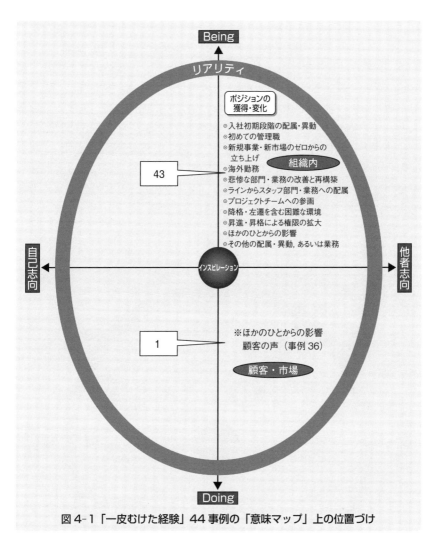

図4-1「一皮むけた経験」44事例の「意味マップ」上の位置づけ

やすさなどを考慮し，本書では「楕円形」や「四角形」で表す場合もあるので，了承願いたい。円形（楕円）でも四角形でもどちらも同じ意味マップとして扱っている。

またこのような経験から何を学んだかについてであるが，チームプレーの重要性や人の使い方など，「組織または組織人としてのあり方」（マップの右上）に分類できるものが一番多く，ポジションの獲得・変化の一皮む

Chapter 4 ▶「意味マップ」のルール作り：分類基準の検討

けた経験43事例の67の教訓中33教訓に上った。ここに分類できた教訓は,「チームワーク,組織運営」「人の使い方,接し方」「現場,組織の実態」「人から学ぶ(上司など)」「人脈,ネットワーク」の5つのカテゴリーに分類できた。続いて多かったのが,ものの見方,視点が変わった,働く姿勢が変わった,社会問題への気づきなど個人の内面的成長,人または職業人としてのあり方(マップの左上)に分類できるもので,15の教訓がそれに該当した。内容は「視点,考え方」「働く姿勢」「愛情,感情」「社会問題」の4カテゴリーに分類できた。続いては,その経験により専門知識を得たなど,能力発揮,専門性や強み(マップの左下)に分類できるものもあり,12教訓がそうであった。内容は,「知識,ノウハウ」「強み,能

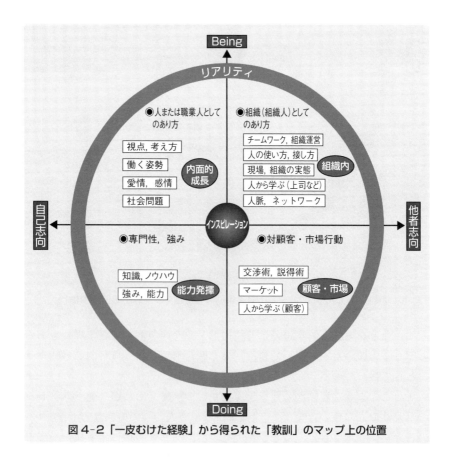

図4-2 「一皮むけた経験」から得られた「教訓」のマップ上の位置

力」の2カテゴリーであった。もっとも少なかったのが，顧客との交渉術や対マーケット行動など対顧客・市場行動に関するもの（マップの右下）で，7教訓であった。内容は「交渉術，説得術」「マーケット」「人から学ぶ（顧客）」の3カテゴリーに分類した。以上の関係を図示したものが，図4-2，図4-3，表4-1である。

図4-3は，はじめての管理職など組織内でのポジションの獲得・変化という経験から，組織や組織人としてのあり方を学んだものが49％，内面的成長として新たな視点を得るなど人または職業人としてのあり方を学んだものが22％，専門性やある種の強みを身に付けたものが17％，顧客との交渉やマーケットについて学んだものが10％いたことを明らかにしており，

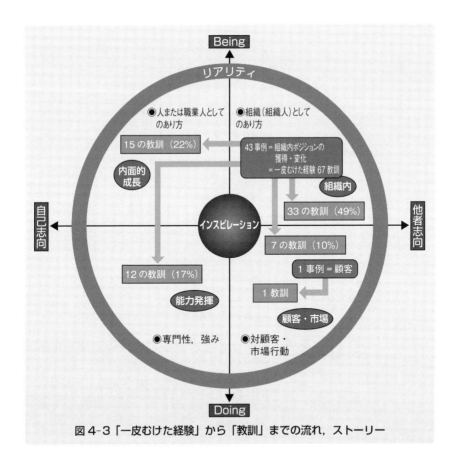

図4-3 「一皮むけた経験」から「教訓」までの流れ，ストーリー

組織についての教訓（マップ右上）が最も多いことがわかる。

以上，金井（2002b）の「一皮むけた経験」研究の「意味マップ」分析から，以下のルール作りに関する発見事実があった。

表 4-1　教訓のカテゴリーとコメント，マップ上の位置付け

マップ上	教訓のカテゴリー	コメント
他者との一体感＝組織または組織人としてのあり方（マップ右上）	チームワーク・組織運営	絆は弱いところで切れるというチームプレーの原則を学んだ（2）／いろんな人に支えられて仕事は進むこと（13）／チームプレーの大切さ。多人数で目標に向かう組織運営の方法（4）／管理職として団体交渉（6）／新事業の立ち上げと撤収（8）／企業とは弱い生き物の集合体（19）／支店をまとめる（34）
	人の使い方・接し方	立場が違っても誠心誠意で臨めばやがて理解される。基本はフェーストゥフェースの関係（3）／マネジメントする課長をマネジメントする体験から個々人に合ったマネジメント学ぶ（32）／専門スタッフの陣立て（使い分け）を学ぶ（14）／いろんな人が一生懸命仕事をしているのは面白いと思っているからだと気づく（30）／有能な人間じゃなくても「計画による管理」は可能。素晴らしい計画なら人は付いてくる（28）／発展途上国労働者に対する接し方を学ぶ。さもしい態度は厳禁，食事関係の配慮が必要（16）／自分の価値観を押しつけない，公私の峻別（10）／こころのつながり，ひとつの規範にこだわらない（18）／トップとミドルの人間力の差はほとんどない，誰ともまっすぐコミュニケーションをとる（19）／部下の座標軸まで下りていく（21）／自分で思ったら周りは動かせる（24）／人材開発に新風（25）／異色の人事課長キャリアで違ったものの見方（26）／目的優先型リーダーシップ，一人では何もできない，自分の右腕になる人，内外野を守れる人を育てる（29）／人の話をよく聞く，卑しくならない（31）／社員の意識改革（33）
	現場，組織の実態	現場の技能の力，集団の力，設計者がわからないことを現場の知恵で解決（7）／現場で誰がどのように働いているか，組織の本当の動き，実態を正しくつかむことが重要。官僚主義の芽を現場で摘み取る（1）／現場周りの重要性（41）
	人から学ぶ（上司，異業種，海外）	米国現地スタッフに学ぶ（14）／共同したコンピュータ会社の人から仕事を学ぶ（2）／上司から言われた一言で仕事に開眼（37）／上司の叱咤・指導で経営の勉強になった（20）
	人脈，ネットワーク	当時の人脈，ネットワークがその後の人生に生きた（13）／建設に携わる多彩な職種の人脈を得る（42）／石油の勉強会から一生の仲間を得る（5）／真剣に語り合える異業種のネットワークは必要（40）

マップ上	教訓のカテゴリー	コメント
(マップ左上)内的成長＝人または職業人としてのあり方	視点，ものの見方，考え方（問題解決，アプローチ）	現場から設計を見る視点（7）／視野や守備範囲が広がった。物事を判断するとき出向いていない人とは違うと感じる（22）／なぜそうなのかと事実を突き詰めていく姿勢。ものさし，座標軸，視座がいっぺんに広がった。外から自分の組織を見る「頭のシミュレーション」を獲得（27）／異業種の勉強会で，ひとの目を借りて世の中を見る，「複眼」でものを見るすごさを知る（40）／原理原則からスタート。トップダウンアプローチ学ぶ（2）／逆境は己を磨く天与の機会（20）
	働く姿勢	環境コンサルなど海外現地スタッフから生き様，将来観を学ぶ（14）／上司から「何でもとことんやる」「妥協しない」姿勢学ぶ（38）／上司に判断を仰いでばかりが，自分で何とかするに変わる（36）／「うまいもの作りたいと思わんのか」という言葉に，食品メーカーとしての使命への気づきを得る（37）／瞬間をつかまえる呼吸（39）
	愛情，感情	商品・仕事に惚れ込む。楽しんでやる。悲壮感を出さない（13）／事業を立ち上げる「しんどさ」（11）／米国で土地を買うことの「怖さ」（14）
	社会問題	石油の異業種勉強会で公害問題知る（5）
(マップ左下)能力発揮＝専門性，強み	知識，ノウハウ	それなりの知識，ノウハウが必要。意欲だけではダメ（11）／石油関係の公害問題のスペシャリストとなる（5）／事務独特の専門用語もいちから覚えていく（21）／グローバル経営のノウハウ（15）／会計など経営の勉強（20）／工務課長時代に身に付けたパソコンでの工場の管理会計が，のちの子会社経営に役立った。知識に関してはこれが全て（30）／知識不足を痛感（34）／デザインの面白さに開眼（43）
	強み，能力，行動指針	決断の早さが身に付く（16）／現場に足を運ぶ重要性（12）／とにかく動き回る（9）／対人関係能力は今の自分の強み（7）
(マップ右下)他者へのサービス＝対顧客・市場行動	説得術，交渉術	交渉相手の弱み強みを分析して譲るところは譲る（9）／相手（スポンサー）を説得するには充分な商品知識と商品への愛情が必要（13）／客を巻き込む大胆さと正直さ（12）
	マーケット	ガス器具そのものではなく，それを使う状況（価値観）を売るという「ソフトがハードを牽引する」PR手法＝ソフトアプローチを確立。時代の変化と自社製品をうまく組み合わせる（23）／米国でお客様を訪問，米国のメーカー製ばかり入っている現状を見る（17）／タイムツウマーケット，トヨタのジャストインタイム，必要な時に必要なものを届けるを追い続ける。あらゆるモノづくりに応用できる（35）／テレビからラジオに異動し，放送の原点は人と人とのつながりと実感（44）
	人から学ぶ（顧客）	取引先から言われた「あなたに頼んでいるのだ」の一言で変わる（36）

Chapter 4 ▶「意味マップ」のルール作り：分類基準の検討

ルール作りに関する発見事実
- まず様々なキャリアの出来事（キャリアイベント）では,「配属・異動」「初めての管理職」「昇進・昇格」「降格・左遷」などは,組織内（others）でのポジション（being）の獲得・変化であり，意味マップ上の「他者志向 − being」（右上）に分類する。
- 上司など組織内の人からの影響も，組織内の自己のあり方に関する変化であり，意味マップ上の「他者志向 − being」（右上）に分類する。
- そこから得られた教訓では,まず「他者志向（others）」としては,チームプレーの大切さなどは組織のあり方，内部他者との関係性に関するものであり,「マップの右上（others-being）」に分類し，交渉術・説得術など対市場，外部他者への行動に関しては,「マップの右下（他者志向 − doing）」に分類する。
- また「自己志向（self）」では，自己のスキルや専門性の獲得は,「マップの左下（自己志向 − doing）」に分類し，働く姿勢，新たな視点の獲得などは自己の内面的成長であり,「マップの左上（自己志向 − being）」に分類する。

つまり，優れたキャリア研究として有名な金井（2002b）の研究を，意味マップという「内面マップ」で改めて見ることにより，この研究が人々の普段目に見えない仕事における内面マップを見事に捉えることに成功していることがよくわかるであろう。

■ 1.2 ── 鈴木（2002）の「組織と個人」研究

日本における優れたキャリア研究の２例目として，鈴木（2002）の『組織と個人−キャリアの発達と組織コミットメントの変化−』研究を意味マップを使って改めて見てみることにする。

鈴木（2002）は，組織コミットメントがキャリア発達にともない，どのよう変化するのかを分析した。組織コミットメントとは，個人と組織とのつながりの深さを表す概念であり，一般的に，感情的なつながりである情緒的コミットメントと，それを失うと生活できないといった物理的なつながりを意味する功利的コミットメントに分かれる。

鈴木（2002）は,「コープこうべ」に入社した人々に対し質問紙調査と

インタビュー調査を行い，キャリアの変化とともにどのような組織コミットメントの変化があるのかを調べた。まず新入社員当時に入社前の組織イメージと現実とのギャップによるいわゆるリアリティショックから，組織コミットメントが大きく低下することを発見した。これは，調査対象のコープこうべが生活協同組合であり，通常の営利企業に比べ明示的な強い組織理念をもち，それに共感して入社した社員が，入社後に通常の営利企業と同じように売上げを重視しノルマを課せられることに，入社前に抱いていた経営理念とのギャップを感じ，違和感を覚えるためであると分析している。またそのような違和感は，現実の忙しさの前に「先送り」されるのが次の段階であるという。違和感や疑問が解消されず先送りされる理由として，この時期は組織への適応だけでなく，「仕事のやり方の習得」(仕事への適応)が行われるためであると分析している。なぜなら仕事のやり方の習得ができなければ日々の仕事生活が差し支えるためで，まず仕事への適応が最優先されると述べている。

　次の段階として，仕事の馴れからくる「キャリア・ドリフト」，そして転職可能なギリギリの年齢といわれる30歳を目前にして，このままでいいのかという「キャリアへの焦り・不安」の段階が訪れるという。しかしこのような組織コミットメントの低下状態は，7年目の昇格により大きなジャンプが訪れるという。この組織では通常入社7年目，30歳前後に最初の昇格人事が行われ，その昇格を転機として，組織コメットメントが急激に上昇することを発見し，それを7年目の転機（ジャンプ）と表現している。昇格によりなぜ組織コミットメントが急激に上昇するのかについては，まず初期から中期にかけてのコミットメントの停滞状態は，組織との関係を考える機会がないこと，組織の戦略や価値観を意識しなくても問題のない仕事ばかりであることが原因であった。しかし昇格により，仕事の多くは部下への指示など組織の経営理念を踏まえた価値判断を迫られるものであり，価値観が変化し組織と同一化することにより，組織コミットメントが上昇すると分析している。

　このような関係を「意味マップ」を使って分析したものが図4-4である。まず初期のコミットメントの低下は，入社前の経営理念と入社後の現実のギャップに悩まされることが原因であった。これは，入社前の経営理念，志望動機が，中心の「インスピレーション」を形成するが，入社後，日々

の現実(リアリティ)の仕事に追われ,インスピレーションから遠ざかりリアリティの方に引き寄せられ,インスピレーションとリアリティのバランスが崩れるために起こる現象とも言えるだろう。またこの時期は組織について考える余裕はなく,仕事のやり方の習得,つまり仕事への適応に日々追われるというのは,自分ができること,個人の能力開発に追われるということであり,マップの左下(自己志向 − doing)に位置する現象と言えるだろう。またその後,仕事に少し慣れてきて,このままでいいのか,転職できるうちに転職すべきかと悩むというのは,行動から熟考へ,アクションからリフレクションへの変化であると言え,内面的成長(変化)のマップの左上(自己志向 − being)に移動する現象とも言えるだろう。そして

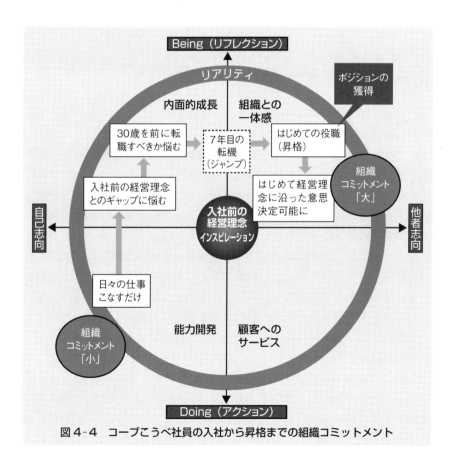

図4-4 コープこうべ社員の入社から昇格までの組織コミットメント

7年目の転機としてはじめての昇格を経験し組織での明確なポジションを獲得することで，はじめて組織のあり方，組織の価値観を考えながら日々の意思決定をすることが可能となり，入社前に抱いていた経営理念と日々の現実が一致することで，組織コミットメントが大幅に上昇する「ジャンプ」が起こる。

つまり組織でのポジションが与えられるということは，マップで言えば右上（他者志向 – being）の現象であり，今までリアリティに偏重していたものが，中心のインスピレーションに接近することで，リアリティとインスピレーションとのアンバランスが解消され，組織コミットメントが急激に上昇したと言えるだろう。また常に経営理念を考えながら日々行動できるということは，今まで日々の現実（アクション）に追われていたが，アクションとリフレクションとのアンバランスも解消されている。また，今まで自分のことで精一杯であったが部下に指示する立場になり，組織のあり方，そこで働く人など他者の生活を背負うことで，自己志向と他者志向，自己と他者のアンバランスも解消されている。このようなアンバランス状態とその解消状況を表したものが図4-5，図4-6である。

これまで見てきたように，キャリア発達にともなう組織コミットメントの変化は，意味マップを使うことでも説明可能であり，キャリアにおける様々な場面を意味マップで検討，分類する際のルール作りに役立つであろう。この研究の意味マップへの当てはめから，少なくとも以下のような発

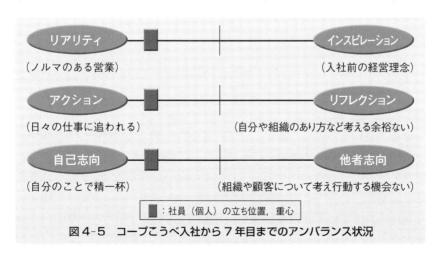

図4-5　コープこうべ入社から7年目までのアンバランス状況

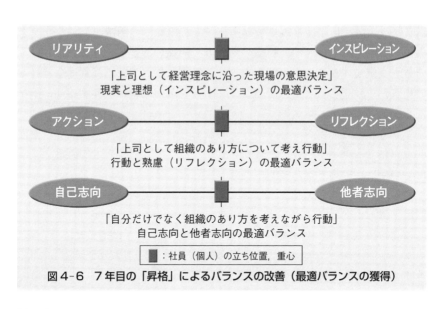

図4-6 7年目の「昇格」によるバランスの改善（最適バランスの獲得）

見があった。

発見事実
- ⊙「入社前の志望動機」が，初期のインスピレーションを形成すること。
- ⊙入社直後はそのインスピレーションと現実（リアリティ）との狭間で揺れ動き，そのギャップに悩まされること。
- ⊙具体的には，「リアリティとインスピレーション」「アクションとリフレクション」「自己志向と他者志向」の3つの間で，前者に比重が偏るアンバランス状態が発生すること。
- ⊙そのアンバランス状態が，7年目の昇格により改善され，最適バランスを獲得することにより，組織コミットメントが大幅に上昇すること。

つまり優れたキャリア研究として有名な鈴木（2002）の研究を，意味マップという枠組みで改めて見ることにより，この研究が，普段目に見えない意味の世界という内面マップでどんなことが起こっていたかを見事に捉えている研究であることが，改めて浮き彫りになるであろう。つまり意味マップは，これまでの定評のあるキャリア研究が何を発見したのかについての，新たな解釈も可能としてくれるものと言えるのではないか。

■ 1.3 ── 松尾（2010）の「医師の熟達」研究

続いて松尾（2010）の熟達研究について見てみる。松尾は緊急医の熟達過程について調査しており，7人の緊急医へのインタビュー調査からまず緊急医に求められる能力として，患者・家族とのコミュニケーション，診療技術，他医師・コメディカルとの協働など以下の能力が必要であることを明らかにした（図4-7）。

また緊急医の「信念」として図4-8のようにまとめている。

この「能力」と「信念」を意味マップを使って分析することは可能であろうか。まず能力として挙げていた3つについては，「診療技術」は，自身のための技能の獲得，能力開発であり，自分（self）のできること（doing）

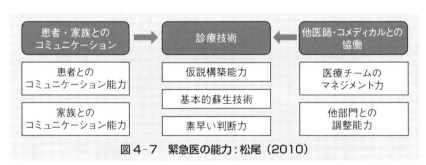

図4-7　緊急医の能力：松尾（2010）

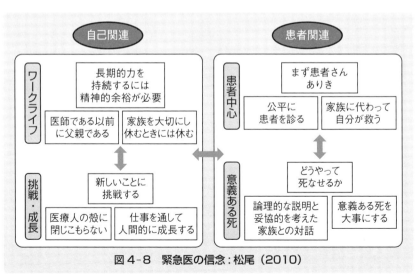

図4-8　緊急医の信念：松尾（2010）

を身に付けることであるため，マップの左下（自己志向 - doing）に位置する能力であろう。また，「他医師・コメディカルとの協働」は組織の中の内部他者との連携であり，他者（others）の中でのポジション（being）についての考察であるため，マップの右上（他者志向 - being）の能力と言えるだろう。また「患者・家族とのコミュニケーション」は，外部他者へのサービスであるためマップの右下（他者志向 - doing）に関する能力と言えるだろう。また緊急医の信念は，緊急医としての自身（self）のあり方（being）についての熟考，内面的成長であり，マップの左上（自己志向 - being）に位置すると言えるだろう。このような関係を図示したものが図4-9である。

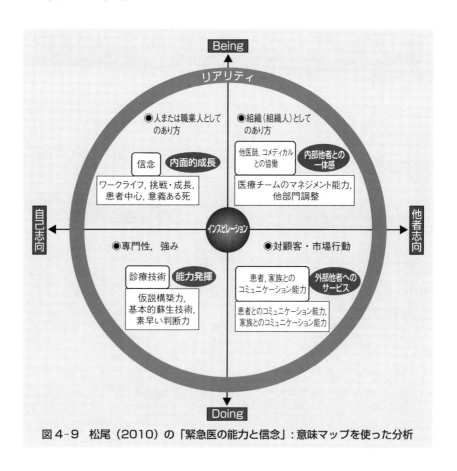

図4-9 松尾（2010）の「緊急医の能力と信念」：意味マップを使った分析

表4-2 緊急医の経験内容:松尾(2010)

経験内容	初期 (1〜5年目)	中期 (6〜10年目)	後期 (11年目以降)
研修	⑦	①	−
重症患者の担当・患者の死	③	③	③
異動	①	④	⑤
管理的・指導的な業務	①	④	③
他者(指導医・上司・先輩)の影響	②	②	③
事業の立ち上げ	−	②	③
留学・資格・学位	−	②	①

注1:○の中の数字は人数を示す　注2:網掛け3名以上の医師が言及したことを示す

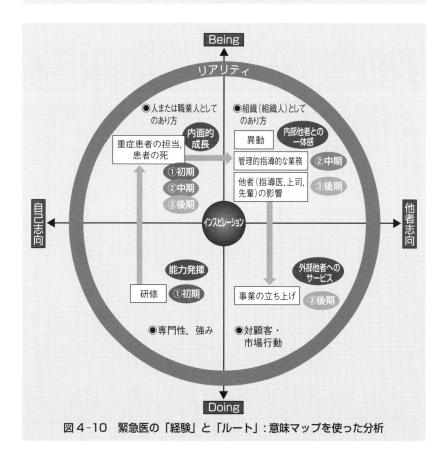

図4-10 緊急医の「経験」と「ルート」:意味マップを使った分析

Chapter 4 ▶「意味マップ」のルール作り:分類基準の検討

また松尾（2010）は緊急医の経験内容について調査し，それを時系列に並べなおすことで，どのような経験を経て成長していくのか，その発達ルートを表4-2のように明らかにしている。

　このような経験内容とその発達ルートを，意味マップを使って分析することは可能であろう。まず「研修」は自分にとって必要な能力を身に付けることであり，マップ左下の経験であろう。そして「重症患者の担当，患者の死」は職業人としてのあり方に変化を与える内面的成長であり，マップの左上に位置する経験であろう。また「異動」「管理的指導的な業務」「他者（指導医，上司，先輩）の影響」は，組織の内部でのポジションの変化や，内部他者との関係性に関する経験であり，マップの右上の経験と言えるだろう。また地域に緊急医療センターを立ち上げるなど「事業の立ち上げ」は，患者や社会など外部他者との関係性であり，マップの右下の経験と言えるだろう。そしてそれぞれの経験の時期を初期，中期，後期の3段階に分けており，その時期の変化をマップ上に示せば，ある種の経験の発達ルートをマップ上に表すことが可能であろう。このような関係を図示したものが図4-10である。このようにマップ上で描くことで，自己志向から他者志向へ熟達していく様子がより明確にわかるだろう。

　また学習内容についても以下のようにその内容とその発達ルートを明らかにしている（表4-3）。

　この学習内容についても，意味マップを使って分析することが可能であろう。それが図4-11である。

　以上，見てきたように松尾（2010）の熟達研究も，意味マップを使って分析することで，また分類基準の検討，ルール作りに関する発見があった。

　今回の発見事実として，ある種の「発達ルート」を意味マップ上に描くことが可能であることがわかった。つまり意味マップは，今後何らかの発達ルートの分析にも使用可能なツールとなりうることが示された。今回の発見事実をまとめると以下のようになる。

発見事実
　⊙緊急医などある職業人の「能力」や「信念」を意味マップを使って分析することは可能である。
　⊙ある職業人の「経験」や「学習」について，その「発達ルート」を意

表4-3 緊急医の学習内容：松尾（2010）

学習内容	初期 （1～5年目）	中期 （6～10年目）	後期 （11年目以降）
基本的技術	⑤	—	—
専門的技術	①	④	③
他者との関係管理	—	④	③
システム的視点	—	—	④
社会との関わり	—	①	④
医療への姿勢	②	②	—
患者との関係管理	①	②	②

注1：○の中の数字は人数を示す　　注2：網掛け3名以上の医師が言及したことを示す

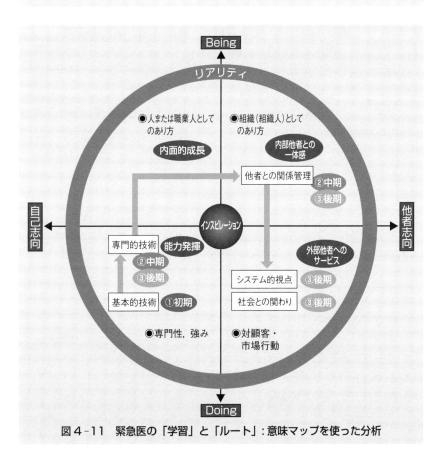

図4-11 緊急医の「学習」と「ルート」：意味マップを使った分析

Chapter 4 ▶「意味マップ」のルール作り：分類基準の検討

味マップを使って分析することは可能である。

　以上，優れたキャリア研究として3研究を取り上げたが，このように様々な質的研究を共通の枠組みで分析するメリットは大きいであろう。たとえば，今回の経験内容で出てきた「異動」や「管理的指導的な業務」は鈴木（2002）でも7年目のジャンプ（昇進）として描かれていたし，金井（2002b）でも一皮むけた経験として挙げられていたが，マップで言えばマップの右上の現象であり，3つの研究がここで重なるわけで，個々の事例として記述されていたことが，意味マップを使うことで共通のロジックとして抽出することが可能となった。

■ 1.4 ── 田路（2006）および尾野・岡田（2014）の研究
● 1.4.1 ── 田路（2006）の研究
　田路（2006）は，日本のハイテク企業を支えるミドルエンジニアのキャリアパスについて研究し，彼らのキャリア志向性に関する分析を行っている。なぜミドルなのかについては，ミドルが技術面での間接的貢献と組織面での直接的貢献を行ってきたことこそ，日本企業の強さであったのではないかと考えるためであるという。つまり欧米に比べると日本は技術面と組織面がうまく融合しているという。Allen & Katz（1986）のキャリア研究によると，キャリア志向性はマネジリアル志向（managerial orientation）とテクニカル志向（technical orientation）の2つに大別できる。マネジリアル志向とはマネジメント・ラダー（Mラダー）を昇ること，テクニカル志向とはテクニカル・ラダー（Tラダー）のキャリアパスを昇ることを指している。つまり課長など管理職になりたいなどの志向性と，エンジニアとして現役でありたいという志向性であろう。

　田路（2006）は，日本のミドルエンジニアに対する調査から，マネジリアル志向にはオーガナイズ志向とビジネス志向の2タイプの志向性が，またテクニカル志向にもリサーチ志向とエンジニアリング志向の2つの志向性があり，合計4つの志向性があることを明らかにしている。それぞれの志向性とは以下の通りである。

⊙マネジリアル志向
①オーガナイズ志向
　オーガナイズ志向とは「研究開発組織を円滑に動かそうとする志向性」である。
　質問紙の事例：「チームのメンバーの仕事の進捗状況を把握して，計画達成に向けた検討をすることは得意である。」
②ビジネス志向
　ビジネス志向とは「事業創造を目標とし，事業規模と利益獲得を意識する姿勢」を指す。
　例：「チームのパフォーマンスは，利益を生み出すことに確実に結びつかなければ意味がない。」

⊙テクニカル志向
①リサーチ志向
　リサーチ志向とは「研究開発において，課題の根底にある現象や法則に興味を持ち，知識の創出を通じて技術に貢献しようとする志向」であり，純粋な発見や本質の探究を志すものである。
　例：「たとえ，利益に直結しなくても，技術の基礎や根幹を築くようなことを手がけたい。」
②エンジニアリング志向
　エンジニアリング志向とは，「研究開発成果の事業化や量産化に興味を持ち，成果である試作品や生産技術の実現を通じて技術に貢献しようとする志向」であり，コスト面のことや事業化のことを考える志向である。
　例：「製品化に直結する技術，技術の具現化が重要である。」

　この4つの志向性を意味マップを使って分析することは可能であろうか。まずマネジリアル志向は管理職の志向であり，他者志向であるためマップの右側の志向性であろう。そのうちオーガナイズ志向は組織をどのようにまとめるか，組織のあり方，組織の中での自分の立ち位置，内部他者との関係性を模索するもので，マップの右上（他者志向 − being）に位置する志向性であろう。またビジネス志向は顧客や市場に対し何をするかを重視する志向性で，外部他者への志向性であり，マップの右下（他者志向 −

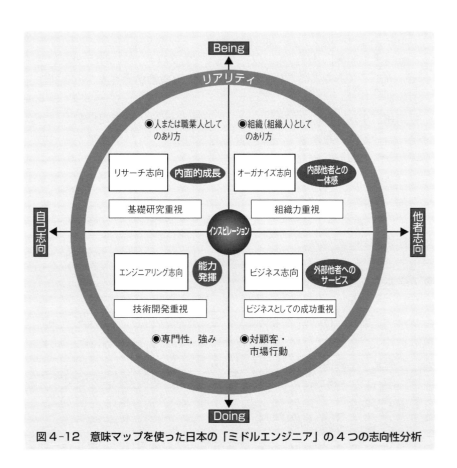

図4-12 意味マップを使った日本の「ミドルエンジニア」の4つの志向性分析

doing）に位置する志向性であろう。

　またテクニカル志向は技術者として自分の可能性を追求したいという意味では自己志向であるためマップの左側の志向性であろう。そのうちエンジニアリング志向は自分の技術，技能の向上を追求したいという志向性であり，自分のできることを向上させたいという意味でマップの左下（自己志向 - doing）に位置する志向性であろう。またリサーチ志向は，自分は何をすべきか，技術者としての自分のあり方を追求したい志向性であり，アクションに対するリフレクション（熟考）を重視する志向性という意味でも，マップの左上（自己志向 - being）に位置する志向性であろう。以上の関係性を図示したものが図4-12である。

つまりこの田路（2006）の志向性研究も、意味マップを使って分析することが可能であり、新たなルール作りに関する示唆、発見があった。

1.4.2 ── 尾野・岡田（2014）の研究

尾野・岡田（2014）は、20代ホワイトカラーが抱くキャリア焦燥感とその緩和プロセスについて、定性的研究により明らかにしている。まず「キャリア焦燥感」とは、「キャリア構築への衝動、結果急ぐ、キャリアの懸念、切迫感」の4つから構成されるという。そして、その「キャリア焦燥感によって生じる行動」として「今後のキャリアに向けた具体的取り組み（業務外の勉強会や交流会への参加、独学によるスキルや知識の習得、短期目標の設定と取り組み）」「キャリアに関する相談や現状整理（キャリアに関する相談や会話）」「他のキャリアの選択肢探し（求人情報収集、転職活動）」「気晴らし、現実逃避」の4つがあるとしている。またその結果としての「緩和要因」として、「視野の広がり」「仕事への意味づけ」「明るい見通し」「職場のサポート」「有意義な仕事経験」の5つがあり、キャリア焦燥感が緩和されるというモデル図を描いている。この研究を意味マップで分析することは可能であろうか。

まず「キャリア焦燥感」は、自分のあり方に関するリフレクションであり、マップの左上（自己志向 − being）の現象であろう。また「キャリア焦燥感によって生じる行動」の中で、「今後のキャリアに向けた具体的取り組み」は、業務外の勉強会や交流会への参加、独学によるスキルや知識の習得などであり、自分の能力開発、スキルの獲得を目指すことであり、マップの左下（自己志向 − doing）の現象であろう。また、「キャリアに関する相談や現状整理」は、上司や同僚など他者への相談であり組織の中のあり方についての相談でありマップの右上（他者志向 − being）の現象であろう。また「他のキャリアの選択肢探し（求人情報収集、転職活動）」は自分のあり方に関する模索であり、マップの左上（自己志向 − being）であろう。また「気晴らし、現実逃避」は仕事から離れるという意味でマップの外側の現象であろう。そして「緩和要因」については、まず「職場のサポート」は文字通り組織の中の出来事でありマップの右上（他者志向 − being）の現象であろう。また「仕事への意味づけ」は顧客との関係性などの見直しであるならばマップの右下（他者志向 − doing）の現象であろ

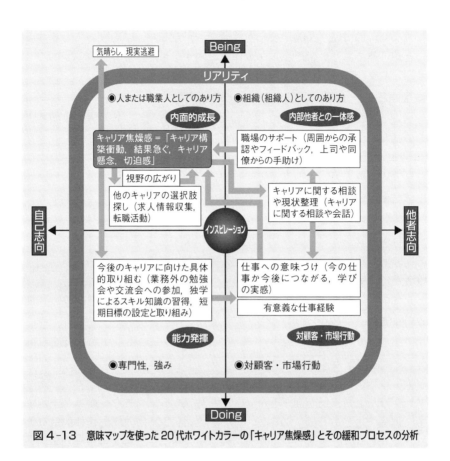

図4-13　意味マップを使った20代ホワイトカラーの「キャリア焦燥感」とその緩和プロセスの分析

う。また「視野の広がり」「明るい見通し」は自身の内面的成長でありマップの左上（自己志向 – being）の現象であろう。このような関係を図示したものが図4-13である。

　つまりマップ左上で発生したキャリア焦燥感は，マップの左下，左上，右上，右下という4つの場面への行動とその結果の緩和要因によって解消可能であることが，このマップを使うことでよくわかるであろう。さらに言えば，中心のインスピレーションが入社動機であり入社後の現実とのギャップでキャリア焦燥感が生まれるとすれば（pp.74-78），どのようなインスピレーションが入社前に形成され，現実のどの場面とのギャップからキャリア焦燥感が生まれるのかなどの分析も意味マップを使うことで可

能となるだろう。

以上見てきた通り，金井（2002b）の「一皮むけた経験」研究も，鈴木（2002）の「組織コミットメント」研究も，松尾（2010）の緊急医の「能力，信念，経験，学習」研究も，田路（2006）の「キャリア志向性」研究も，尾野・岡田（2014）の「キャリア焦燥感」研究も，意味マップを使って分析可能であり，意味マップを使って分析することで，本研究の目的である意味マップをキャリア研究に用いる際の分類基準の統一，ルール作りに関して多くの発見があった。さらにいくつかの研究を見ていくことで，ルールのさらなる精緻化を行いたい。

回顧的に意味づけられた主観的なキャリア発達過程

【ゲーム産業への関心醸成】	
初等中等教育の時期	01 パソコン少年からゲームプログラマーへの転身 02 ゲームプレイヤーからゲーム開発者への転身
高等教育の時期	03 就職活動によるゲーム産業への関心醸成と参入
キャリア初期	04 キャリア初期におけるゲーム産業への関心醸成による転職

【自覚されたキャリアの節目】		
内的要因		05 自己探索と転職 06 葛藤や燃え尽きによる退職
外的要因		07 人事異動による役割変化とその肯定的受容 08 経営環境の変化を背景とした起業 09 大学卒業資格という社内的要請

【成長を促す経験】	
課題	10 先例のない業務へのチャレンジ 11 視野の変化 12 他社・異業種・海外との協働経験 13 短期間における成果達成
人脈	14 主体的な技能形成と周囲からの承認 15 強い紐帯を持つローモデルとの出会いとキャリアへの影響 16 弱い紐帯を持つローモデルとの出会いとキャリアへの影響
修羅場	17 失敗経験 18 追い詰められるような経験
日常生活	19 遊び経験 20 家族とのふれあい 21 学生時代に得た経験

【キャリア志向の成熟】
22 新たなエンターテイメントコンテンツの価値創造 23 ゲーム開発への前向きな姿勢と達成感 24 バランス感覚

【学校教育の職業的意義】
25 学校教育の知識の仕事への応用 26 学校教育の知識と仕事との断絶 27 モラトリアムとしての高等教育時代

【プロデューサー役割の獲得】

図4-14　ゲームプロデューサーのキャリア発達過程：藤原（2009）

■ 1.5 ── 藤原（2009, 2013）の研究
● 1.5.1 ── 藤原（2009）の研究

　藤原（2009）の「ゲームプロデューサー」のキャリア研究を見ていく。藤原はゲームプロデューサーのキャリア発達についてインタビュー調査を基にした質的研究を行い，「回顧的に意味づけられた主観的なキャリア発達過程」として，27の出来事（経験，節目等）を時系列に配置させたモデル図を明らかにしている。それが以下の図 4-14 である。

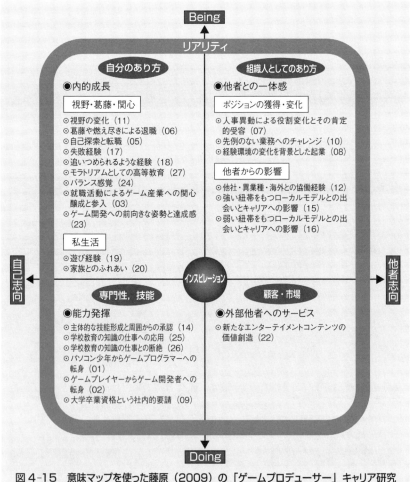

図 4-15　意味マップを使った藤原（2009）の「ゲームプロデューサー」キャリア研究

この研究を意味マップを使って分析可能か検証してみる。

まず「人事異動による役割変化とその肯定的受容（07）」「先例のない業務へのチャレンジ（10）」などは組織の中での新たなポジションを獲得することであり，マップの右上（他者志向 − being）の現象であろう。また「他社・異業種・海外との協働経験（12）」「強い紐帯を持つロールモデルとの出会いとキャリアへの影響（15）」などは他者からの影響であり同じくマップの右上（他者志向 − being）の現象であろう。また「視野の変化（11）」「葛藤や燃え尽きによる退職（06）」「自己探索と転職（05）」「失敗経験（17）」や私生活の「遊び経験（19）」「家族とのふれあい（20）」などは自己の内面的成長を促した経験であり，マップの左上（自己志向 − being）の現象であろう。また「主体的な技能形成と周囲からの承認（14）」「学校教育の知識の仕事への応用（25）」などは個人の能力開発の問題であり，マップの左下（自己志向 − doing）の現象であろう。このような関係を図示したものが図 4-15 である。

● 1.5.2 ── 藤原（2013）の研究

藤原（2013）では，ゲーム産業における女性開発者のキャリア発達について研究している。まず成長を促した出来事（イベント，ノンイベント）については，あるプロジェクトへの抜擢などの「成長を促す仕事経験」，そして「昇格」「職種の変更」などのカテゴリーが抽出できたと述べていたが，これは組織内のポジションの獲得・変更の話であり，マップの右上（他者志向 − being）の現象であろう。また「メンターである上司との出会い」は，他者からの影響であり，同じくマップの右上（他者志向 − being）の現象であろう。そして「主観的キャリアプラトー」「出産」は，個人の内面的成長を促進した経験であり，マップの左上（自己志向 − being）に位置する現象であろう。たとえば「出産」は，定時に帰るなど職業人としての自分のあり方に大きな変化をもたらしたという。

また，対象とした女性開発者全員に共通する意識や行動として「10の共通意識」を抽出できたとしていたが，これを意味マップで分析するならば，「労働の量ではなく質で評価されたいという欲求を持っている（③）」「組織の中で創造性を発揮しようとしている（④）」「他者に自己を理解してもらうよう働きかけを行っている（⑥）」「組織を超越した人間関係を構築・維

持している(⑦)」は組織における人とのかかわりに関する意識であり，マップの右上（他者志向 - being）の現象であろう。また「環境や役割の変化を柔軟に受け止めて挑戦し続けている(①)」「物事をポジティブに捉えて楽しんで仕事をしている(②)」「自己のキャリアを客観的に評価している(⑤)」「現在を大切にして試行錯誤を重ねながら将来を切り開こうとしている(⑧)」は，自己の内面的成長にかかわることであり，マップの左上（自己志向 - being）に位置する現象であろう。「労働の量ではなく質で評価されたいという欲求を持っている(③)」「自己のキャリアを客観的に評

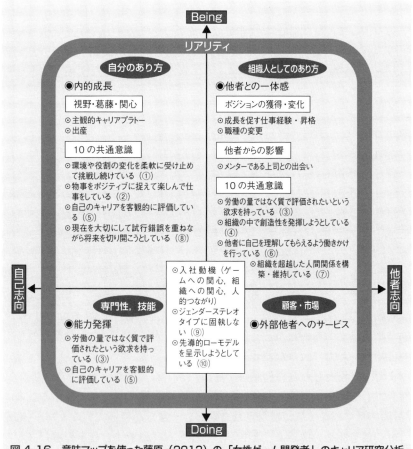

図 4-16　意味マップを使った藤原（2013）の「女性ゲーム開発者」のキャリア研究分析

価している（⑤）」は自己の能力についての意識という意味では，マップの左下（自己志向 – doing）に位置する現象とも言えるかもしれない．また入社動機（ゲームへの関心，組織への関心，人的つながり）は初期のインスピレーション（ここにいる意味，仕事に命を与え続けるもの）を，共通意識の「ジェンダーステレオタイプに固執しない（⑨）」「先導的ロールモデルを呈示しようとしている（⑩）」はそれ以降のインスピレーションを形成しているとしたら，マップの中心に位置づけられる現象かもしれない．以上の関係を図示したものが図4-16である．

このゲーム開発に関する2つの研究からも多くの発見があった．たとえば，「出産」という女性特有のキャリアイベントや，今までなかった「家族とのふれあい」「遊び経験」などをどこに分類するかという問題である．これらは考え方の変化など内面的成長につながっており，マップの左上（自己志向 – being）に分類するという新たなルールが追加された．

■ 1.6 —— 小池編（1991）のキャリアパス研究

続いて日本におけるキャリア研究の先駆け，古典的研究のひとつとして評価の高い小池編（1991）の人材開発研究を意味マップを使って分析してみる．小池編（1991）は，大卒ホワイトカラーの人材開発がどのような形成過程を辿るのかを，管理職へのインタビュー調査などにより詳細に明らかにしている．その中で，営業分野の人材開発として，ある酒類販売を伴う食品卸企業の営業職のキャリアパスについて分析している（pp.64-73）．

この企業は社員700人の企業であり，営業関係の特徴として，はっきりとした専門性，その専門性の幅の広さを挙げている．営業の実務は販売課で行うが，新人はまず業務課に配属され，得意先からの注文電話対応，商品の出し入れを行い，商品と得意先を覚えるという．そして販売課に配属されると，自分の担当地域（テリトリー）が与えられるが，新人用のテリトリーが決まっているという．それは支店の近くの，顔見知りで上司が指導しやすいところであるという．その後，たとえばデパートなど各人のテリトリーを替えていくことで，より高度な営業業務ができるような技能を身に付け，幅広い商品知識が身に付くようになっているという．

このようなキャリアパス分析を，意味マップを使って説明したものが図

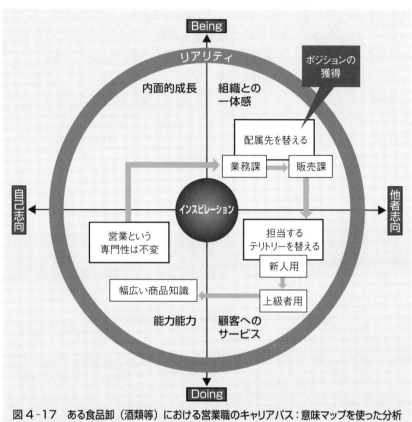

図4-17 ある食品卸（酒類等）における営業職のキャリアパス：意味マップを使った分析

4-17である。まず営業という専門性は変わらず，専門技能を身に付けていく。これは自分が仕事に必要な技能を身に付けていくことでありマップの左下（自己志向 - doing）の現象であろう。そして販売課に配属になるというのは企業におけるポジションを与えられることであり，マップの右上（他者志向 - being）の現象であろう。そして扱う顧客，テリトリーが変化していくというのはマップの右下（他者志向 - doing）の現象であろう。

この図からもわかる通り，小池編（1991）研究の分析から，以下のような発見がある。まず営業という専門性は変えず（マップ左下），組織内の配属先を替えていくことで（マップ右上），対処する顧客を徐々に初心者用から上級者用に替えることで（マップ右下），営業という専門性が増し

ていく（マップ左下），というのは，優れた営業マンになっていくためのある種の循環する「サイクル」を表しているということである。

これは意味マップを使うことではじめて見えてくることではないだろうか。つまり，古典的研究として評価の高い小池編(1991)の研究も，意味マップを使って分析することで，優れた営業マンになるための循環するサイクルを表していたことがわかり，目に見えない意味の世界である内面マップで起こっていることを見事に浮き彫りにした研究であることが改めてわかるであろう。

2 ─── 主観的調査における従属変数の問題

以上，優れたキャリア研究を意味マップで分析することで，キャリアにおける様々な出来事を，意味マップでどのように表現できるかに関するルール作りが進んだため，本研究の調査方法とその分析結果についてこれから述べていくが，その前に，本研究で行ったもうひとつの新たな取り組みがあるのでそれについて，述べておきたい。

今回は新たに2つの試みを行った。ひとつは今まで述べてきた通り，意味マップを使った調査であることであるが，もうひとつは「主観的な調査における従属変数の問題」を意識した点である。いわゆる定量調査では，ある種の従属変数を設定し，その変数に影響のあった変数との関係を調べることが一般的になっている。その考え方を定性調査にも持ち込もうとする考え方である。つまりキャリアのゴール（従属変数）として，優れたキャリアのある特定の実績（たとえば，特定のヒット商品の開発）を設定し，そこに至るまでのストーリーを聞くというスタイルを採用した。そうすることで，優れた業績を生み出すために必要だったことと，そのロジック（因果論理のストーリー）が，漏れなく抽出できると考えた。

つまり「ある特定の優れた業績，顧客や社会に変化を与えた商品ができるまでどのようなキャリアを歩まれたのか」という質問を従属変数（目的変数）とするならば，その商品が生まれるまでの因果のストーリーを話す必要が出てくる。つまりある種のヒット商品が生まれるまでの，「辻褄の合う因果のストーリー」を抽出することを研究目的とした。その因果のストーリーを意味マップという共通の枠組みで分析することで，ヒット商品

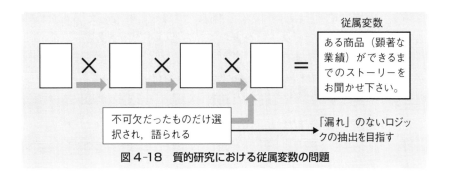

図4-18 質的研究における従属変数の問題

開発など社会にとって意味のあるキャリアが実現する過程、つまり個人の意味が社会の意味になる過程がよりわかりやすく、誰もが理解できる形で提示できるのではないかと考えた。このような関係を図示したものが図4-18である。

楠木（2010）は、すべての企業のゴールは「持続的利益」をあげることであり、そのゴールに向けて、いかにパスをつなぎシュートを打つかというサッカーのメタファーを使いストーリーとして分析しており、ストーリーの分析はまず最終局面、つまりサッカーのメタファーで言えばゴールから逆算し、ゴールがなぜ可能だったのかという視点から、ゴールまでのストーリーを分析すべきであると指摘している。

もちろん本来、定量調査と定性調査は分析の目的が異なり、従属変数という考え方を主観的調査であるキャリアの意味調査に採り入れることはふさわしくないかもしれないが、今回は後人へのロジックの発見が目的であり、定量調査の考え方を定性調査でも応用することにした。

その他、調査法については、また次章で詳しく述べる。

3　課題と分類基準の検討

最後にこのマップの使用に際し、どのような課題があり、それを本研究ではどのように考えるか改めて整理してみたい。

今まで述べてきた通り、最大の課題は、様々なキャリアに関する出来事を意味マップの「どこに分類するか」という分類基準の問題であろう。もっとも典型的なのはマップの右半球におけるアクションかリフレクションか

という判断であろう。右半球は他者との関係であるが、上がリフレクション、下がアクションとなっている。しかしアクションかリフレクションかは、分類がしづらいケースもあるだろう。たとえば「上司に相談」「部下と徹底的に話し合う」「現場に足を運ぶ」などは一見「アクション」に見えるが、上のリフレクションに分類している。これは、顧客や社会に何結果的にか「違い」を生み出したか否かで判断することが可能であろう。提唱者のLips-Wiersmaは、下のアクションについて「顧客や社会に何か"違い"を生み出すこと（making a deference）」と定義しており、「上司に相談」や「部下と話し合う」などは、まだ何か社会に違いを生み出したわけではなく、あくまで組織のあり方や組織内での自分のあり方の模索と言える段階だろう。行動ではあるが、あくまでその目的は「考えること」であるため本研究では上のリフレクションに分類した。

そしてもうひとつの問題は右半球の "being" ということばの捉え方であろう。本研究では2つの意味で捉えることにした。ひとつは組織内での「ポジションの獲得」という意味である。たとえば、「昇進」がキャリアにとって大きな意味をもっていたが、何らかの役職を与えられるということは、組織内での新たな「立ち位置、居場所」が与えられたということ、つまり組織についてリフレクションする際の立ち位置が替わるというこ

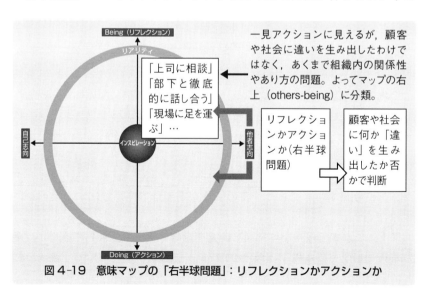

図4-19 意味マップの「右半球問題」：リフレクションかアクションか

Chapter 4 ▶「意味マップ」のルール作り：分類基準の検討

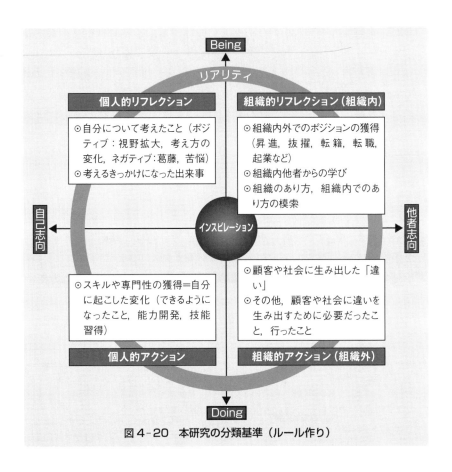

図4-20 本研究の分類基準（ルール作り）

とであり，昇進，プロジェクトリーダーなどへの抜擢，配置転換（転籍），転職，起業などのポジションの獲得という出来事は上のリフレクションに分類した。またもうひとつの意味は「あり方」という意味の being であろう。上司など他者からの学びもキャリアの重要な出来事であったが，これは組織のあり方，組織の中での個々のあり方の模索であり，上のリフレクションに分類すべきだろう。このような右半球の問題を図示したのが図4-19である。

　以上，これまで様々なキャリア研究を意味マップで分析してきたが，その結果，本研究では以下の図4-20のような基準（ルール）で分類することにした。

調査方法

　前章でいくつかのキャリア研究について意味マップを使って分析し，キャリア研究に意味マップを使用する際のルール作りを進めてきた。仕事の意味研究は，キャリア研究だけでなく，意味自体の研究もある。第1章でも述べたが，現代はかつてない程，働く意味が問われる時代である。欧米では，1990年代から働く意味が問われるようになった。Dent et al.（2005）やPandey et al.（2009）などは意味が問題視されるようになった要因として，経済状況の悪化によるリストラの横行，派遣労働，フリーターなど働く意味を感じられない新たな労働形態の出現，格差社会の進展，ベビーブーマー世代が大量に定年を迎えたこと，などを挙げている。ベビーブーマー世代は定年を迎え，効率化分業化された仕事を，効率的にこなすだけの仕事人生に，果たして意味があったのかと問い始めたという。

　働く意味に関する調査など意味自体の研究には，働く意味についていくつか挙げ，その中から解答の多かったものを上位から並べるようなタイプの研究（ランキング研究），得られた供述からカテゴリーを作成するような研究（カテゴリー研究），意味の構成要素や企業パフォーマンスとの関係性を明らかにしようとする研究（モデル・影響研究）などがある。

1 意味の研究の意義と問題点

　ランキング研究の代表的なものとしては，いわゆる意識調査がある。清川・山根（2004）は，日本人の労働観に焦点を当て，労働に関する意識調査が日本においてどのように行われ，その結果何がわかったのかについて

考察している。それによると，労働に関する意識調査は日本では主に，「政府系機関による労働観調査」「各種団体による労働観調査」「その他機関による労働観調査」の3つがあり，毎年多くの調査が行われていることがわかる。政府系の代表的調査が，内閣官房広報室による「勤労意識調査」であり，また各種団体による代表的調査が，日本生産性本部の「'働くこと'の意識調査」であり，またその他機関による代表的調査が，NHKの「日本人の労働観調査」だという。これらは全てが働く意味に関するものではないが，「労働とは何か，なぜ働くのかなど，労働それ自体の意味や価値に対する捉え方」を表している側面があるという。これらの調査の経年変化を分析した結果，日本人の「働く目的」は，概ね「経済的な豊かさ」「楽しい生活」「自分の能力をためす」の3つに集約されるとしている。

　平成24（2012）年度の新入社員を対象とした日本生産性本部の「働くことの意識調査」でも，「会社の選択基準」の第1位は「自分の能力，個性を活かせる」であり，過去に第1位であった「会社の将来性」は年々減少傾向にあるとし，会社よりも自分に興味があり，就「社」意識よりも就「職」意識が年々増加傾向にあると分析している 。これらの意識調査も典型的な働く意味に関する「ランキング」研究と言えるであろう。

　また意味に関するモデルや影響の研究としては，主に組織論の中で行われてきた「有意義性（meaningfulness）」をテーマとした研究群がある。Hackman & Oldham（1976, 1980）の職務特性モデル（job characteristics model）では，この仕事には意味や意義があるとする「有意義性の知覚」が，成果変数（モチベーション・満足・業績など）に影響する重要な仲介変数としてモデルの中に導入されている。また最近の研究としては，May et al.（2004）は，組織（職場）における有意義性が，職務充実（job enrichment），仕事と役割のフィット（work-role fit），同僚との関係（co-worker relations）の3つの要素から構成されること，およびその有意義性がどのように組織への関わり方（engagement）に影響するかなどについて，共分散構造分析によりモデルを作成し提示している。また意味深い仕事（meaningful work）の研究としては，Michaelson（2008），Ayers et al.（2008）などがある。

　これらの研究は確かに意義を有しているであろう。しかし重要な欠陥もある。Lips-Wiersma（2002）はあまりにも表面的すぎる点が最大の問

題だとしている。つまり「何（what）」に意味を感じるかばかりに焦点があり，「なぜ（why）」意味があるのかに関して明らかにしていないという問題である。Lips-Wiersma（2002）はこれまでの意味研究は，何が意味があるのかに関して多くの発見をしてきたが，それがなぜ意味があるのかに関して，その有意義性自体の正確な源（the precise sources of meaningfulness themselves）について明らかにしてこなかったことが，これまでの意味研究の最大の欠陥だとしている。彼女は，「意味があることは何ですか」という質問紙調査では，なぜそれが意味があるのか，意味や意義を感じる感覚の背後にある特定の源（specific sources）を明らかにすることはできない，と述べている。また Driver（2007）は，私たちに必要なのは，表面上に客観的に見えている「意味のあること」を調べることではなく，その背後にある「意味の生成（meaning-making）」に関する供述やストーリーを集めることだと指摘している。

　意味マップはこのような問題意識から作られている内面マップであり，表面的に見えている背後に何があるのかを明らかにしようとしている。たとえば，日本人の「働く目的」は，概ね「経済的な豊かさ」「楽しい生活」「自分の能力をためす」の３つに集約される，とあるが，これは意味マップで言えば，全て自己志向の側，つまりマップの左半分に分類されるものばかりである。平成24年度新入社員の「会社の選択基準」の第１位「自分の能力，個性を活かせる」も，意味マップで言えば，自己志向側，マップの左下に位置することがわかるであろう。May et al.（2004）のいう「同僚との関係」はマップの右上の話であることが意味マップを知っていればわかるであろう。つまりそのように，表面的なことだけでなく，意味が生成する源から考えること，つまり共通の枠組みで考えることが重要であろう。

2　本研究のリサーチクエスチョン

　前章で，主観的調査における従属変数の問題を議論した。その中で，本研究では，キャリアにおける「ゴール」を，顧客や社会に何らかの変革や貢献をもたらしたこと，あるいはその時点とすることを述べた。もちろんキャリア研究の目的は様々であるが，本研究では，自己にとって意味のあるキャリアであっても，それが組織や社会にとって意味のあるキャリアで

なければ，意味のあるキャリアとは言えないと考え，自身が行った仕事が社会にとっても意味のあるような，自己の意味と社会の意味が合致するところに，キャリアのゴールがあると考えた。キャリア研究の第一人者のひとりであるSuper（1990）は，キャリア発達（career development）について，「キャリア発達とは，生涯を通じた継続的発達プロセスであり，自己概念（self-concept）を現実世界で試しながら生かし，発達させ，自分を満足させるとともに，<u>社会へ貢献することである</u>（下線は筆者）」と定義し，キャリア発達の最終目的が社会貢献であると示唆した（Hansen, 2001）。キャリアの意味について考察し，ILPと呼ばれる統合的ライフプランニング理論を提唱したHansen（1997）は，このSuper（1990）の定義に賛同し，キャリアカウンセラーの仕事は，単にクライアントの適性検査をして，向いている職業を紹介することではなく，そのクライアントがキャリアを歩む上で社会貢献できるように，つまり社会貢献するキャリアへと導くように指導教育することだとし，キャリアカウンセラーの役割を拡大解釈する立場を取っている。キャリアの目的が社会貢献であるとする指摘は，キャリアが自己完結しない，自己完結したところに意味は発生しないという重要な示唆を含んでいる。Savickas（1993）は，「発達とは，社会が作るものであり，決して自己ではない。たとえば，発達課題（developmental tasks）とは，社会からの期待（social expectations）のことである。個人のアイデンティティとは，共同体（community）を通じてはじめて認識されうるものである」と述べている。

　また人間は機械ではなく心をもった存在である以上，そのゴールに至る「内面的葛藤や成長」（＝マップ左上）も記述すべき事柄であろう。

　またキャリア研究の「目的」とは，様々なキャリアの中で何が起こっているのかを描き出すことではなく，その背後にある「ロジック」（因果論理のストーリー）を抽出することにあるのではないか。つまり後に続きたいと思う者が使用可能なロジックの抽出こそがキャリア研究の重要な目的であろう。

　つまり，何らかの社会変革や社会貢献を「ゴール」に設定し，そこに至るまでどのようなことが必要だったのか，どのようなことが意味があったと思うかを語ってもらい，集まったストーリーを意味マップという共通の枠組みで分析することで，後人にも使用可能な社会変革や社会貢献を実現

するロジックを抽出できる。そのことを「目的」とした調査をすることで、少なくとも因果論理のストーリーとして、社会変革や社会貢献を実現するキャリアのロジックの抽出が可能となるのではないかと考え調査を行うことにした。

よって、本研究の目的（研究課題＝リサーチクエスチョン：**RQ**）は、以下のように設定した。

RQ1 社会変革や社会貢献を実現するキャリアは、どのように実現可能なのだろうか。
RQ2 社会変革や社会貢献に至るキャリアのストーリーを、意味マップを使って分析することで、個人の意味がやがて社会の意味になる、「漏れ」のない「ロジック」を抽出することは可能だろうか。

そこで本研究では、以下のような方針で調査を行うことにした。

(1) 何らかの社会変革や社会貢献を実現した人を調査対象者とし、たとえばヒット商品の開発などその顕著な業績（原則としてひとつ）に至るまでのキャリアのストーリーを語ってもらう。
(2) そのストーリーをまずは一般的な質的調査法で分析し、モデル図を作成する。
(3) その上で、そのモデル図を意味マップで分析することで、後に続く者が使用可能な社会変革や社会貢献を実現するキャリアの「ロジック」（因果論理のストーリー）の抽出を試みる。
(4) その結果、個人にとって意味のある職場のロジックではなく、個人の「意味深い仕事」がやがて組織や社会を変えていく様相を描き出すロジック、「個人の意味」がやがて「社会の意味」となるようなロジックの抽出を目指す。

以下、順を追って説明することにする。なお本研究で言う「社会変革・社会貢献」とは「社会にとって顕著に意味ある仕事」という意味で使用する。よって「社会変革・社会貢献の実現者」とは「社会にとって顕著に意味のある仕事を実現した人」という意味で使用する。

3 調査対象者の選定

　本研究のRQを明らかにするためには，どのような調査対象者を選定すべきであろうか。まず本研究のサンプリングデザインとしては，Valsiner & Sato（2006）の「歴史的構造化サンプリング（historically structured sampling：HSS）」という概念に基づきサンプリングを行うことにした。これは何らかの共通した「等至点（equifinaity point：EFP）」をもつ人を集めるサンプリング法である。等至点とは，多様な経験がいったん収束する地点のことである。歴史的構造化サンプリングでは，等至点として定めた経験を個人的なものとして捉えず，個人が生まれた場所・文化・歴史の影響を受けて，構造化されていると考える。そして，人間の経験を等至点として概念化し，その経験をした人を対象に等至点に至るまでの多様な選択について考察する（サトウ，2009）。たとえば，「中絶を経験した人」であれば，中絶の経験が等至点となる。しかし同じ中絶と言っても現代の中絶と，たとえば明治時代の中絶とは意味合いが異なるであろう。また日本と諸外国でも違うであろう。等至点となる個人の体験が「歴史的に構造化されている」とはそういう意味であり，よって単なる一個人の体験であっても歴史が色濃く反映されているのであり，同時代に生きる人へ示唆を与えるなど研究価値をもつと考える。

　それではどのような等至点をもつ人をサンプリングすべきだろうか。本研究は，社会貢献や社会変革を実現した人のキャリアを分析対象としている。よって何らかの顕著な社会変革や社会貢献を実現した人を調査対象者として選定する必要がある。よって，本研究では，毎年キャリアの社会貢献性や社会変革性が評価され表彰されている「ウーマンオブザイヤー（woman of the year）」の受賞経験者を対象とすることとした。ウーマンオブザイヤーとは，雑誌『日経WOMAN』（日経BP社）が毎年，その年にビジネス分野で活躍した女性を「リーダー部門，ヒットメーカー部門，キャリアクリエイト部門」の3部門からそれぞれ選出し，総合ランキングとして10名を第1位から順にランキングをつけ，雑誌に掲載し表彰するものである（初期の頃など年により異なる場合もある）。2000年から始まり現時点で13回の選定表彰が行われているが，その審査項目は「①新規性，②社会への貢献度，③成功度，④将来性，⑤ロールモデル性」の5項目で

表5-1 調査対象者の一覧

氏名	受賞年	部門	受賞理由	所属企業 (インタビュー場所)	年齢	インタビュー時間
A	2010	ヒットメーカー	新しいビールの開発	ビール大手 (東京都)	27	2時間+17分[*1]
B	2008	ヒットメーカー	プチプチ(空気シート)を使った商品開発	空気シート大手 (東京都)	30	1時間12分
C	2008	キャリアクリエイト	35歳以上の女性に特化した人材紹介所の起業	<u>人材紹介業</u> (東京都)	49	1時間8分
D	2008	キャリアクリエイト	カンボジアで土産物店を起業し経営	<u>土産物ショップ</u> (東京都)	35	52分
E	2009	リーダー	起業し「子育てタクシー」を考案	<u>子育てサークル法人</u>(香川県)	40	56分
F	2008	ヒットメーカー	起業し、化粧品を開発	<u>化粧品などの販売会社</u> (東京都)	30	1時間7分
G	2000	(第1回大賞)	携帯のインターネットサービス開発	携帯通信大手 (東京都)	45	1時間43分
H	2012	ヒットメーカー	マッサージクッションの開発	マッサージ器など製造販売 (大阪府)	41	1時間40分
I	2011	リーダー	起業し旅行検索サイトを企画開発販売	<u>情報システム製造販売</u> (東京都)	45	1時間48分
J	2011	ヒットメーカー	書籍の企画編集	出版社大手 (東京都)	47	1時間26分
K	2012	キャリアクリエイト	検索サイト開発等ネットビジネスの先駆け	通信大手 (東京都)	48	55分
L	2011	ヒットメーカー	高級化粧品シリーズの商品開発担当者	化粧品大手 (東京都)	40	1時間25分
M	2008	ヒットメーカー	化粧品開発担当、ジェルタイプ化粧品開発	化粧品大手 (東京都)	31	1時間57分
N	2007	ヒットメーカー	チョコレート菓子のリニューアル	菓子メーカー大手 (東京都)	30	59分
			合計時間			19時間26分

※注　上記の年齢・所属企業などはすべて受賞当時の誌面に掲載されたものである。
　　　調査期間：2011.2～2012.10　所属企業の下線は自ら起業の例。

表5-2 調査対象者の内訳

部門	ヒットメーカー	キャリアクリエイト	リーダー	その他（未分類）
人数	8	3	2	1

区分	起業	企業勤務	
人数	5	9	
転職	-	転職あり	転職なし
人数	-	6（1名は転職後復帰）	3

年代	20代	30代	40代
人数	1	5	8

あり，商品開発の成功などキャリアの社会貢献性や社会変革性が評価された女性が毎年選ばれている。本研究は，キャリアと社会貢献（審査項目の②）や社会変革（同①と②）との関係をテーマとするため，審査項目として社会貢献や社会変革を実現したキャリアを評価され，大きな賞を受賞した経験は，本調査の等至点として適していると判断した。また，大きな賞の受賞により取材を受けることも多くなるなど，今までのキャリアを振り返る機会が増えるため，キャリアの意味という点でも通常の人よりも自覚的である可能性が高いと判断した。

以上の理由により，本研究ではウーマンオブザイヤー受賞者14名を対象に調査を行った。調査対象者の主なプロフィール，インタビュー時間等は表5-1の通りである。つまり「社会にとって顕著に意味ある仕事」の「顕著に」とはどの程度かについては，本研究では，「ウーマンオブザイヤーを受賞するほど」顕著に社会にとって意味ある仕事，という意味で使用する。

部門別で言えば，ヒットメーカー部門が8名と最も多い。また，起業か企業勤務かについては，5名が起業，9名が企業勤務であった。また興味深いことにその9名のうち6名が転職経験者であった。つまり受賞理由となった業績は2社目以降の企業で達成していた（ただし1名は転職後またその企業に復帰している）。年代別では，40代が最も多いが，20代や30代前半といった若い受賞者もいる。以上を表5-2にまとめた。

4　研究方法

それでは，このような対象者に対しどのような調査をすべきだろうか。

まず本研究のRQ1は,どのようにして社会変革や社会貢献が実現可能なのか,そのキャリアのストーリーを集めることであった。よって本研究では以下のような方針で調査を行った。

■ 4.1 ── 定量的調査か定性的調査か

まず本研究は,質問紙を使った定量的調査をすべきか,あるいはインタビューを中心とした定性的調査をすべきか,検討した。本研究はどのような認識論的パラダイムを採用すべきだろうか。パラダイムとは,Kuhn（1962）による概念である。認識論的パラダイムとは,リアリティの明示的または暗黙的な見方であって,メタ理論的ないし哲学的な意味の概念である。言い換えれば,リアリティに対するある種の世界観であり,いかなるパラダイムもそれを特徴づけるいくつかの「コア仮定」をもつ（Burrell & Morgan, 1979）。坂下（2002）によると,社会学における認識論的パラダイムには,機能主義パラダイムと解釈主義パラダイムがある。機能主義的パラダイムは,社会的世界が成員の認識とは独立の客観的実存の世界（＝客観的実存物）であり,人間存在やその活動は状況や環境によって完全に決定されると仮定しており,社会的世界の客観的な因果法則を「外側からの観察」を通じて直接解明しようとする。そのため,体系的な手続きや手法に基づくサーベイリサーチと,定量的データの統計分析による仮説の検証を常用とする。これに対して,解釈主義パラダイムは,社会的世界が実存する構造ではなく,関係する諸個人の相互作用によって社会的に構成された意味世界（＝社会的構成物）であると仮定する。社会的事象の客観的な法則性や規則性の存在を疑問視し,社会的世界はその活動に直接関与している成員の視点からのみ認識できると考える。したがって,方法論的には,研究対象となる社会的世界の内側に入り,その意味世界にまで踏み込んだ洞察を得ようとする。この種の方法論は,定性的（＝質的）調査方法と呼ばれる。

本研究は,研究者が設定した仮説やモデルが調査対象者に当てはまるかを外部から観察することが目的ではなく,意味の生成をテーマにしていることから,調査対象者の内側に入り込み,対象者が見ている世界,感じている世界など対象者の意味世界（＝社会的構成物）をできるだけそのまま理解することを目的としている。

以上の理由により，本研究では，解釈主義パラダイムに基づいた，定性的（＝質的）調査方法を採ることとした。

　解釈主義パラダイムの中でも「伝記－解釈学的アプローチ（biographical-hermeneutic approaches）」を採用した。Ochberg（1988），Cochran（1990），Young & Borgen（1990）らのキャリア研究者たちは，キャリアに関するより深い意味にアクセス（to access deeper career meaning）するためには，「伝記－解釈学的アプローチ」を採用すべきと指摘している。Hoff（2010）によると，「伝記－解釈学的アプローチ」とは，病理学の診断法にも使われるものであり，対象者の客観的な性質や症状に焦点があるわけではなく，対象者の行動や発言を，その対象者の伝記的背景（biographical background）から了解しようとするところに焦点があるアプローチ法のひとつである。Young & Borgen（1990）は，このアプローチ法のキャリア論における展開について述べており，ライフストーリーとライフヒストリーは，他人が語るか（伝記），自分で語るか（自叙伝），という情報の「源（sources）」の違いだが，このアプローチはそうではなく，伝記をどう解釈するかそのプロセスに焦点があり（McAdams, 1988），心理学，特に人格心理学のシステム的な応用により，人生を一貫性のある魅力あるストーリーとして解釈しようとする精神伝記学（psychobiographies）のひとつであると述べている。

　Lips-Wiersma（2002）では，この指摘を踏まえ，「質的な精神－伝記的研究法（qualitative psycho-biographical study）」を採用したと述べている。これは，伝記の精神的側面に着目する心理学のひとつの方法だが，研究者だけでなく調査対象者が，データ分析やその後の理論の概念化にまで積極的に関わる点を特徴とする研究法であると説明している。

　よって本研究は，解釈主義パラダイムに基づく定性的（質的）調査法を採用することとした。またその中でも「伝記－解釈学的アプローチ」の「質的精神－伝記研究法」を採用することとした。

■ 4.2 ── 調査手続き

　調査は，1対1の半構造化面接法によるインタビュー調査を実施した。ただし対象者のF, I, Lについては，1対1ではなくインタビュー時に先方の希望により広報または秘書が1名同席した。面接時には，ウーマンオ

ブザイヤー受賞時の掲載誌を持参し，その誌面を双方で見ながら質問を実施した。質問項目は，受賞に至るまでの経緯を自らの口で自由に語ってもらうことに主眼を置いた。自由に語ってもらう中で，より深い個別性を抽出するために，補足的な質問を適宜加えてインタビューを行った。面接の所要時間は表 5-1 の通りおおむね 60 分から 120 分程度であった。面接の場所は，インタビュー時の勤務先の会社内（面接室，会議室等）で行ったが，カンボジア在住の 1 名（D 氏）については，日本に出張の際にホテルのロビーで実施した。また A 氏は講演会場であった。12 名中 1 名のみ受賞時と勤務先が変わっていたが，残りの 11 名は受賞時の勤務先と面接時の勤務先は同じであった。面接内容は，本人の許可を得て IC レコーダーに録音し，後日逐語記録を作成した。調査期間は 2011 年 2 月から 2012 年 8 月までであった。

インタビューデータの収集に関してより詳細に記しておく。Lips-Wiersma（2002）の調査では，調査参加者が自ら語るキャリアヒストリーを集める必要があるとして，「あなたのキャリアがこれまでどのように発達してきたのか，そのストーリーをお聞かせ下さい（tell me the story）。どこから始めても結構です。あなたがスタートすべきと感じたところから話し始めて下さい。途中，考える時間が欲しかったり，テープを止めて欲しかったり，休憩が必要なときは，そのようにお伝え下さい」と指示を出している。彼女はなぜこのような方法を採ったかについて，自分の人生をどのように解釈しているのか，これまでの人生を辿りながら語ってもらうことで，精神的伝記に関する説明や語り（psycho-biographical account〈narrative〉）が得られるためであるとしている。そして，なぜ調査参加者にそのような指図をしたのか，質問の設計意図については，探索的調査（exploratory research）の研究法に沿う必要があること（Tierny & Lincoln, 1997），データの豊富さ（richness）を確保するためであること（Polkinghorne, 1997），そして，個人が語るストーリーには自分のキャリアに対する評価や深い意味が反映されている（"story" to reflect on his deeper meanings & values）可能性が高く（Lax, 1996），それを引き出すためであると説明している。

よって，Lips-Wiersma（2002）の研究に依拠している本研究でも，なるべく自由に自分のキャリアの関するストーリーを語ってもらうという手法

を採用した。

5 分析方法

データの収集と分析には，グラウンデッド・セオリー・アプローチの修正版である「修正版グラウンデッド・セオリー・アプローチ（M-GTA）」の手法を採用した。またその分析結果の表示には，プロセスを重視する質的分析法である TEM の手法も一部採用した。またキャリアヒストリーの分析であるため，キャリアヒストリーの分析法である 5 ステップ内容分析法などを採用した。以下順に説明する。

■ 5.1 修正版グラウンデッド・セオリー・アプローチと TEM 分析

グラウンデッド・セオリー・アプローチ（grounded theory approach：GTA）は，データそのものに「根ざした（grounded）」理論構築を目指す質的データの収集・分析に関する系統的なガイドラインを提供するデータ対話型の方法論である（Charmaz, 2006）。グラウンデッド・セオリー・アプローチは，社会学者の Glaser & Strauss（1965, 1967）が，病院内において実施した，患者に関する調査（Glaser & Strauss, 1965, 1968；Strauss & Glaser, 1970）を軸とした共同研究の成果より生まれた。その成果は『データ対話型理論の発見』（Glaser & Strauss, 1967）として発表され，既存の理論から検証可能な仮説を演繹することよりも，むしろデータに根ざした研究から理論を生成することの重要性を主張した。これは，データに根ざした特定の社会的現象の抽象的解釈から成り立つ Merton（1949）の中範囲理論（middle-range theories）を支持するものであり，体系的に分析されたデータによる裏付けをもたなかった 20 世紀半ばの社会学における誇大理論（grand theories）とは対照をなしていた。具体的には，「オープン・コーディング」「軸足コーディング」「選択的コーディング」という 3 つのステップを踏んで，理論的飽和に至る。またその修正版である木下（2003）の M-GTA は，分析ワークシートの作成など，GTA の使いにくさを解消するために提言された手法である。本研究では，インタビューデータの収集とその分析（整理）には，この M-GTA を採用した。

またその関係図（モデル図）とストーリーライン（図の言葉による説明）としては，本研究の目的に合わせて，サトウ（2009）の提唱する複線径路分析，つまり TEM の手法を一部使った。TEM とは，「複線径路・等至性モデル（trajectory equifinality model : TEM）」のことであり，KJ 法やグラウンデッド・セオリー・アプローチと同じく質的研究法のひとつである。時間を捨象せずに扱おうとする点に特徴があり，人間の成長を時間的変化と文化社会的文脈との関係の中で捉え記述するための方法論的枠組みである。等至性（Equifinality）という概念を発達的・文化的事象の心理学的研究に組み込もうと考えた Valsiner（2007）の考えに基づく（Valsiner & Sato, 2006）。TEM とその他の質的分析手法との違いについて，提唱者のサトウは，TEM は，「シークエンス（連続性，因果論理のストーリー）」を「分析」する「モデル（ロジック）」を作成することに主眼があり，また KJ 法やグラウンデッド・セオリー法・アプローチは，「ストラクチャー（構造）」を「分析」する「理論」を構築することに主眼があると述べている。

■5.2 ── キャリアヒストリーの分析

また分析にあたっては，キャリアヒストリーの分析法を参考にした。Lips-Wiersma（2002）の調査では，得られた各々のキャリアヒストリーのデータに対して，5 ステップ内容分析法（a five-step content analysis procedure）という手法を使って分析している。5 ステップ内容分析法とは以下の 5 つの手順を指す。

第一ステップは，キャリアヒストリーを要約する手順である。その際，全てのキャリア選択，トランジション，およびそのトランジションの理由，経験した職業（仕事）の全てが含まれているかや，調査参加者が使った言葉を可能な限りそのまま使うこと，および，時間的な順序に注意する必要がある。この要約作業の目的は，単なるストーリーの書き直し（re-write）ではなく，キャリア選択やトランジションの理由について理解し，自分が経験したキャリアについてその人が今の時点でどのように解釈しているのか，その感覚を得ることが目的である。また，つぎの分析という作業に進むために，扱えるような形（manageable）にすること，他の人，たとえば調査対象者にも理解可能な状態にする（agree-upon database），という目的もある。

第二ステップは，キャリアヒストリーを貫く重要な特徴やテーマを明らかにする手順である。目的は，事前に決めるのではなく，データから浮かび上がるテーマを明らかにすることである。この帰納的な手法（inductive process）は，そのテーマに関するデータや定義がないか，ほとんどなく，カテゴリーを形成する際に必要となる事前に定義されたパラメーター（説明要因）をもたない研究分野の探索的調査に適している（Plummer, 1995）。

　第三ステップは，分析単位（the unit of analysis）として，意味のユニット（units of meaning）に着目する手順である。一般的なナラティブのテクニックでは，語りの構造や，関心の表現を調べる手法として，話の筋の反転（plot reversals），話の裏の意味・隠喩（subtextuals），構造の様式（modal construction），登場人物のペアリング（character pairing）などの手法が使われるが，これはそうではなく，意味のユニットに着目する。この意味の単位に着目する方法は，意味やその形成プロセスにフォーカスする精神的伝記的データ分析法（psycho-biographical data analysis）として，最近増えている手法である（Cohler, 1982 ; Hermans, 1992 ; Hermans & Hermans, 1995 ; Kofodimos, 1993 ; McAdams, 1992 ; Ochberg, 1988）。意味のユニットは，自己語りにおける，自分の人生の重要な側面と関係する組織や内容について語るためである（Hermans & Hermans,1995）。

　第四ステップは，その意味のユニットが，意味の生成過程でどのように価値づけられているか，ネガティブか，ポジティブか，中立かなどを探る段階である。そして第五ステップは，このような分析結果を，調査対象者ともう一度検討する段階である。

　またBujold（1990）によると，キャリアヒストリー研究の権威などの文献を引用しながら，キャリアヒストリーとは自分の人生についての語りと，それを研究の俎上に載せるための生産物にする作業と2つの側面があると指摘している。探検的要素の強い冒険を人生の旅行日程表（life itinerary）にまとめるような作業で，それぞれの経験には隠された秘密があり，解読が必要で，その点で，伝記と解釈的アプローチの類似性があるという。彼は，伝記分析の第一人者である社会学者のFranco Ferrarottiを引用しながら，伝記分析のアプローチには，経験を思い出しそれを言葉に置き換えるといった深い熟考（critical refection）が必要で，その熟考の時間には（順不同の）4つのステップが含まれるとしている。

第一ステップは，文脈的熟考（contextualization）という時間である。調査対象者の人生経験（life experience）と，その人を取り巻く主要な人間関係やコミュニティ，および社会的，文化的，経済的，政治的構造に注意を払う段階である。
　第二ステップは，時間的熟考（temporalization）という時間である。本当の時間と本人が経験した時間は異なることに注意を払う必要があるという。Franco Ferrarotti は「本人にとっての時間は同質（homogeneous）ではない。時間は濃密性に違いがあり，本人は時間の経過を質的，実存的に表現する」と述べている。
　第三ステップは，相互作用的熟考（interaction）という時間である。これは，文脈的要素と時間的要素など分析プロセス間の相互作用に注意を払う時間であり，哲学認識論的（epistemological condition）見方を含むと述べている。
　第四ステップは，浸透的熟考（saturation）という時間である。伝記における各経験間の関係について考察する時間であり，その中で特別に重要な文化的テーマ（predominant cultural themes）や，コアとなる行動（core behaviors）などを明らかにすることができるとしている。

■ 5.3 ── 意味マップを用いたロジックの抽出

　このような一般的な質的分析法の作業ののち，得られたモデル図について，意味マップを用いて分析し，そのロジックの抽出を試みた。まず最初に一般的な質的分析法で分析するのは，できるだけ先入観をもたずに，調査対象者が語るストーリーを語られたまま客観性をもって分析するためである。しかしそれだけでは，従来のキャリア研究がもつ欠陥を克服できないため，意味マップを使って「漏れ」のないロジックの抽出を試みる。つまり以下のようなステップで分析するという計画のもと調査を始めた。

　　《第一段階》社会変革や社会貢献を実現した人の，実現までのキャリア
　　　　　　　のストーリーをできるだけ多く収集する。
　　《第二段階》そのストーリーをできるだけ先入観をもたずに，5step 法
　　　　　　　に配慮しながら，M-GTA を使って整理分析する。
　　《第三段階》整理された分析結果をもとに，TEM なども使い M-GTA

の手法でモデル図を表す。

≪第四段階≫モデル図を「意味マップ」という共通の枠組みで分析することで，社会変革や社会貢献を実現するキャリアのロジック，個人の意味が社会の意味に至る漏れのないロジックの解明を目指す。

なおデータの分類，カテゴリー化には，「NVivo 9」（QSR International 社）というソフトウェアを一部使用した。これは一種のQDAソフト（質的データ分析ソフト，qualitative data analysis：QDA）であり，質的データの整理，カテゴリー化等に広く利用されている[*2]。

● —注

[*1] — インタビュー依頼は大学時代のゼミ教員を通じて行った。講演を聞いてもらった方がわかりやすいとのことで，講演とその後の短時間のインタビューで代替した。講演は録音等が禁止であったため，パワーポイントを使った発表をメモ書きし，講演後直接インタビューを行った。講演120分，インタビュー17分。講演タイトルは『世界初，アルコール〇〇，〇〇（ビール商品名）で描く夢』（六本木スクール：アカデミーヒルズ主催，2011.2.24,19:00〜21:00）であった。

[*2] — Lips-Wiersma & Morris（2009）は，意味の生成マップ再調査においても，"Nud.ist（Non-numerical Unstructured Data Indexing Serching & Theorizing)" というQDAソフトウェアを使用したと述べている。Nud.istはテンプレート分析法の提唱者であるKing（1998）が推奨しているソフトである。Kingは「分析はもちろん手作業（to code by hand）でもいいが，コンピュータの力を借りた方が良い場合もある。私たちは調査にNUD・ISTというソフトウェアを使用している」と述べている。

Chapter 6

調査結果:
社会変革に至るストーリーの分析

　本章と次章では,調査結果について述べる。まず,得られたインタビューデータに対し,社会変革・社会貢献に至るストーリーの分析を行う。続いて,その分析結果について,「意味マップ」を使った分析を行い,ロジックの抽出を試みる。最後に,発見事実の確認,整理を行う。

1 ──社会変革・社会貢献に至るストーリーの分析

　社会変革・社会貢献実現者の事例としてウーマンオブザイヤー受賞者に対し行ったインタビュー結果について,まず主に木下(2003)のM-GTAを用いて分析を行った。

　分析テーマは「社会変革・社会貢献に至るまでのロジック(因果論理のストーリー)に不可欠だったもの」と設定した。分析焦点者はウーマンオブザイヤー受賞者とした。分析は分析ワークシートを用いて行った(表6-1)。まず分析テーマに関連する箇所をひとつの具体例(ヴァリエーション)とし,他の類似具体例をも説明できると考えられる説明概念を抽出した。さらに,生成した概念と他の概念との関係を個々の概念ごとに検討し,複数の概念からなるカテゴリー,サブカテゴリーを生成し,カテゴリーの相互の関係からカテゴリーグループを生成した上で分析結果をまとめた。

　分析の結果,4カテゴリーグループ,4カテゴリー,14サブカテゴリー,26概念が生成され,理論的飽和に達した。社会変革・社会貢献に至るま

表6-1 分析ワークシートの一例

概念名	創造スキルの獲得（設計）［2例］
定義	何かを創造することのできるスキルを獲得すること。住宅設計，造園など。
ヴァリエーション	⊙造園のときに，授業でならったのは，まずは周りを調べるんですよ，公園とかっていうのは。本質というか，カッコイイだけだとダメで，そこの生活に密着できるとか，馴染むとかっていうのは，大学のときに学びましたね。(M氏) ⊙建築に今でも興味がありますけど。インテリアとか。一応大学が教育大学だったんですけどその中の住居学ですね。前の会社も3，4年近く。CADの勉強というか。通訳より何か技術とかを身に付けようと思ったので前の会社を選びました。(H氏)
理論的メモ	⊙「創造スキルの獲得（住宅設計，造園）」がよいか。 ⊙住宅設計，造園を設計に統一，「創造スキルの獲得（設計）」

でのストーリー（因果論理）の構造という視点から，カテゴリー，サブカテゴリー，概念間の関係について検討し，モデル図を作成した。

以下では，カテゴリーごとに，サブカテゴリー，概念，モデル図の説明を行う。

■ 1.1──「スキルの獲得」のストーリーとモデル図

繰り返しになるが，今回の調査対象者であるウーマンオブザイヤー受賞者の受賞までの語りからは，26の概念を生成することができた。またそれは「スキルの獲得」「使命感の獲得」「組織リソースの獲得」「顧客・社会の課題解消」の4つのカテゴリーとしてまとめることができた。つまり受賞までの語りは4つのストーリーとして分けられた。以下この4つのカテゴリーごとに解説していく。まずは「スキルの獲得」から始める。

たとえば，B氏は受賞までのストーリーを聞かせてくださいという問いに対して，原点はホームページ作りだったという話から始めている。一見，梱包材のプチプチ[*1]を使った玩具開発という受賞理由とは結びつかず，『日経WOMAN』の受賞記事にも記載されていなかったが，このホームページを作るスキルが，後のウーマンオブザイヤー受賞に欠かせない要因となった。

もともと学生時代からホームページを作る仕事をしていたんですね。主に旅行情報なんかを提供するサイトをやっていたんですね。知り合いの社長さんが新たに会社を作って，ほぼ私が1人でやっていたんですね。[ホームページを作る技術はどこで覚えたのか]小学校ぐらいから，結構ワープロ通信とかパソコン通信とかをしていて。なので割と自然に，ホームページのほうもやりだしていましたね。(B氏：「創造スキルの獲得〈IT〉」「学びの意欲」)(※下線と[ ]内は筆者による加筆。以下同様)

　これは受賞につながったスキルの獲得場面についての語りであろう。また後に14名のストーリーを分析し，スキルの種類としては創造スキル，その中でもIT系に分類できたので，「創造スキルの獲得〈IT〉」という概念を抽出し分類した。またこのようなスキル獲得場面の語りには，そのスキルを獲得する動機についても一緒に語られる。またそれは自分で学びたいと思った学びの意欲のストーリーと，必要に迫られて仕事などをしたというストーリーがあったが，B氏の場合は自ら興味をもって身に付けており，「学びの意欲によるスキル獲得」という概念が生成され分類した。

　A氏[*2]は，スキルの原点は最初に入社した外資系大手化学メーカー時代にあるという。

　　商品開発をしたいと思ったのは学生時代，インターンシップで商品開発をしたのがきっかけ。マーケティングの「いろは」は全て○○[*3]〈外資系大手化学〉時代に学びました。○○[ビール商品名]の開発は，○○[外資系大手化学]で習ったマーケティングの手法に沿って1から順に行いました。外資系だったので，世の中に必要とされるものだけが生き残ると徹底的に教わりました。(A氏：「創造スキルの獲得〈商品開発〉」「学びの意欲」)

　A氏が獲得した社会貢献や社会変革に欠かせなかったスキルは「マーケティングの"いろは"」(本人談)であり，これは商品開発できるスキルであるため「創造スキルの獲得〈商品開発〉」という概念が生成され分類

した。またその動機は学生時代からやりたかったのであり，「学びの意欲によるスキル獲得」という概念に分類した。

　C氏の原点は派遣社員時代に身に付けたビジネススキルだったという。

　　離婚もするしっていうことで子どもが生まれて2人を育てるのに派遣ですね。そこから派遣ですね。今，大手の企業の派遣会社に登録をするといろいろな教育システムがございますよね。当時はそのシステムをただで使えたの。CADなんかそこでただで覚えました。CADなんて100万しますから買えるわけないがない。子育てをするのにすぐに正社員になりたいと派遣の仕事をジャンプ台にしました。どうやってやったかっていうと短期の仕事しか取らなかったんです。3カ月とか1カ月とか。どこの企業でも「行かないで」って言われる仕事をしようと。「行かないで」「辞めないでください」「継続してください」と。すべての会社に「継続してください」って言われましたけれども私は自分の株を上げるためにそれをやっていた。すべて戦略でした。営業やら営業事務やら定款の書き換えとか経理は違う会社で共同オーナーという形で5年間経理やってますし全部やってます。(C氏：「達成スキルの獲得〈一般・克服〉」「必要に迫られて」)

　C氏のスキルは，仕事の一般的な事務スキルで何かを達成できるスキルという意味で，後の他の人の分析も踏まえ「達成スキル〈一般・克服〉」という概念を生成させ分類した。またその動機はA氏，B氏と異なり，離婚して子どもを抱え必要に迫られて働いたということであり，「必要に迫られてのスキル獲得」という概念を生成させ分類した。

　D氏は，偶然カンボジアで観光ガイドの仕事を1年間経験したことが，全ての原点となった。旅行で訪れたアジアの国々の貧困に衝撃を受け，エリートビジネスパーソンが約束されていたにもかかわらず，大学を休学し日本語教師として海外青年協力隊で海外に行くことを希望した。しかしなぜか試験に受からない日々が続き，たまたま見つけた求人募集によりカンボジアで働くことになったという。

たまたまカンボジアの学校を見つけてそれで応募して．26のとき
　にもうこれが最後のチャンスだぐらいの思いで受けました．それも落
　とされたんですけどね．でも「やりたいです」ってことを会長さんに
　話して，手紙とか書いてどうしても働かせてくれって書いたのでそ
　の方が「じゃあ僕は旅行会社も持ってるのでそっちで１年働けたら，
　次の年あなたを日本語教師として採用しますけどどうですか」って
　言って．で「もう何でもやります」って言ってカンボジアにある旅行
　会社で働かせていただいて．その１年間ガイドをやって．歴代の先
　生たちは「Ｄさん大変よね．ガイドの仕事をして毎日外歩いてお客さ
　まを案内して」とか．でも私は逆にその１年があったからカンボジ
　ア語も覚えたし．それまで全くカンボジア語なんか知らないですし学
　校の中にいれば日本語教師なので日本語だけで生活するし．でも私は
　最初からもうガイドで毎日外歩いてたのでいろんな知り合いもできた
　しその１年があったからこそ．（Ｄ氏：「達成スキルの獲得〈語学・海外〉」
「必要に迫られてのスキル獲得」）

　Ｄ氏の原点は，カンボジア語をマスターしたこと，現地の観光ビジネス，
海外事情に精通できたことであり，「達成スキルの獲得〈語学・海外〉」と
いう概念を生成させ分類した．

　Ｅ氏は，故郷香川県を離れて，筑波で出産することになり，子育てノイ
ローゼのようになってしまった状態を育児サークルに救われた経験が原点
になっている．その育児サークル体験が，のちの育児サークル起業に欠か
せないスキルとなっている．

　　結婚して出産したことが転機だったんですね．だから何が転機か分
　かんないんですよね．自分がそういう本当閉塞した子育てをしたので
　そういう場を作りたいなと．［筑波時代が原点でしょうか］そうです
　ね．それがなかったらたぶんないと思います．私ずっと香川にいたの
　で初めて実家を離れて誰も知らない友達もいない土地で結婚して出産
　したっていうことは本当にもう分からないことの二重三重で，もとも
　と性格が私外向きなので大丈夫だろうと思っていても子どものこと何

> も分からない。で,子どもが泣いてもおむつ替えてもミルクあげてもまだ泣いてる。何で泣いてるのか分かんないっていう。誰も教えてくれない。その悩みはすごくやっぱ大きかったですね。実家で暮らしてて子ども生んでなんかあったらばあちゃんが見てくれてっていう環境にいるとたぶん気がつかなかったと思うんですけども。(E氏:「達成スキルの獲得〈一般・克服〉」「必要に迫られてのスキル獲得」)

　E氏は,子育ての悩みを育児サークルで克服したのであり,何か困難なことを克服するスキルと言えるだろう。克服スキルは同じように悩む人に売る(教える)ことができる。また育児サークルの一般的な運営の仕方も学んでおり,「達成スキルの獲得〈一般・克服〉」という概念が生成され分類した。

　F氏は,大学時代,読者モデルから雑誌の編集に携わったことでブーム作りのノウハウを学んだという。

> 大学のときから雑誌の編集をしていたので,結構自分でページの企画から構成とかを全部やっていたので,1つのブームみたいなのを雑誌を使って仕掛けるということをずっとそのときからやっていたので,そういうのには興味があったというか。一応今でも軸があって,基本的にはジャンルは私はなんでもいいと思っているんですけれども,ものでもなんでもいいんですけれども,基本は何か面白い戦略でブームを作ることであれば別に衣食住何のビジネスでも構わないとは思っているんですよね。たまたま出ていた雑誌の編集の方に「やってみるか」って言われたので「はい」って言って。(F氏:「創造スキルの獲得〈出版〉」「学びの意欲によるスキル獲得」)

　F紙の雑誌の作り方,雑誌を使った仕掛け方というのは,創造スキルの中でも今までと違い出版のスキルであるため「創造スキルの獲得〈出版〉」という概念が生成され分類した。

　M氏は,化粧品開発で受賞しているが,原点は大学時代に習った造園の

考え方だという。

> もともとは大学で造園をやって。ランドスケープとか造園とか公園とか庭とかの設計みたいなことをしてたんです。もともとはそちら側に進みたいとは思っていたんですけれども。ただ何かをつくり出すっていうのがけっこう就職するときテーマでして，それでたまたま化粧品の企画っていうところが，たまたまですね。造園の授業でならったのはまず周りを調べるんですよ，公園とかっていうのは。周りの環境とかプランとかどうなってるかっていうところから，その公園の，どうやってゾーニングしたらいいかっていう，そこが多分本質というかカッコイイだけだとダメで，そこの生活に密着できるとか馴染むとかっていうのは大学のときに学びましたね。化粧品やってから気づいたんですけど近い。ほんとに化粧品って多分おんなじだと思うんですけど。そこに共通してる本質が1個あったりするんだなってのは社会人になってから思いました。どんな仕事をしていても多分一緒なのかもしれないんですけど。多分造園でもそうですし多分化粧品でもそうですし業界変われど多分やってることはおんなじことをやってるのかなっていうのは。考え方っていう意味合いではすごくどこもつながってるんだとは思います。(**M氏**：「**創造スキルの獲得〈設計〉**」「**学びの意欲によるスキル獲得**」)

そのことが「本質をつく」という考え方につながったという。

> この良さっていうのが，もともとのアイライナー，ものの本質みたいなところをついてる商品かなと思ってまして，アイライナーの商品って実は，落ちにくくて黒くて，こうラインがきれいにパって描けるっていうのがものの本質なんですよ。なので，ものの本質っていうかアイラインを描きたいときにお客さんのしたいことっていうのが。トレンドはいろんな形になりたいとかあるんですけど，アイラインのブレちゃいけないところってあってそこに実は合致してた商品なんですね。黒くて落ちにくいっていうところが合致していて，なので本質をついてるので，それが売れる。あとはタイミングだけだったんです。

広がるタイミングだけだったので。それが本質のものと，物事の本質と狂ってないかってのは考えます。アイデアはいっぱい思いつくんですけどアイデアは結局楽しいだけのことであってお客さんってけっこう賢いんで，けっこうやっぱり面白いものは面白いって思うんですけど，それを買ってくれるためにはちゃんと使えるかとか，そこがおかしくないかとか，例えばアイライナーですとちゃんとしっかりラインが黒く描けて落ちにくいっていう，これだけ外さなければあとは新しいものは，見た目とか言葉とかついてくるとお客さんはちゃんと飛びついてくれるんです。なんでそこを外さないようにっていうのは常に持ってますね。(M氏)

　M氏はもちろん化粧品の商品開発のスキルについては，入社してから先輩から教わっているが，大学時代の造園について語っており後のウーマンオブザイヤー受賞につながる業績に不可欠だったスキルとして，「創造スキルの獲得〈設計〉」という概念を生成し分類した。

　また達成のスキル（一般事務や語学など）は，あくまで仕事を達成できるスキルであるが，それがなぜ後のウーマンオブザイヤーを受賞する社会変革につながるスキルになるのだろうか。達成のスキルはそれだけでは社会変革は実現せず，それが誰かに影響を与えられるスキルになる必要がある。派遣会社などで女性のどんな仕事が優れた仕事なのかを体験したC氏は，そのノウハウを就職できないで困っている35歳以上のミドル女性に教える会社を作ろうと思いつく。そして就職できないとされていた35歳以上の女性を次々と就職させることに成功し，その点が社会変革性，社会貢献性の高いビジネスの成功として評価されウーマンオブザイヤーを受賞している。つまり達成のスキルがそれを教えらえるという教育のスキルに変わったとき，人や社会に影響を与えることができ，社会変革や社会貢献が実現するのであろう。またE氏は，子育ての悩みを子育てサークルで克服できた体験から，地元に帰って子育てサークルを起業しているが，これも克服できたという達成のスキルが他者に教え共有し，同じ悩みを抱える人を救ったことが評価され，ウーマンオブザイヤーを受賞した例であり，達成スキルが人に影響を与える影響スキルに変わったとき，社会変革

や社会貢献を達成していると言えるだろう。つまり達成のスキル〈一般・克服〉は，人に影響を与えることのできる「影響のスキル〈教育・共有〉」に変わったとき，社会変革や社会貢献につながるスキルになると言え，ここに「影響のスキル〈教育・共有〉」という概念が生成された。

<u>私が皆さまに今お伝えしてること，そのまま私やってるんですね。「手当たり次第，応募しちゃいけませんよ」。してました。で，どれを仕事にしていいか分からないのでこれもあれもやってみようって応募しました。</u>よしましょう。それをすると手当たり次第 NG が来ます。NG が来ると落ち込みます。落ち込むと顔にも覇気がなくなります。で，元気のない人，雇いません。っていう悪循環。全員やってます。手当たり次第に履歴書書いたらそこの企業に合う履歴書じゃない。見てもらえるわけがない。みーんなやってます。私も全部やりました。ハローワークに行くと「1週間に3通5通出しなさい」って言われるけど「絶対出しちゃいけません」って私は言い続けてますね。だってそんなことしたら5通出したら5通戻ってきちゃうじゃないですか。行きたくもない会社から「要りません」って言われるんですよ。気持ちよくないじゃないですか。そんなことをしちゃいけません。絶対やめましょう。<u>そんなんで受かるわけがないじゃないですか。自分自身が経験してるから。</u>（C 氏：「達成のスキル〈一般・克服〉→影響のスキル〈教育・共有〉」）

また語学を仕事に生かせるという「達成スキル〈語学〉」は，それだけでは社会変革や社会貢献につながらない。やはり影響のスキルにつながる必要がある。F 氏は，カンボジアでたまたまガイドをやり現地語などをマスターしたことから，お土産ビジネスがないことに気づき，日本のお土産ビジネスをカンボジアに普及させ，現地の貧困を解消しようとしたことが評価されウーマンオブザイヤーを受賞しているが，これは達成のスキル（語学や海外事情への精通）が現地にないものを普及させ，ある国に影響を与えることができた例であり，「達成のスキル〈語学・海外〉」が普及という影響のスキルにつながったとき，社会変革や社会貢献を実現するスキルになると言えるのではないか。

その1年のガイドするときにお客さまからの「お土産ないよ」とかって言われて「何かお土産あったらいいのにな」とか，何かそういうことがすべてつながっていくので，だからガイドやれって言っていただいたのもものすごく意味があったことだと。(F氏:「達成のスキル〈語学・海外〉→影響のスキル〈普及〉」)

　K氏も語学力が評価され，社内留学でアメリカで学ぶ機会を得ていることが後の日本でのインターネット普及に影響しており，本人は直接の影響を否定するが語学力や海外体験は大きな意味があったであろう。つまり達成のスキル〈語学・海外〉から「影響のスキル〈普及〉」に変わったとき，社会変革や社会貢献が実現すると言え，ここで「影響のスキル〈普及〉」という概念が生成された。

　インターネットはですからやり始めたのは帰ってきてからですけど。たまたまそこに配属されたっていう。MBAはあんま関係ないですからね。インターネットにね。MBAって経営の。普通にアメリカでインターネットは使ってましたけれども，それを勉強してきたっていうわけでもなんでもないですね。ほんとにたまたま人事配属されただけです。インターネットの部門じゃなくてマルチメディア。ほんとにはしりで，これがいいっていう人と良くないっていう人と結局もう○○[電話会社]の中では，特にインターネットが好きっていう人，あんまりいなかったんじゃないですかね。NTTドコモのiモードしかり，やっぱりクローズドにネットワークを作っていくっていう習性がありますからね。ちょっと異端な感じだったと思います。私がインターネット，インターネットって言ってるのは，当時にすれば。[○さんだけそう主張していた?]そうです，そうです。インターネットはあくまでマルチメディアって中ではワン・オブ・ゼムなので。私はもう強力にこれからインターネットだってことでいろいろ考えてましたね。
(K氏:「達成スキル〈語学・海外〉→影響スキル〈普及〉」「創造スキル〈IT〉」)

　以上，スキルの獲得というカテゴリーにまとめた概念について，見てきた。整理すると，「創造スキルの獲得」は商品開発，IT, 出版，設計の4

つがあった。「達成スキルの獲得」は,一般・克服,語学・海外の2つがあった。「影響スキルの獲得」は教育・共有と普及の2つがあった。合計8つの概念が生成された。またスキルの獲得の動機については,「学びの意欲からのスキル獲得」と「必要に迫られてのスキル獲得」の2つの概念があった。概念はそれぞれ「獲得」と「動機」に分かれたためサブカテゴリーを生成

表6-2 「スキルの獲得」カテゴリーの概念,サブカテゴリー,カテゴリーグループ

カテゴリーグループ	カテゴリー	サブカテゴリー	概念	定義
スキル獲得のため行動する(アクション)	スキルの獲得	動機	学びの意欲からのスキル獲得	何かを学びたいという学びの意欲からスキルを獲得すること。
			必要に迫られてのスキル獲得	働く必要性に迫られて,など必要性に迫られてスキルを獲得すること。
		獲得	創造	創造スキルの獲得(商品開発)	何かを創造することのできるスキルを獲得すること。商品開発,マーケティングのスキルなど。
			創造スキルの獲得(IT)	何かを創造することのできるスキルを獲得すること。HP制作,インターネットサービスなどIT系のスキル。
			創造スキルの獲得(設計)	何かを創造することのできるスキルを獲得すること。住宅設計,造園など。
			創造スキルの獲得(出版)	何かを創造することのできるスキルを獲得すること。本,雑誌の出版など。
			影響	影響スキルの獲得(教育・共有)	誰か(何か)に影響を与えることができるスキルを獲得すること。人の教育・指導や,情報交換,情報共有の場の設定など。
			影響スキルの獲得(普及)	誰か(何か)に影響を与えることができるスキルを獲得すること。海外のものを日本に普及させたり,日本のものを海外に普及させるなど。
			達成	達成スキルの獲得(一般・克服)	何かの仕事を達成することができるスキルを獲得すること。一般の仕事スキル(一般)や,何か困難なことを克服したスキル(克服)など。
			達成スキルの獲得(語学・海外)	何かの仕事を達成することができるスキルを獲得すること。英語などの語学の獲得。海外事情への精通など。

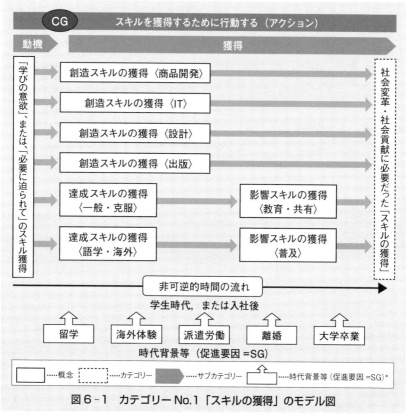

図6-1 カテゴリーNo.1「スキルの獲得」のモデル図

注：＊サトウ（2009）を参考にして図示。

し分けた。さらに「獲得」は，獲得したスキルの種類として，創造，影響，達成の3タイプに分けられた。またこのスキルの獲得というカテゴリーは，意味マップの基準であるアクションかリフレクションかといえば，スキルを獲得するための行動であり「スキルを獲得するため行動する（アクション）」というカテゴリーグループに属すると考えた。

以上の関係を表にまとめたものが表6-2である。またこれらの関係を図示したものが図6-1である。下欄にこのようなスキル獲得が可能となった時代背景をサトウ（2009）の言う「促進的記号（social guide＝SG）」として図示した。

■ 1.2 ──「使命感の獲得」のストーリーとモデル図

　次に，2つ目のカテゴリーである「使命感の獲得」について解説する。ここに分類した概念には，なぜ受賞理由になったような仕事をしたい，または，しなければいけないと思ったのか，新たなキャリア上の目標が形成されるまでのストーリーが語られており，これらは，後の社会貢献や社会変革につながる使命感の獲得場面を語っていると考え，「使命感の獲得」というカテゴリー名を付けまとめた。以下で代表的なインタビューデータとともに生成された概念を示す。

　A氏は，前職の外資系時代にタイへのアジア出向を命じられ，それが転機になったという。世界中の優秀なマーケッターが集まり，そこで英語と世界標準のマーケティングを学んだ。と同時に，アジアの優秀さに比べ日本の力が相対的に低下していることを感じたという。

> ［アジア出向が転機か］世界の中での日本の地位低下が叫ばれておりますが，それは企業の中でも然りであり，グローバル企業内での日本カンパニーの地位低下は著しいものがあります。その中でどのようにキャリアを築くのか色々と考えておりました［以上，メール原文］。「日本からいい商品出したい」という思いが強くなりましたが帰国してシステムが変わり日本では商品開発せずマーケティングだけを行うことになり，日本から商品開発できる日本の会社に転職をしようと思いました。○○ビール［ビール大手会社名］が経験者採用をしていたので○○ビールに転職しました。(**A氏**：「**目撃体験**」「**社会問題の認知**」「**使命感に基づく役割知覚の変化〈ナショナリズム型〉**」「**新たなキャリア目標の創出**」)

　A氏はまずアジア出向という体験をしており（目撃体験），そこでアジアの優秀さにくらべ日本の地位が相対的に落ちていることを感じ（社会問題の認知），このままでいいのかという危機感から，今の外資系企業にいるより日本から優れた商品を世界に発信する役割を担うべきではないかと思うようになったという（使命感に基づく役割知覚の変化）。そして国内ビールメーカーが商品開発者を募集していることを知り，使命感がより具体化される形で，そのメーカーで商品開発したいと思うようになったとい

う（新たなキャリア目標の創出）。つまり，このストーリーから「目撃体験」「社会問題の認知」「使命感に基づく役割知覚の変化」「新たなキャリア目標の創出」という4つの概念が生成された。また，日本がこのままではダメになるという危機感から自分が何とかしなければという使命感が生まれており，使命感の種類としては国に関する使命感という意味で「使命感に基づく役割知覚の変化（ナショナリズム型）」と名づけた。

　B氏は，短大卒業後も短大時代からしているホームページ制作の仕事を続けていたが海外放浪から戻り，何かもっと世界を広げたいと思い，転職を決意したという。

　　ひとつの事を深掘する思考があまりないなと気付いたのもそのころで。それよりもディレクションする立場とかプロデュースする立場のほうが向いているのではないかと思いました。それがひとつと，ほぼ1人だったので組織で働いてみたいなというのが2つ目です。あとは知っているものを作っているメーカーがいいなと思いました。ホームページを作るのはいいんですけど他社商品の紹介とか旅行業とかサービスを紹介するよりも自社製品をPRするような仕事をしたいと。できれば大手よりも中ぐらいの規模でホームページがないか，あまり良くないところで活躍できればなと思いました。あとはまじめそうな会社がいいなと思い商工会議所の会員であればまじめそうと当時20歳の私が思ったんですね。その条件で当社と巡り合いました。東京商工会議所の会員リストがホームページで一応載っていて。ホームページがあるところはリンクがとんでいって98年当時はまだないところがいっぱいありました。それで調べて一応あった。当社のプチプチのホームページあったんですけれども……だったのでお役に立てるかなという思いで，募集はしていなかったんですけれどもメールで問い合わせました。そのメールがすぐ社長にも届いてすぐ面接をしてもらって入ることになりました。やっぱり会社に入らないと幅が広がらないと思ったので。本当に1人でホームページを作っているだけだとやっぱり狭まっちゃうので。（B氏：「目撃体験」「自己知識の獲得」「使命感に基づく役割知覚の変化〈自己専門性型〉」「新たなキャリア目標の創出」）

B氏はまず自身の短大時代のホームページ制作体験（目撃体験）から，自分はそのスキルを使ってプロデュースする仕事の方が向いていると感じ（自己知識の獲得），このスキルをもっと大きな組織でプロデュースする仕事に生かすべきではないかと考えるようになり転職を決意している（使命感に基づく役割知覚の変化）．そしてその思いが具体化される形で，ある会社を自分で探し出しそこでホームページ制作の仕事がしたいと思ったという（新たなキャリア目標の創出）．またB氏の使命感は，A氏の使命感とは異なり，自分の専門性を生かすにはどうすべきかという自己的な意味の使命感であり「使命感に基づく役割知覚の変化〈自己専門性型〉」と名付けた．つまり，このストーリーから「目撃体験」「自己知識の獲得」「使命感に基づく役割知覚の変化〈自己専門性型〉」「新たなキャリア目標の創出」という4つの概念が生成された．

　C氏が起業を決意した原動力は「差別」だという．夫とともに東京から移住した地方で感じた男女差別や東京で転職活動時に感じた年齢差別だという．

> 　もともと独立したいと思って東京に帰ってきたんですよ．というのは既に男女差別と母子家庭差別を受けてましたから．特に地方は男女差別はすごいんです．女なんかですからね．女なんかとか，「なんか」って何っていう．仕事してるのに私は名前呼ばれないとかね．「奥さん」とかね．そういうのありえない．もう絶対ありえない．そのときもヨットをやっていてレディース・チームを組んでいたんです．女しか乗せないですっていう．なんでそれをしたかっていうとあるヨットのオーナーが「あの子なんか乗ってるだけだよ．女は女だよ」って言ってたの．それを聞いて「ふざけんな」って思ったわけでそれを聞いた私，船買ってレディースチームを組んだんです．そこでもあるクラスで優勝しました．女性のオーナースキッパーの優勝は私がいまだに最初で最後です．いまだに誰もいない．レースで優勝してから「ふん」って言って帰ってやろうって思ってたの，実はね．男女差別を受けてるんで女，女って失礼しちゃうなと思ったんで女性の応援をしようと東京に帰ってきたんですよ．(C氏)

そして東京に戻りとりあえず会社に入ろうと思ったときに，今度は年齢差別を受けたという。

> 東京に帰ってきてじゃあ女性に特化した女性の応援をしようと思ったときに人材紹介会社だと思ったわけ。でも人材紹介だけはやったことがなかったのでそういう業界に一度入るべきなのではないかと思って就職を試みたらそこで年齢差別に遭ったのね。いつも差別がある。年齢制限。35過ぎたらもう要らないっていう時代ですよ。「35歳以下だって言ったの分かんなかったですか。見なかったんですか」とか言われてガチャンって20代とおぼしき女の子に言われましたね。大手企業って若い女の子が営業する，経験がなくて何も分からないから書いてあることを覚えてるわけ。だから「じゃあ，リクルートスーツ着てきてください」「髪の毛ひっつめて来てください」とか言うんですって。何言ってんのって。子どもじゃないんだからリクルートスーツは要りませんって私は言うんですよね。その女の子たちが「こんな転職回数多きゃ無理ですね」って40代の人に言っちゃうわけですよ。最初は女性を応援する会社を立ち上げようと思ってたんです。でも年齢差別を受けたので。いつも差別がある。一番最初に男女差別。離婚したときに女に家なんか貸せないって言われたんですね。母子家庭差別は長男が小学校1年生のときです。それらのことを受けてたので女性を下に見るっていうことにものすごく敏感だったわけ。それで東京に帰って女性の応援をしようと会社を立ち上げようと思ったわけです。それで年齢差別を受けたのでミドルエイジ女性の応援をしようと特に特化した。（C氏：「目撃体験」「尊厳の揺らぎ」「使命感に基づく役割知覚の変化〈社会・地域問題型〉」「新たなキャリア目標の創出」）

C氏の使命感の源は，まずこれまでの様々な体験（目撃体験）から受けた男女差別，母子家庭差別，年齢差別であり，これまでのA氏，B氏と異なり，自らの尊厳の揺らぎを感じる体験がきっかけとなっている（尊厳の揺らぎ）。そしてその社会問題をなんとかしないといけないという思いから女性を応援する会社を作る役割を担うべきではないかと考えるようになったという（使命感に基づく役割知覚の変化）。そして自らの体験から

ミドルエイジに特化した女性を応援する人材教育紹介の会社を起業したいと思うようになったという（新たなキャリア目標の創出）。またＣ氏の使命感は，差別という社会問題に起因しており，「使命感に基づく役割知覚の変化〈社会・地域問題型〉」と名付けた。つまりこのストーリーから「目撃体験」「尊厳の揺らぎ」「使命感に基づく役割知覚の変化〈社会・地域問題型〉」「新たなキャリア目標の創出」という４つの概念が生成された。

Ｄ氏は，カンボジアで観光ガイドと日本語教師を終えた後，日本に帰国して何をやりたいか考えたとき，やはりカンボジアに戻りたいと思ったという。

> 日本に帰って10カ月ぐらいですかね，<u>もう本当に帰ってすぐぐらいですよね。「ああ，私，やっぱりカンボジアに帰ろう」っていうのは思っていて。</u>でもそこで何をするかだなって。やっぱり前から，ガイド時代から思ってた，お土産を作るっていうことが面白いんじゃないかなと。このカンボジアには働く場所も少なく何かやったら面白いというふうに駆られたんだろうなとは思うんですけど。それでカンボジアでそういったことを始める準備をして，2003年の9月ぐらいにまたカンボジアに戻ったんですね。(Ｄ氏)

しかしそれは，雑誌誌面で書かれているような，土産物屋がないから作れば売れるだろうといった理由ではなく，実は自分が会社を作れば，貧困の助けになったり，特に女性を雇用することで女性の自立につながるのではないかと思ったからだという。

> 人間として人間力というか，人として生きていく力というものを特に女性に持ってもらいたいなっていうような。うちのスタッフが今70名いるんですけどそのうちの90パーセントぐらいが女性なんですよね。女のほうが働き者でいいだんなさんと巡り合えれば幸せだけれど変なのと巡り合ってしまうと一生……。でも自分で仕事持ってたら，その人に，結婚にこだわらずに生きていけるじゃないですか。私自身もそうなんですけど。特にああいう女性の地位がまだまだ低い国

では女の子はどうせ結婚しちゃうんだから教育受けさせたってしょうがないから，うちの工房の子たちなんかも読み書きができない子とかいるんですよね。そういう中ででも手に職を持てばだんなが駄目なら離婚できるんですよね。自分で生きていく強さも持てるし。年に2回ぐらい個人面談でしたりするんですけど本当に結婚してる子たちの半分ぐらいがそういうときに泣き出して。「会社とは」とか全く教育受けてないし。だんなは働かなくてお酒ばっかり飲んで家に帰れば暴力振るうとかね。半分ぐらいの子がそんなこと言ってて。もうやっぱり私はこの子たちが安心して暮らせる，そういう場所を作らなくちゃいけないなと思って。(D氏：「目撃体験」「社会問題の認知」「使命感に基づく役割知覚の変化〈ナショナリズム型〉」「新たなキャリア目標の創出」)

　D氏は，たまたまカンボジアで働いた経験から（目撃体験），カンボジアの貧困問題や女性差別問題，土産物ビジネスがないという問題などを実感し（社会問題の認知），自分が土産物ビジネスを起業し女性を雇用する役割をすればこれらの問題が解決するのではないかと思ったという（使命感に基づく役割知覚の変化）。こうして日本語教師ではなく，カンボジアで土産物を作る会社を起業したいと思うようになったという（新たなキャリア目標の創出）。D氏の使命感は，カンボジアという国をなんとかしたいという思いから起因しており「使命感に基づく役割知覚の変化（ナショナリズム型）」と言えるだろう。つまり，D氏のこのストーリーには，「目撃体験」「社会問題の認知」「使命感に基づく役割知覚の変化〈ナショナリズム型〉」「新たなキャリア目標の創出」という4つの概念が含まれている。

　E氏は，慣れない土地である筑波での子育てを子育てサークル体験で克服した経験から，地元香川県に帰ってきたとき，香川にも子育てサークルが必要だと感じたという。

　　特に子育ては非常に戸惑いが多かったので，周りに聞く人とかもいなかったっていうことで子どもは好きなんですけどもかわいいだけじゃないなーということも実体験としてあったっていう形ですかね。自分が子育てのことが分かんなくって，こんなこと知りたい，子

どもと一緒に行ってもいいレストランってどこにあるんだろうか。子どもが耳が痛いってどこの耳鼻科がいいんだろう，どこの皮膚科がアトピー専門なのかって。皮膚科って検索したらいっぱい出てくるけど行ったら水虫しか診てないようなところもあるわけ。誰に聞いたら教えてくれるんだとかっていうことをすごく自分で思いましたね。それをひとりひとり公園で友達作ってあそこの皮膚科行ったけどなかなか治らない，あれ水虫だけよ。アトピーだったらこっちよとかって教えてもらうことを繰り返しながらすごく効率悪いな。みんな一斉に仲間たちの情報を聞いてフィードバックしたらどうだろうかって。自分の居場所が欲しいなっていうとこが自分であったり目の前の人たちが「うれしいな。よかったな」って，それがきっかけっていうか原点。ただ目の前の人が喜ぶことがうれしいっていう。あと私は香川でっていう地域の中で，香川からいいモデルを作りたいと思ってるし，こういうビジネスモデルというか思ってるので。(E氏)

そして行動の原動力となっているのは，変わっていく面白さだという。

　変えたいんじゃなくて変わっていく面白さがあったと思うんですね。ほんの子育てしてるお母さんたちが言ったことが形になって社会が変わってくるっていうのはものすごく鳥肌立つほど面白いっていうか。動いたら必ず変わる，言わないと変わらないし言えば変わる。小さなことでも言えば変わるっていうのは思ってるし。小さい成功体験の積み重ねだと思うんですよね。自分の子どもができて市役所に出生届を出しに行ったときにおむつを替えるシートがなくてすごく困って投書箱みたいなところにおむつ替えるシートを付けてくれって言うとベビーベッドが市役所のロビーに出てきた。あなたたちの一言でこうなったんだとか。確かに私変えれるんやというのはちょっと目覚めたときがありました。世の中までは言わなくても目の前の困ってる人は変えていけれたっていうのはありますよね。たぶん肌で実感できる自分のキャパが香川県なんだと思うんです。だから東京まで行こうとか隣の県でやろうとかっていうことはあまり思わないですよね。(E氏：「目撃体験」「社会問題の認知」「使命感に基づく役割知覚の変化〈社会・地域

問題型〉」「新たなキャリア目標の創出」)

　E氏は子育ての悩みを子育てサークルで救われたという体験(目撃体験)から，子育てには地域のサポートが必要という問題を実感し(社会問題の認知)，それまで普通のOLや専業主婦であったが，子育てサークルを作りたいと思うようになったという(使命感に基づく役割知覚の変化)。そして地元香川で子育てサークルをしたいと思うようになったという(新たなキャリア目標の創出)。E氏の使命感は，子育ての問題を解決したいという思いであるが，社会問題というより地域の問題を解決したいという思いだといい「使命感に基づく役割知覚の変化〈社会・地域問題型〉」と言えるだろう。

　G氏は，前職の雑誌大手から携帯通信最大手への転職について以下のように説明している。

> [雑誌大手から携帯通信最大手へは試してみようという気持ちか]試してみようとかそういうことではなくてですね。この理論から，所さんていう人が『偶キャリ』*4っていうテーマでやってらっしゃって，私はこのハプンスタンスていうことじゃなく，岩波書店から出した本のあとがきに書く時に，あぁ私はどういうつもりで○○[携帯最大手]に行ったのかなと思った時に，やっぱり「偶然に心を開いてみよう」っていうことを言ったんです。○○[前職]にいた20年間は私にとっては本当にそれはもう気が合ったというか，ようやく自分が生きている感覚の20年を過ごせてたわけです。で，たまたま○○[携帯最大手]からそういう話があったときに，○○っていうと私とはまるで縁がなかった。だから最初は全然本気にしてなかったんですけど，こうやってお声がかかるっていうこの偶然に心を開いてみてもいいじゃないかという，そういう気持ちになったんです。その偶キャリの人たちの行動特性っていうのは5つだっていうのがその先生の理論みたいなんですけど，やっぱり私はそういう柔軟性ってとても重要だと思いますね。(G氏:「目撃体験」「自己知識の獲得」「使命感に基づく役割知覚の変化〈自己専門性型〉」「新たなキャリア目標の創出」)

G氏の使命感は，ヘッドハンティングを受けたことから自分の雑誌編集者としての自己の専門性を，新しい会社で発揮すべきではないかと思ったことに起因しており，「使命感に基づく役割知覚の変化［自己専門性型］」と言えるだろう。

　J氏は，大ベストセラーを企画出版したことで受賞しているが，大学卒業以来，出版社で出版の仕事に携わっていたが，あることが原因で，退職することになってしまったという。そこではじめて失業を体験し，社会から外れてしまう人の気持ちを知り，出版の仕事は，このような声なき声を代弁する仕事ではないかと思い，やはり出版の仕事に復帰したいと思ったという。

　　やっぱりフツフツと「いや，でもやっぱり本作りたいな」って思っ
　　て。見えてきたっていうか。派遣とかで働いたりとかしようかなんん
　　て思ったり，このまま引退するとかね。主婦になろうかなみたいな感
　　じで思ってたんですけど。［そうされてたら大ベストセラーは出てな
　　かった？］そうなんですよ。不思議ですよね。だから1回無になっ
　　たので，離れたことで離れたことの辛さっていうのもよく分かったん
　　ですよね。今まで一応第一線で働いてるのに家の中にいて鬱屈して
　　いく辛さっていうんですか。社会からはみ出ちゃった感じがあって。
　　二十何年仕事してたのにプツっと切れちゃったときに，人の痛み，心
　　の痛みみたいなのが分かったっていうか。ちょっと不遇な人とかの気
　　持ちが分かったっていうんですかね。だからこれ読んだときに，あ，
　　あのときの自分に伝えたいって感じですね。［くじけないというメッ
　　セージ？］そう，すごいつながってるんですよ。挫折体験がけっこう
　　大きかったですね。挫折してなかったらこれにピンと来なかったかも
　　しれないですね。痛みがあったから気づけたっていう感じですね。だ
　　からそっか人を応援する本ていうのが自分には向いてるんだなってい
　　うのが分かったので，どんな本でも基本，人を応援するっていうのが
　　テーマになってる本を作っていきたいなというふうに思ってるんです
　　けど。(J氏：「目撃体験」「尊厳の揺らぎ」「使命感に基づく役割知覚の変化
　　〈自己専門性型〉」「新たなキャリア目標の創出」)

L氏は，会社の主力商品の開発を任され，会社のために失敗は許されないというミッションを感じたという。

　【同席の広報担当】なぜ彼女を含めて○○［会社名］の商品企画が小難しいことをやっとるかというと<u>ミッションを帯びているわけね，当然。化粧品屋における商品企画というのはある意味花形ですね。なおかつ，そこでスキンケア，つまり稼ぎ頭であるスキンケアに携われる人間っていうのは当然，その中でもある意味，隣にいるので言いにくいんですけど，えりすぐりの人間です。合わせて○○［ブランド名］というブランドは当社の中では一番高いシリーズです。価格の中で。化粧品１本が２万円するんです。ですので会社としても○○［ブランド名］というのは絶対に失敗の許されないシリーズだということです。ドル箱商材ですので，ちょっとやまっけのある言い方ですけど，失敗の許されない商品です。なので使命を帯びて，こういう商品をゼロから作っているわけですね。</u>要は最終的には商品にするわけですけど２万円以上の価値を売り手を通じてお客さまにお伝えしないことには絶対に売れないものです。お財布から２万円出てこないので。なのでこうしたサイエンス，つまりきちんとした理論に基づいた研究成果をもとに商品化されたものですとか，ナノ，透明な化粧水で，つけていても非常に透明度の高い化粧水。それを表現するためにパッケージをこだわっていく。きれいになれる香りですとか感触，そういうのを何ひとつ妥協せず作っているのが商品企画であり○○［ブランド名］に携わる人間たちなんですよ。本人には最終的にはそういう経験を積んできたころに血となり肉となり，この黒いシリーズに埋め込まれている，注ぎ込まれていると思います。第３世代からやってきたことがたたき込まれているわけですね。<u>先輩から○○［ブランド名］は失敗は許されないと。</u>［それはあったんでしょうか］【本人】もちろん，ありましたね。やっぱり最高峰ブランドですので，そこをやるのは向き合い方を含めてきちんとしなければならないというのはありますよね。でも何よりお客さまのことを思うとそこは期待に応えていかないといけないねっていうところは<u>強いミッションとみんな思っています。</u>（L氏）

そしてこの会社の場合，伝統的に内部の販売員からも無言のリクエストがあるという。

　　【広報担当】商品を作ってただ店頭に並べているだけでは２万円って売れないんですよね。○○レディ［会社名］という販売員が全国に現在ですと13万5000人います。彼女たちがこの商品を持ってお客さまに勧めて。勧めるにあたっては彼女たちも女性ですので要するに自分の肌で味わってこれはいいぞと。自分の看板を掲げて商売している方たちなので，従業員ではないので下手なものを売ると自分のメンツが立たないわけ。<u>L たちには最高のものを作ってくれないと絶対に売らんという強いリクエストがあるわけです。そこはかとない無言のリクエストが創業以来ずっとあるわけです。彼女たちの満足を満たさない限り物は絶対売れないという仕組みになっていますので。</u>【本人】そうです。ハードル高いです，そういう意味では。だからいかにインナーというか販売員たちをどう，言葉悪いですけどほれ込んでいただくか，ほれ込ませるというところは結構大変です。(L氏：「目撃体験」「自己知識の獲得」「使命感に基づく役割知覚の変化〈カンパニー型〉」「新たなキャリア目標の創出」)

　L氏は，会社の最高峰の商品の開発担当者に抜擢されるという体験（目撃体験）から，自分の仕事が評価されていることを知り（自己知識の獲得），今までの自分のための仕事から，全社員の社運を背負う役割を担う意識に変わり（使命感に基づく役割知覚の変化），その最高峰ブランドを成功させることが新たなキャリア目標になっている（新たなキャリア目標の創出）。これは会社への使命感という意味で「使命感に基づく役割知覚の変化〈カンパニー型〉」と言えるのではないか。
　以上,「使命感の獲得」というカテゴリーにまとめた概念について，見てきた。整理すると,「使命感の獲得」には,「目撃体験」「自己知識の獲得」「尊厳の揺らぎ」「社会問題の認知」「使命感に基づく役割知覚の変化（ナショナリズム，カンパニー，社会・地域問題，自己専門性型）」「新たなキャリア目標の創出」という6つの概念があった。またこの6つの概念は，目撃体験を「体験」，自己知識の獲得，尊厳の揺らぎ，社会問題の認知を「変

表6-3 「使命感の獲得」カテゴリーの概念，サブカテゴリー，カテゴリーグループ

カテゴリーグループ	カテゴリー	サブカテゴリー	概念	定義
自分のあり方を考える（リフレクション）	使命感の獲得	体験	目撃体験	身につけたスキルの活かし方を考える中で，問題が発生している状況を目撃すること。
		変化	自己知識の獲得	自分の向き不向きなど，自分についての新たな知識を獲得すること。
			尊厳の揺らぎ	差別を受けるなど，自身の尊厳が揺らぐような体験をすること。
			社会問題の認知	社会の中でどのような問題が起こっているのかを知ること。
		方向性	使命感に基づく役割知覚の変化（ナショナリズム，カンパニー，社会・地域問題，自己専門性）	このままでいいのか，このままではいけない，自分にしかできない，自分はこの問題に取り組む「役割」を担うべきではないかという使命感が芽生え，自分の今までの役割とは違う役割を知覚するようになること。使命感の種類から，ナショナリズム型（国のため），カンパニー型（会社のため），社会・地域問題型（社会や地域のため），自己専門性型（自己の専門性のため）がある。
			新たなキャリア目標の創出	新たなキャリア上の目標が見つかること。

化」，使命感に基づく役割知覚の変化，新たなキャリア目標の創出を「方向性」というサブカテゴリーを生成し分けた。またこれらの概念間の関係については，サブカテゴリーで言えば，「体験→変化→方向性」という関係図として表現できるであろう。またこの使命感の獲得というカテゴリーは，意味マップの基準であるアクションかリフレクションかといえば，自分のあり方を模索する，考える中で生まれたものであり，「自分のあり方を考える〈リフレクション〉」というカテゴリーグループに属すると考えた。

以上の関係を表にまとめたものが表6-3である。またこれらの関係を図示したものが図6-2である。

■ 1.3 ── 「組織リソースの獲得」のストーリーとモデル図

次に，3つ目のカテゴリーである「組織リソースの獲得」について解説する。今回のウーマンオブザイヤー受賞者は全員が会社という組織に所属

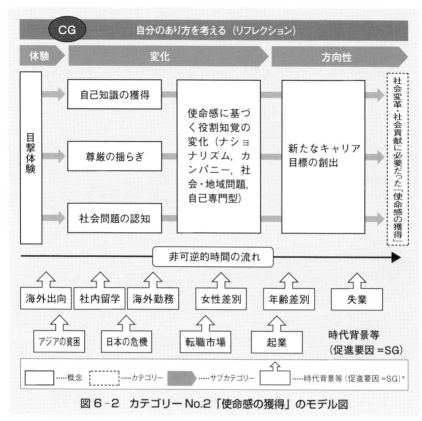

図6-2 カテゴリーNo.2「使命感の獲得」のモデル図

注：＊サトウ（2009）を参考にして図示。

しており，会社という組織のもつ資源（リソース）を上手に活用しながら社会変革性や社会貢献性の高い商品やサービスを実現していた。つまり，個々人のスキル（専門性）や，使命感（情熱）だけでなく，会社という組織のリソースを獲得しなければ，社会変革性の高いキャリアは実現できないと言えるであろう。ここに分類した概念では，どのように組織リソースを活用しながら商品化が実現したのかについてのストーリーが語られており，後の社会変革や社会貢献につながる組織リソースの獲得過程についての語りであると考え，「組織リソースの獲得」というカテゴリー名を付けまとめた。以下で代表的なインタビューデータとともに生成された概念を示す。

もっとも典型的なのはG氏のコメントであろう。G氏は会社を可能性の束，リソースの束だと考えているという。

　　[なぜ転職をされたのか，前職は終わったと感じたか]終わったというか，結構私は組織っていうのはある意味プラットホームだと思ってるんですよね。<u>目的地ではなくって</u>。<u>いろんな可能性の束，リソースの束だと思ってるんですよ，組織っていうのは。それは人，物，金，情報……，こういうリソースが集まったところが組織だなって思っていてその組織に入るっていうことはそういうリソースを私も利用できる立場に……</u>。で，相手は私を雇用する立場で私は雇用される側なんだけれども<u>そのリソースを使う権利</u>があるわけですよね。私は○○[雑誌大手]に20年いてかなりそのリソースを活用できたなという意識はありました。会社に入ってやっぱりリソースに気付いてない人が多いなっていうのは私はもったいないと思います。<u>利用っていう言葉って人を利用するとかあんまりいい言葉ではないけども活用するっていうことです。企業としても活用してほしいんですよね。その会社が蓄積した資産とかいろんなものがあるのに</u>なんにも活用しないでやっぱり会社は自分に合っていなかったって妙に限界を決めちゃってる人が多いから，会社入ったらやっぱそこを活用して，やっぱりそれは活用されるべきものだと思うし。(G氏:「ポジションの獲得」)

　G氏は雑誌編集長の立場から，ヘッドハンティングされ，別の会社の商品開発担当に抜擢されており，それがなければ後にウーマンオブザイヤーを受賞するような社会変革性の高い商品を生み出すことはなかったであろう。つまり組織リソースを活用し商品を世に送り出すためにはそのようなポジションを任される必要があり，いかにしてそのようなポジションを獲得したのかについての語りから「ポジションの獲得」という概念が生成された。

　A氏は，転職したビール会社入社後，まずはじめに任された仕事はカクテルの仕事だったという。

○○ビール［会社名］に入社後，まずカクテルのリニューアルの仕事を任されました。自信はあったのですが，ヒットせず翌年終売になってしまいました。その経験から，ただ製品を発売するだけでなく，ロングセラー商品を作らないとダメだと悟りました。(A氏：「ポジションの獲得」)

　A氏は転職により，商品開発者という立場を獲得している（ポジションの獲得）。そして，次に任された仕事がノンアルコールビールのリニューアルの仕事だったという。

　　次にノンアルコールビールのリニューアルを担当することになりました。実はノンアルコールビールはそれまでにもあって，アルコール1％未満のものはノンアルコールビールと呼んでいいことに酒税法で決まっていました。そのリニューアルとして，まずマーケティングの「いろは」通りに，製品コンセプトから考えていきました。そのときに，起こったのがあの福岡での飲酒運転の事件でした。それから一気に飲酒運転厳罰化の方向へと向かう社会を見ていて，「本当にアルコールゼロのビールって作れないのかな」という考えが浮かびました。今までのノンアルコールビールは少しですがアルコールが入っているので。(A氏：「ポジションの獲得」「「できる」のに「していない」ことをベースとした商品コンセプト発案」)

　そして，なぜそういうアイディアが浮かんだのか，その背景についてはこう述べている。

　　○○ビール［会社名］はとてもいい会社なのですが，入社後すぐに気づいたのは，何か「行け行けどんどん」の雰囲気でした。新商品を作るときも，次はどんな味でどんな名前で行くかみたいな。しかし私には世界的にビール離れ，お酒離れが進んでいるのではという危機感があった。世の中に必要とされる商品を作らないといけない，という思いがありました。だから飲酒運転のニュースに反応できたのだと思います。「飲んでも運転できる」ビールは社会にとって必要だと思っ

たからです。(A 氏：「リソースの把握〈欠点把握〉」「「できる」のに「していない」ことをベースとした商品コンセプト発案」)

そしてコンセプトが「本当にアルコールゼロのビール」に決まった後，そのコンセプトが実現可能なのか，技術部と話し合いをもつことになる。

はじめ完全にアルコールゼロのビールを造りたいと製造のチーフに話したらそれは不可能だと言われました。発酵させればアルコールが必ず出る，発酵させなければビールじゃない，と。しかし，難しい話になりますが，ビールを造る技術には，ビールの醸造技術と RTD の香味調合技術という２つの技術があるんですね。私はこの２つの方向から，つまりそれぞれの部門にアルコールゼロのビールを造って欲しいと依頼しました。この２つの部門を競わせる形にしたのですね。はじめは別々に研究していたのですが，徐々に一緒にやってくれるようになり，２つの部門の力が結合した結果，世界初のアルコールゼロのビールが誕生しました。私はこれを「部門を超えたチーム力」と呼んでいます。(A 氏：「リソースの把握〈長所・短所〉」「「できる」のに「していない」ことをベースとした商品コンセプト発案」「価値観の共有」「組織リソースを活用したコンセプトの実現」)

たとえばこの「ビールの醸造技術×RTD の香味調合技術」で本当にアルコールゼロのビールが造れるのではないか，という考えは，そのビール会社のもつ優れたリソースを熟知していなければ考えつかなかったアイディアであろう（リソースの把握〈長所把握〉）。またコンセプトの実現にはこの技術力が不可欠となった（組織リソースを活用したコンセプトの実現）。また社内に，ビールに対する危機感がないという足りない部分も見えてきて（リソースの把握〈欠点把握〉），前職の外資系時代に徹底的に教わった「世の中に必要とされる商品を作る」を基に後にウーマンオブザイヤー受賞につながる画期的な商品コンセプトを思いついたという。つまり今まで「できる」のに「していなかった」ことをベースに商品コンセプトを発案している（「「できる」のに「していない」ことをベースとした商品コンセプト発案」）。しかし一度技術部にそのようなビールはビールでは

ないと反対され時間をかけて説得しており，社内の理解を得ることもアイディアの製品化には不可欠である（価値観の共有）。
　このA氏のストーリーから「リソースの把握〈長所・短所〉」「ポジションの獲得」「「できる」のに「していない」ことをベースとした商品コンセプト発案」「価値観の共有」「組織リソースを活用したコンセプトの実現」という5つの概念が生成された。またこの場合のA氏が活用した組織リソースは，自身のアイディアを製品化してくれる製造技術リソースであった。

　B氏は，プチプチ製造の企業に転職し社長室に配属になったという。

> 私自身は何でもやりますとそういう意気込みで臨んだんですけれども，結果的にはホームページのことをメインでやらせてくれるということで，入社しました。Web関連を扱っていた社長室に配属で社長の秘書的な仕事を半分ぐらいしながら，ホームページを作ることになったというのが一番最初ですね。（B氏：「ポジションの獲得」）

そして，画期的な商品コンセプトは以下のように生まれたという。

> 当社はメーカーなので基本はB to Bです。プチプチっていざ必要なときに「あれってどこに行けば買えるのか」っていう状態じゃないですか。その当時はそういう問い合わせがあったんですけれどもあまり直接販売ができなかったので。ご住所を聞いて当社が卸している問屋さんを紹介して，取りあえずそこに買いに行ってもらうみたいな対応しかできなかったんですね。それでネット通販をやりたいと思ったんです。お客様から必要な数量をお聞きして見積もりをその都度出していますが，メーカーである我々が自ら定価をつけてユーザーさんに直接売ることは御法度でした。ですので私のほうで運営するネットショップのほうは本当に一般の方がメインターゲットでご家庭で使いやすい卓上サイズの小さいロールとか，面白いものとか楽しいものとかかわいいものに特化して売ろうといって始めたのが2001年ぐらいだったんですね。梱包材としてが多いんですけど，暇つぶし専用のプチプチも出していたので遊ぶために買われる方も多いし，意外に多

いのが景品で，暇つぶしのプチプチを，たとえばコンペとかの参加賞とか残念賞のニーズが多くて，まとめ買いの方も多いですね。一般のご家庭で使ってもらうというイメージで開発した商品と広告塔になればいいなと思ってつぶす専用のプチプチ。この2アイテムでスタートしました。(B氏，「リソースの把握・欠点把握」「「できる」のに「していない」ことをベースとした商品コンセプト発案」)

プチプチを「ネットショップで，一般の人に向けて，卸しを通さずに売る」という今までの常識を覆す画期的なアイディアは，お客さんの声，卸しを通じて売る，値段はトップシークレットなので一般の顧客に販売できないなどの今までの会社や業界の商習慣を熟知しなければ生まれなかったコンセプトであろう（リソースの把握〈欠点把握〉）。また自身がホームページ制作技術をもっており，ネットショップを立ち上げたら「できる」のに「していないこと」の発見であり，個人の持つスキルがなければ気づかなかったことであろう（「「できる」のに「していない」ことをベースとした商品コンセプト発案」）。

またそれらのコンセプトの実現は，実際に製品を作る技術力をもった，プチプチの業界No.1企業だからこそできたことだという。これはリソースの種類で言えば，アイディアを製品化する「製造技術リソース」と言えるだろう。

　　当社ぐらいの規模のいいところは，商品が生み出される前の大変なところから一緒にできるんですよね。工場の人間や技術の人間と。それが製品になってあとは私のほうで頑張ってPRして世の中に出て取材をしていただいてさらに広がるとか，お客さまに買ってもらえるというところがすごくやりがいになっているので。基本は取りあえず自分が使いたいものを作ります。四六時中プチプチのことを考えていますね。iPhone買ったらこれを入れるケースを作ってみたいとか基本はまず自分のwantsをみんな正直に発言してもらって。やっぱりそれがないとなかなか開発って進まなくて。自分が欲しくないものは絶対にお客さんに買ってもらえないと思うので。当社はあまりセクショナリズムがないので技術の人とか工場の人とか営業の人と話しながら

やっていますね。[ハート型を作りたいと言ったときの反応とは]社長は「やってみましょう！」と，技術者はやる前には「厳しいと思う」という反応でしたね。最終的には技術者がとてもがんばってくれて実現できました。プチプチにできることはなんでもやってみたいです。それが絶対，技術の蓄積になるはずだと思っています。(B氏,「価値観の共有」「組織リソースを活用したコンセプトの実現」)

L氏は化粧品の商品開発者であるが，化粧品とはサイエンスとアートの融合だといい，サイエンス部門が鍵になるという。これは会社のサイエンス力という研究開発リソースの活用と言えるだろう。

抗糖化は大手の化粧品メーカーでこの機能を詳細までつまびらかにして，かつその機能に対してきちんとした効果をもってメイン訴求としてやったのはうちが初めてで。タンパク質と糖が結びつく現象を糖化といいます。パンを焼くと焦げるじゃないですか，あれも糖化。ご飯を炊飯器ジャーに入れっぱなしにすると黄色くなりますよね，あれも糖化。鶏肉を焼いて皮が焦げるのも糖化。糖化になぜ注目したかというともともと○○［ブランド名］はバイオアクティブの頭文字。バイオアクティブとか肌の中の生きている線維芽細胞という細胞があるんですけど，そこに直接働きかけることによって活性化させてお肌のハリや弾力を導こうというのがもともとの原点なんですね。ただやはりターゲットになるような女性たちもっと美しくなりたいという気持ちが結構強いんですよね。○○［ブランド名］クラス以上のものを使っているような方たちにインタビューしてもすごくいいもの使っているから満足されているのかなと思いきや結構もっときれいになりたいっていう貪欲な思いが非常に強くって。こういう美に対する欲望が強い女性のもっとという思いに応えるためには今のバイオアクティブをより高めていく方法ももちろんなんだけど，線維芽細胞の機能をわーっと活性化するだけじゃなくて，実はその活性を阻害しているものってあるんじゃないかっていう話をしていたときに糖化というのが1つキーになるんじゃないかということが研究で分かってきたんですね。(L氏)

そしてこの抗糖化は，サイエンス部門がもたらしたものだという。

　糖化物質というのは AGE。アドバンスド・グリコーゲン・エンドプロダクツの略で今度は AGE を取り除くっていうのはどうだろうね，みたいなところからスタートしていったものですね。それが結構話も面白いし日常生活の中で糖化現象って，パンであったりご飯であったり割と主婦の人が聞いても頭の中で理解ができて，<u>それが肌の中にできちゃって，しかもそれが自力で取り除くことができないものを，この化粧品を使えば取り除くことができて</u>，かつバイオアクティブの機能をもっていて線維芽細胞をしっかりすればハリ弾力がよみがえるよっていうのは割とストーリーとして分かりやすいんじゃないかと。ここから先は宣伝との話し合いになるんですが，<u>糖化物質を取り除くというところをフィーチャリングした展開にしようじゃないかという話になり</u>，キーワードをどんどん作り上げていって。最終的にやっぱり抗糖化じゃないかということになって展開していった形です。<u>研究所があります。グループの中なんですが○○化成という。やっぱり化粧品ってすごいサイエンスと特にうちの場合はパッケージにもこだわっているのでちょっとアート性の部分もあると思うんですけど。サイエンスと感性だったり芸術的との融合みたいな</u>。結構，面白い領域だと思うんですね。(L 氏：「リソースの把握〈長所・短所〉」「「できる」のに「していない」ことをベースとした**商品コンセプト発案**」「**価値観の共有**」「**組織リソースを活用したコンセプトの実現**」)

　L 氏は，抗糖化という研究所からあがってきた理論をもとに商品コンセプトを発案し，実現化しており，活用した組織リソースの種類としては，今までの製造技術リソースだけでなく，研究開発リソースの活用と言えるだろう。

　また H 氏は，社内の声が重要だったと言う。商品開発者に抜擢され新しいマッサージ器を提案したが，営業マンから見た目がマッサージ器とわからないと売れないと言われ，わからないからいいのだと改めて自分の開発した商品の売りを発見できたという。

営業会議で見せて。そのときの電気屋さんの担当の営業さんが……，マッサージ器はマッサージ器の……。もしマッサージ器で売るんやったらマッサージ器って分かりやすくっていうことを言われたんですよ。それやったら他社と常にかぶるじゃないですか。ですからちょっと意外性があってこれは普通のクッションなんです，でもマッサージ器ですみたいな感じで。「どんな商品，どのカテゴリーなのか」って言われるんです。これクッションなのかマッサージ器なのか。たぶんお店の中のカテゴリーも，当時，本当にこれはなんなんだって分からん店もあるんですよ。インテリアなのか電気製品なのか健康雑貨なのかという。いまだにひとつの店なんかでも分かれている。ロフトは健康雑貨にもインテリアにも置いてあります。両方。東急ハンズさんも。最初は○○［家具屋会社名］さんだったんです。そこのバイヤースタッフが女性やったということで「これかわいい，今までなかった」って。家具屋さんじゃないですか。ソファーいっぱいあって体感してもらったら意外と「いいな」っていう声があってそれから広がったんですよ。(H氏：「ポジションの獲得」「リソースの把握〈長所・短所〉」「「できる」のに「していない」ことをベースとした商品コンセプト発案」「価値観の共有」)

また社内の女性社員にアンケートをとり，女性目線で改良できたことが大きかったという。これは社内の声，社内のアイディアという意味で「アイディアリソース」とした。

　社内でアンケートをとったんですよ。17名ですね。1回目サンプル上がって「今回もちょっと皆さんの知恵を借りたい」と言って。社内で現物とアンケート用紙を配ってそれの感触書いてもらって。ここを改善したほうが良いと。一番最初まだカバー取り外しじゃなかったんですよ。女性から「これは取り外しじゃないと汚れるし，洗えるようにできないの」って言うから「あーなるほどね」っていうことで改善したり。いくつかすごい良い意見があったんでその意見がなかったらたぶんここまでいってないかもしれない。そういう意見があって2回目のサンプル，もう1回アンケートをして。2回目にしたときに「これをもし商品化したら私も買います」とか言ってもらったり。社員さ

んに言って良かったと思って，なんとなく自信がついて。われわれも消費者じゃないですか。お店出たら買い物もするし。今は物を作って売るほうですけど店行ったら買うほうですね。さらに改良して3回目に。<u>女性目線ですね</u>。「絶対洗えたほうが良いよ」とか。「このコードちょっと邪魔ですね」みたいな。(H氏：「<u>組織リソースを活用したコンセプトの実現</u>」)

そして7800円という価格は社内のこのような議論で決まったという。

 7800円ってあまり見られない価格，売価じゃないですか。いろいろ調査をして最後は会長が決めました。会長の考え方は<u>1万円出しておつりが出てくる。あとギフトにしても恥ずかしくない。たとえばこれが1万円ぐらいの見栄えがあるならもらったほうも喜ばれるし，あげるほうもこれは値打ちがあるっていうような，7800円以上の値打ちがある</u>と見られるようにっていう。時々電話に出ると聞かれるんです。「マッサージクッションもらったんですけどこれいくらですか」って。「実は誰彼からもらったんですけどお返ししようと思っていくらぐらいしたらいいかな」みたいな。「きっとそこそこ値段するんじゃないかなと思うんですけど」「いや7800円です」「あーそうなんですか」って。(H氏)

H氏は転職しはじめは中国の工場での中国語の通訳として入社しているが，設計の仕事をしていたことや，大学でインテリアなど住居学を学んだことから，その工場で商品が開発されていくのが面白くて（リソースの把握），自分も開発をやってみたいと思うようになり，それが認められて女性では珍しい商品開発者に抜擢されている（ポジションの獲得）。そしてマッサージ器のリニューアルの仕事を任されたが，アメリカに出荷する小型のクッション器をヒントに，リビングにも置けるソファーマット式のおしゃれなマッサージ器を開発し試作品を作るが（「「できる」のに「していない」ことをベースとした商品コンセプト発案」），社内から様々な反対を受けたり，アイディアをもらいながらなんとか商品化を実現している（「価値観の共有」「組織リソースを活用したコンセプトの実現」）。H氏が活用

した組織リソースは,製造技術リソースはもちろんだが,主に社内の声,「アイディアリソース」が重要であったであろう。

　Ｊ氏は,98歳のおばあさんの詩集をリニューアルして大ベストセラーにしているがポイントのひとつが装丁だったという。

　　女性が読みたい本だと思うんで女性が手に取りたくなる装丁で出したいと思って。装丁も若いデザイナーさんに頼んでおばあちゃんの詩集みたいにしない,ならないようにしたっていうか。年齢不詳な感じに。なんなんだろうこれっていう感じで取ってもらって中には写真がおっきく出ているんですけど開いてみたらこんなおばあちゃんっていうふうなインパクトを逆に与えたかったんですね。あれ？っていう。悩んだ人生だけどこんな色なんだよっていう感じでパステル調な感じの。茶色っぽい感じとか出したくなかったんですよね。社内で女性にいろいろ聞いてやっぱりこれが一番人気があったんですね。着物の柄だったり布みたいな感じもするし大人のおしゃれな女性のイメージがあるかななんて。実は普通４色で印刷するんですけどもう１色,特色っていって５色で刷ってみたらすごい発色が良かったんですね。みんなこれ見たらいいじゃんっていうことになって。印刷所の方の判断も良かったんですね。いい色で出してきてくれた。けっこうスタッフのみんながいい感じでいい仕事をしてこれができたっていう。いい仕事してくれたーって感じで。パソコン上で見てたら分からない。目立ちますよね。10メートル先からでも見える,分かっちゃうみたいな感じで。（Ｊ氏：「組織リソースを活用したコンセプトの実現」）

　これまでは企業勤務の例を見てきたが,起業の場合はどうであろうか。起業者は,世の中で「できる」のに「していない」ことを見つけ,それをやっている会社がないなら,じゃ自分たちでやるしかないと起業をした人たちであり,「できる」のに「していないこと」をベースとした商品コンセプト発案が起業の起因となっていると言えるだろう。しかしそのコンセプトを実現するためには１人ではできない,そのため会社組織にして営業マンなど手伝ってくれる社員を雇用しなければいけない。つまり起業者の

場合の組織リソースの活用とは，会社という組織にすることのメリットということであろう。起業の場合は，なぜ会社という形態にしたのかという意味で，会社という組織にした方が人も雇用でき自身のアイディアを実現しやすいと考える「雇用力」，会社という組織の方が個人でやるより信用が得られると考える「信用力」の２つが見出せた。

Ⅰ氏は，情報の早さに特化して開発したシステムに絶対の自信があったので，売れる前から人手が要ると考えまず会社組織を作ったという。これは会社の雇用力というリソースを活用したということであろう。

> 本当は５年ぐらいゼロでした。お給料払わないといけないし家賃も払わなきゃ。〈最初に会社を作られたのか〉作りました。これもすごいど勘違いなんですよ。自分たちがリーディングに立つし，会社っていうのはちゃんとオフィスでやらないといけないし，社員にちゃんとお給料を。要するに大企業にいたので。ゼロだったときにすごく払いました。私たちまじめなのでちゃんと払うんですよ。入ってくるものはないのに。(Ⅰ氏：「組織リソースを活用したコンセプトの実現〈雇用力〉」)

また起業者のⅠ氏たち自身のリソースは，画期的な情報システムという技術リソースと言えるだろう。

> 旅行って案外簡単にたかが旅行って思うんですけれども，実際は旅行のデータベースってすごい複雑で。日にちによって値段が違うとか宿泊人数によっても違いますし。あと宿とかはホテルの料金もプランとかで。同じひとつのヒルトンホテルの103号室だったとしても，それは50個とか100個くらいの商品として世の中に出回っているんですよ。1個売れたら99個落とさなきゃいけないんですけど，ファミリープランでもこれ使いますしレディースプランでも使えるし，JTBも売ってるし日本旅行も売ってるし。要するに1つの宿の1つの部屋がものすごい数になってちまたに出回っているんですよ。なので値段もそれぞれパッケージによって違うんですよ。全部100円で

売っているわけではなくてわざと 102 円に上げたりパック旅行の中では 53 円になってたりとかするので，見た目よりもよっぽどデータベースは膨大になって。その複雑なものに対応できるような検索が当時はなかったので。そこで一番困っていた業界が旅行業界で。かつインターネット予約がすごく増えてきているのが旅行で，当時アマゾンとか本とかもそうですけどインターネットで予約する，インターネットでの販売がすごく伸びてきたのが本とか旅行なんですよ。車とかはまだ買えないじゃないですか。買いやすい商品の中に旅行があったということです。(I 氏：「製造技術リソース〈起業家自身のリソース〉」)

また雇用力という意味は，自身のアイディアを実現するために人手がいるという意味の雇用力と，自身が雇用することで現地の人を雇用でき，女性差別や貧困の解消になるという意味の雇用力もある。すでに述べたように D 氏は，会社にすることでカンボジアの人を雇用できるのではないかと考え会社組織にしたと述べており (p.131)，これは会社の雇用力というリソースを活用したことになるだろう。また D 氏は雇用するだけでなく一緒に暮らす社員寮のようなものを造りたいと思うようになったという。

　　子どもたち，だから安心しろと。あと 2 年後ぐらいにはみんなで住める大きな家を建てるからと。土地は買ったんです（笑）。そこにみんなの家を造るべきだなとか思って。で，そこに子どもたちも一緒に住めるようになれば，暮らしていくことに不安がないじゃないですか。日本人は組織に入って会社員になるってことが安定した道だけども，彼らはそうではなくって，自分で商売するってことがすごく当たり前のことで，自分で商売できることで安心して暮らしていけるっていうような感覚だから，自分で商売していない私たちは将来不安だしっていう。子どもたちも安心して。大家族のようにみんなが一緒に暮らしていければ，そんな結婚とか，だんなが飲んだくれてるとか，そんなこと心配しないで自分の生活を作っていけるんじゃないかなって。彼らのもらってる給与で別にやっていけなくはないでしょうけども，みんなで暮らしていればいろんなことで協力し合えるし安心なんじゃないかなって思って。(D 氏：「組織リソースを活用したコンセプトの

実現〈雇用力〉」）

　E氏は，子育てサークルをなぜ法人化したのかについては，その方が活動しやすい，信用されやすいからだと述べており，会社組織のもつ「信用力」というリソースを活用したと言えるだろう。

　　おっきい企業さんとかだと会社の登記簿謄本出してくださいとかって言われるんですね。で，そのときに個人のをもっていくのは非常に体裁が悪いというか具合が悪いし，法人格がないと企業さんとお付き合いする上で非常にやりづらいっていう，一人前に見てもらえないっていうことがあって。それで法人格を取得しました。(E氏：「**組織リソースを活用したコンセプトの実現〈信用力〉**」)

　A氏は，価値観の共有には，社会貢献性が重要だという。社会的意義のある商品を出したいという思いは誰もあり，最後は自分というより周りからこの商品を出したいという気運が高まったという。

　　グループインタビューで今も忘れられない人がいます。今でもその人のために仕事をしていると思っているのですが。試作の段階で，味を調整するため，協力者に試飲を繰り返してもらっていたのですが，ある男性がビールを飲んだ後，しばらく黙った後，「感動した」と言ったんですね。はじめは聞き間違えたかと思った。普通はおいしいとかまずいとか味の感想を述べるのですが。それから，もしかしたらこの商品は普通の商品ではないのではないかと思うようになりました。その頃コピーライターが「車と共に歩む人類」というコピーを書いてくれて，ハッとしました。考えてみたら車とビール会社は相性が悪かった。でもこの商品はそのような関係を変える可能性をもっていると思いました。たとえば結婚式などめでたい席なのにドライバーはビールが飲めなかった。妊娠中や授乳中や病気の方もそうですね。そういう場面でビールを楽しんでもらえる。その頃から社内の雰囲気が一変しました。この商品は絶対うちの会社から出そうという雰囲気が生まれました。開発のある男性は，自分たちの技術が未熟で出せないという

ことだけは避けたい,と言ってくれました。社会的意義のある商品出したいという気持ち,営業でさえ今は強くもっています。社会貢献性がこの商品の一番のポイントだと思います。○○[CMに起用のアーティスト]さんの自宅まで行き,CMへの出演依頼をしたのですが,コンセプトを説明すると,「そうか,○○[商品名]は静かな革命なのね」と言ってくれました。コンセプトが伝わったと思い嬉しかったですね。(A氏:「価値観の共有」)

以上,「組織リソースの獲得」というカテゴリーにまとめた概念について,

表6-4 「組織リソースの獲得」カテゴリーの概念,サブカテゴリー,カテゴリーグループ

カテゴリーグループ	カテゴリー	サブカテゴリー	概念	定義
組織のあり方を考える(リフレクション)	組織リソースの獲得	把握と獲得	リソースの把握(長所,短所)	組織のもつ様々なリソース(資源)を,長所および短所も含め理解すること。
			ポジションの獲得	組織内の役職の獲得,商品開発担当への抜擢,転職,起業など,組織リソースを活用し商品を開発できる機会,立場(ポジション)を得ること。
		リソースベースのコンセプト創出	「できる」のに「していない」ことをベースとした商品コンセプトの発案	組織のもつリソースを使えば「できる」のに「していないこと」を発見し,それをベースとした新たな商品やサービスのコンセプトを発案すること。
		新たな組織目標の創出	価値観の共有	新たなコンセプト(商品)がなぜ必要か組織内の理解,共感を得て,新たな組織目標を創出させること。
		活用と実現	組織リソースを活用したコンセプトの実現(製造技術リソース,研究開発リソース,アイディアリソース,雇用力,信用力)	コンセンサスを得られたコンセプトを実現するため,組織リソースを使い試作品の製作など完成,商品化に向けて具体的な取り組み,作業を行うこと。リソースの種類には,アイディアを実際に製品にする製造技術リソース,アイディアの素となる理論を生み出す研究開発リソース,アイディアを出すアイディアリソース,起業の場合の,人を雇用できる雇用力,個人より信用される信用力がある。

見てきた。整理すると,「組織リソースの獲得」には,「ポジションの獲得」「リソースの把握(長所・短所)」「「できる」のに「していない」ことをベースとした商品コンセプト発案」「価値観の共有」「組織リソースを活用したコンセプトの実現」という5つの概念があった。またこの5つの概念は,「獲得と把握」「リソースベースのコンセプト創出」「新たな組織目標の創出」「活用と実現」という4つのサブカテゴリーを生成し得た。またこれらの概念間の関係については,サブカテゴリーで言えば,「把握と獲得→コンセプト創出→新たな組織目標の創出→活用と実現」という関係図として表現できるであろう。また活用したリソースの種類には「製造技術,研究開発,アイディア,雇用力,信用力」があった。またこの組織リ

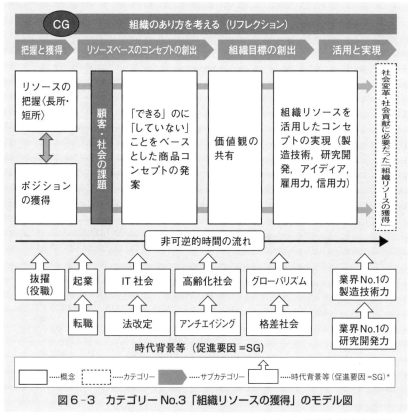

図6-3 カテゴリーNo.3「組織リソースの獲得」のモデル図

注:*サトウ(2009)を参考にして図示。

ソースの獲得というカテゴリーは，意味マップの基準であるアクションかリフレクションかといえば，組織のあり方を模索する，考える中で生まれたものであり，「組織のあり方を考える〈リフレクション〉」というカテゴリーグループに属すると考えた。

以上の関係をまとめたものが前出の表6-4である。またこれらの関係を図示したものが図6-3である。

■ 1.4 ──「顧客・社会の課題解消」のストーリーとモデル図

次に，4つ目のカテゴリーである「顧客・社会の課題解消」について解説する。ウーマンオブザイヤーの受賞理由は，何らかの社会変革性，社会貢献性の高い商品やサービスを実現したことであり，最終場面ではそのために顧客や社会の課題をどのように解消していったのかが語られており，後の社会変革や社会貢献につながる顧客や社会の課題を発見し解消していく過程についての語りであると考え，「顧客・社会の課題解消」というカテゴリー名を付けた。以下で代表的なインタビューデータとともに生成された概念を示す。

まず顧客や社会の問題を解消するには，顧客や社会の「声を聞く」必要がある。A氏は，完全ノンアルコールビールのアイディアのきっかけは，既述（p.140）のように飲酒運転事件だったという。

> ノンアルコールビールはそれまでもあり「○○［商品名］」という商品だったのですが，そのリニューアルを担当することになりました。どんな商品にするか，商品コンセプトを考えているときに起こったのがあの飲酒運転事件で，この事件をきっかけに，<u>07年の秋，道路交通法が改正され飲酒運転が厳罰化される</u>ことに。それまでのノンアルコールビールは若干のアルコールを含んでいたので，<u>完全ノンアルコールビールは潜在的にニーズがあるのではないか</u>と思いました。それがまずはじめのきっかけですね。(A氏：「社会の"声"を聞く〈顕在・潜在〉」「「したい」けど「できない」ことの把握」「「したい」けど「できない」」を解消する"道具"の発案と提供」)

つまり飲酒運転厳罰化という法改正（社会の声）が，顧客や社会に起こっ

ている問題を知り商品コンセプトを作る際のきっかけとして機能したと言えるであろう。ここから実際の声であっても（顕在），実際の声ではないが観察して感じるものであっても（潜在），新聞報道などで社会の声を聞くことがきっかけになっており，「社会の"声"を聞く〈顕在・潜在〉」という概念が生成された。またそこから顧客のビールを「飲みたくても」「飲めない」という状況を把握（発見）しており，「「したい」けど「できない」ことの把握」という概念が生成された。そしてそれを解消するツール（道具）として，完全アルコールゼロのビール，飲んでも運転できるビールという商品コンセプトを発案しており，「「したい」けど「できない」を解消する"道具"の発案と提供」という概念が生成された。

　この「「したい」けど「できない」ことの把握」や「「したい」けど「できない」を解消する"道具"の発案と提供」という概念を発見するきっかけとなったのがM氏の語りであった。M氏は化粧品開発でヒット商品を作り受賞しているが，実は入社するまで化粧をほとんどしたことがなく入社してから覚えたという。よってうまくメイクできずできない人の気持ちがよくわかるという。そしてメイクの上手い人を見て，ああなりたいと思うのにできないという悩みを解消してくれるメイク道具を，いいタイミングで提供できたら大ヒットにつながるという法則に気づいたという。

　　"ざわちん"ってご存じですか？　メイクで有名人の真似をする物まねタレントですが，プロが見ても上手いメイクの超上級者ですね。一般の人は彼女みたいなメイクをしたいと必死に真似するのですが，うまく行かないんですよね。それにみんなメイクにそんなに時間も掛けられないし。そういうときに"ざわちん"のようなプロのメイク技術が簡単に再現できる化粧品を提供してあげれば売れるんですよ。「こういうのを待っていた」と。そうならないとダメなんです。でも実際にそういう声が出始めてからでは遅いのですが。つまり大衆が「したい」けど「できない」と思い始めたタイミングがベストですね。大衆の「したい」という気運が高まる前に，こちらが先回りしたつもりで出しても売れません。大衆が「したい」と思い始め，でもうまく「できない」。そういうときに，これを使えばできますよという"道具"を提供する。上級者のテクニックがなくても，この"道具"を使

えば，あなたも上級者のテクニックを使えるようになりますよという商品を作って市場に投入すれば売れるんです。つまり，大衆の「したい」けど「できない」という悩みに気づき，それを解消する"道具"を提供してあげることが私達商品開発者の仕事だと思います。ようやく気づいたヒット商品を作るコツですね。［よく気づきましたね］自分がそうだったので。自分がメイク下手で，悩んだので。一般の人は上級者のテクニックを学んでいる暇もお金もないので。でも毎日メイクはしないといけないので。［顧客の問題を解決しているわけですね］うーん，問題を解決しているわけではないですね。そんな深刻な感じではない。ちょっとした悩みとか日々の課題をすっきり解消してあげるという感じでしょうか。ちょっと喜んでもらう，笑顔になってもらう，気づいてなかったけどこんな商品欲しかったのよとワクワクドキドキしてもらう感じですね。あたしたちが直接メイクの指導をするわけではないので。私達は日々の悩み，課題を解消してくれる，その人が使える"道具"を提供してあげる仕事なんです。道具の力を借りてなりたい自分になってもらうということですね。マイナス（問題）をプラス（解決）にするのではなく，今より少しランクアップする感じですね（M氏：「社会の"声"を聞く〈顕在・潜在〉」「「したい」けど「できない」ことの把握」「「したい」けど「できない」を解消する"道具"の発案と提供」）

B氏は，既述のように，プチプチを個人にも売って欲しいという顧客の声にどのように応えたらいいかを考えたのが，きっかけだった。

99年ぐらいのときにヤフーオークションとかが割と一般の人にまで広まった時期でした。本当に一般の人が「ちょっとだけプチプチが欲しい」っていう声がすごい多かったんですよ。（B氏：「顧客の"声"を聞く〈顕在・潜在〉」「「したい」けど「できない」ことの把握」「「したい」けど「できない」を解消する"道具"の発案と提供」）

顧客の声が，プチプチをネットショップで個人に売る，というコンセプトのきっかけになった例であり，「顧客の"声"を聞く〈潜在・顕在〉」という概念が生成された。またこのコメントは同時に，個人にも「売って欲

しい」のに「売ってくれない」という大衆のニーズに気付いたわけであり，大衆の「「したい」けど「できない」ことの把握」と言えるだろう。またネットショップを立ち上げ個人に売るというアイディアは，「「したい」けど「できない」を解消する"道具"の発案と提供」と言えるだろう。

　D氏の既述のようにカンボジアで土産物ショップを起業しようと思ったきっかけは，観光客の声だという。

> <u>私もガイドしてたころに一番聞かれるのがお土産ですよね。日本のお客さまに。[何を買って帰ればいいのかと]</u>はい，そうです。そして<u>土産っていえばチョコレートだな，定番は。でもチョコはこの暑い国ですぐ溶けちゃうし。だったら日持ちするものとしてはクッキーだろうなと思って。そこにカンボジアの素材を何か練り込んでクッキー。</u>もともとお菓子作りは好きだったので。小さなころからずっとやっていたので。<u>アンコールワットの形をしたクッキーがあれば絶対売れるのに，っていうのは思ってたので，</u>それはもうやれるんだったらアンコールワットの形をしたクッキーって思ってて。<u>カンボジアのシルクで作ったスカーフとか，あるんですけどやっぱり会社にひとつもっていくのに1人に1枚とか出さないじゃないですか。</u>仲いい友達だったらスカーフ1枚あげてもいいですけど<u>会社にひとつとか学校の友達にひとつとかってもっていくのにやっぱりお菓子が一番いいんです。</u>
> (D氏,「顧客の"声"を聞く〈顕在・潜在〉」)

またカンボジアにないので，作れば貧困の解消にもなると思ったという。

> 　適したものがなくて。そうすると乗り継ぎ……カンボジア，直行便がないのでタイ経由とかベトナム経由なんで，<u>タイの空港でチョコレート買って帰ろうとかって言ってて，皆さん大体。それが私にとってはガイドしてるときにこれだけカンボジア，仕事がないって言ってる人たちが多いのにみすみす隣の国にお金を落とされて。みんなここで買いたいと思ってるのに物作ってないから隣の国に落ちてるのはすごいもったいないなっていうのはあったので。</u>(D氏,「社会の"声"を

聞く〈顕在・潜在〉」「「したい」けど「できない」ことの把握」「「したい」けど「できない」を解消する"道具"の発案と提供」)

　自国で作らないというカンボジアの貧困の問題（社会の声）に気づいたことも，起業のきっかけになったという。そしてこれらのコメントも，観光客が土産物を「買いたい」のに「買えない（売っていない）」という状況に気づいたという語りであり，大衆の「「したい」けど「できない」ことの把握」と言えるだろう。またそれを解消するためには，アンコールワット型のクッキーを売る土産物屋をカンボジアで起業すればいいと気付いたというのは，「「したい」けど「できない」を解消する"道具"の発案と提供」と言えるだろう。

　E氏は，まず子育てサークルが必要と感じた経緯については以下のように説明している。

> 　サークル立ち上げて情報不足からくるお母さんの育児不安を解消したいっていう，それは自分たち自身の悩みであり当事者としての感覚で。今まで行ってた飲食店に子ども連れで行くと迷惑かかるとか，産婦人科もどこに行っていいか分からないとか。同じ地域に住んでても子どもをもつ前と子どもをもってからって必要な情報が違ってくるんですよね。情報もいいことは書けるんですけど「あそこの病院こんなきょうミスがあったよ」みたいなこと書けないので，でもすごく大事な情報なんで，それはやり取りできるような場所が必要なんだ，井戸端が必要なんだっていうことで場をもとうということで子育ての広場を始めたんですね。(E氏：「社会の"声"を聞く〈顕在・潜在〉」)

　そして子育てタクシー誕生の経緯について以下のように説明している。

> 　お母さんたちの声を吸い上げて。子育ての広場にいるお母さんたちが子どもを産むときにも退院するときにも，子どもを産んでからもですね，移動するときに非常にタクシーが使いづらいというか，デイリーな乗り物だと感じていない。でももっと親切にしてくれればだい

ぶ助かることがあるのになっていうような声がお母さんたちの中からあって。移動の足ですからタクシーが子育てに優しくなると随分いいんじゃないかなっていうことで子育てタクシーっていうのを提案したんですけれども。タクシー会社さんのほうから今子育てタクシー協会に，タクシー会社が申し込んできたら会員になっていただいて，運転手さんに子育てタクシードライバー養成講座を受けていただいて走っていただくというようなスタイル。料金は通常のメーター料金です。子どもがいるとチッて舌打ちされたり近距離だと嫌な顔されるっていうことがないんですよという。そういうタクシーに関しては荷物の積み込みしてくれたりチャイルドシートをつけてきてくれたり，子どもに理解があって協力的な運転手さんが必ず行きますっていうことですね。(E氏)

そして香川で子育てしている人の声を聞くことに，ぶれはないという。

　誰のためには全然ぶれてなくて香川で子育てをしてる人たちのためっていうのが。「あー子ども生んでよかったな」っていうふうに思ってもらえる社会を作りたい。それが一貫して最初から通して思ってることで。お母さんたちが困ってること感じてることにひとつひとつ丁寧に向き合って答えただけっていう感じ。子育てタクシーでもお母さんが急に残業になって保育所に迎えに行けない。で，タクシーに迎えに行ってもらって運転手さんが保育所ピックアップしてお母さんの職場まで連れて行く。そういうサービス始めたときに保育園の先生は「そうなのよ。こういうのがあったら助かったんよ」って。そのニーズは知ってるわけですよ。でもどうせできないだろうとか，みんな我慢してきたというか聞き流してきた，あるいは捨ててきたっていう声を素直に聞いてきたというか。自分たち自身，うちのスタッフは全員子育て中ですので机の上で考えたことでなくって現場で見て「これ絶対必要だよ」と。(E氏，「顧客の"声"を聞く〈顕在・潜在〉」「「したい」けど「できない」ことの把握」「「したい」けど「できない」を解消する"道具"の発案と提供」)

タクシーが使いづらいというお育て中のお母さん達の声（顧客の声）から，子育て中のママさんたちがタクシーを「使いたい」のに「使えない」という実態が浮かび上がったというのは，大衆の「「したい」けど「できない」ことの把握」であり，そのため子育てタクシーを考案し実行したというのは，「「したい」けど「できない」を解消する"道具"の発案と提供」と言えるだろう。

　外国の市場を見ていて，日本の顧客の「したい」けど「できない」に気づく例もある。F氏は，特に化粧品は韓国がヒントになることが多く，よく市場ウォッチングに行くという。

> 　学生のころから韓国に度々渡航する機会があって，その中で1枚売りのマスクというのがお土産とかで主流だったのと，あちらの知り合いの方にお伺いしても結構向こうの方は1枚をいろんな種類を肌に合わせて買っていらっしゃるということだったので，日本でもそういうふうなものがあってもいいんじゃないかなと思ったんですけれども。[1枚ずつは日本にない？]調べればどこかにはあったかもしれないんですけれども，6年前ぐらいですと1枚利用するようなもの1枚1200円，1500円ぐらいの単価のものが多かったので。日本でも流行るなというよりかは日本人の方にもマスクをもっとデイリーケアのひとつとして使っていただきたいという思いで作ったんですけれども。[なぜ韓国？]知り合いの方がいたりとか，あとは近いので，あとは食も自分には合っていたのと人口に対しての化粧品の売り上げが日本よりも大きいというのだとか，あと新商品の出るスピードが日本より全然早いので定点観測する分にはヨーロッパとかアメリカに行くよりは肌質とかを考えても韓国がいいのかなと思って韓国にずっと行っていたんですけれども。(F氏：「社会の"声"を聞く〈顕在・潜在〉」)

　これまでは顧客の声，社会の声が「コンセプト創出のきっかけ」になった例を見てきたが，顧客の声，社会の声はもちろん，コンセプト創出からその実際の商品化に至るまでの「コンセプト実現への方向付け」としても機能する。これからそのような例を見ていく。

A氏は，実際に商品を生み出すまで，何度もグループインタビューなどモニター調査を繰り返しており，そのときの顧客の反応が商品実現に欠かせなかったという。

　　コンセプトが決まり技術的にも可能かと見えてきたので，次に取り組んだのがターゲット設定でした。後で振り返るとここが一番重要だったように思うのですが。というのも完全ノンアルコールビールというコンセプトが決まり動き出しているときに，はたと気づいたことがあって，それは「このビールいったい誰が買うのか」ということ。ビール好きは普通のビールを飲むだろうし，ビール嫌いはそもそもビールを飲まない。誰も飲まないビールを私は作っているのではないか……，はたと立ち止まってしまったのです。そんなとき休日に友人と神戸までドライブ旅行をしたのですが，それが大きな気づきを与えてくれました。2台の車で東京から行ったのですが，当然ドライバーの2人はお酒が飲めない。実はドライバーの1人が後に私の夫となる人だったのですが，私も彼も大のビール好き。なのに途中居酒屋などに立ち寄っても彼はビールを飲めない。他の友人がビールを楽しんでいるのに。そこである居酒屋で我慢の限界だったのか，「とりあえず気分だけでも」と言ってノンアルコールビールを頼んだのですね。私は「これだ」と思いました。そのとき，「ビール好きがビールを飲めない状況で「気分だけでも」と飲むビール」というターゲットのコンセプトが浮かびました。つまりビール好きをターゲットに，ビールが飲めない状況ではこれを飲みましょうと訴求することにしたのですね。だから次のパッケージデザインの設定という段階でも，なるべくビール好きが好むデザインにして欲しいと依頼しました。従来は女性や未成年を対象にしたかわいらしいパッケージが多かったのですが。
　　（A氏，「顧客の"声"を聞く－コンセプト実現への方向付け－絞り込み〈狭化〉」）

　これらは，友人である顧客の声が，ターゲット設定，パッケージデザイン設定というコンセプト実現段階の絞り込み（狭化）に有効に機能した例であろう。また，次のネーミング設定の段階でも，モニター調査の顧客の

声が大きな役割を果たしたという。

　だから次のネーミング設定でも,「ノンアル」とか,ビール好きが居酒屋で注文したとき恥ずかしくなるような名前だけは避けたいと思っていました。「ノンアル下さい」ってビール好きは恥ずかしくて言えないので（笑）。じゃどうしようと思い,はじめは「完全ゼロ」というのをネーミングに入れていたのですが,上司に呼ばれ「エビデンスは何か」と聞かれました。要はこの商品の売りは何かという意味なのですが,完全ゼロです,と答えたら,お前は世間の流れが分かっているのか,と言われました。世の中ゼロブームなんだぞと,ゼロと言えばカロリーゼロとか糖質ゼロの意味だぞと。それを聞いて頭を殴られたような衝撃を受けました。私は一度集中すると前しか見れないたちなので,世の中のゼロブームを全く知らなかったのですね。コンセプトの伝わらない商品は即死です。これは困ったと思った。そこでモニター調査をすることにしたのですね。「完全ゼロ,アルコール0％,アルコール0.0％,アルコール0.00％,アルコール0.000％……」などの選択肢を作り,グループインタビューの参加者にどれがいいか選んでもらったら圧倒的に支持されたのが「アルコール0.00％」だったので,これでいこうと決めました。アルコール0％なら今までのノンアルコールビールと同じだし,アルコール0.0％もそれに近い,かといってアルコール0.000％だと意味不明だし（笑）。限りなくゼロなんです,というのがアルコール0.00％という表記なら伝わるということでしょう。また○○［商品名］という名前もグループインタビューの参加者がすぐに覚えてくれた名前だったので,その手応えからこの名前に決めました。考えてみたら不思議な名前ですよね。どこにもビールという名称が入っていないのにビールと伝わる。おそらく,「○○」［会社名］で何となくビールと伝わる,「フリー」でカロリーとか糖質ゼロじゃなくて,アルコールがゼロと伝わる,ということかなと思いますが。とにかくこのネーミングも成功した大きな要因だと思います。(A氏:「顧客の"声"を聞く－コンセプト実現の方向付け－絞り込み〈狭化〉」)

ベンチャー企業なのに旅行会社のシェア8割を誇るという，旅行検索サイトの開発者I氏は，顧客の反応から，旅行業界に絞り込んだのだという。

　[はじめから旅行会社狙いだったのか] 私，旅行に売ろうと思ったんじゃなくて本当に情報を取り出しにくい業界っていうのが旅行だったので。たまたま最初のお客さんが旅行だったっていう。ひとつ目のを売るのも大変だったんですけどひとつ目売ったらそれがすごくいいものだったので，2社目3社目ってついてきたら気がついたら旅行ばっかりやってたっていうだけで。そもそも旅行やろうと思ったわけでも逆に旅行に特化しているわけでもないんですけど結果的にはそうなった。(I氏:「顧客の"声"を聞く－コンセプト実現への方向付け－絞り込み〈狭化〉」)

　顧客や社会の声を聞く，市場の「兆し」を読むことは，商品の市場投入のタイミングを決める役割もある。いくら良い商品を作っても投入のタイミングを間違えばやはり売れないという。M氏は，アーリーアドプターからアーリーマジョリティ（大衆）に広がっていくタイミングを狙っているという。

　お客様のトレンドって，けっこう実は，三角形になって，だんだん広がっていくっていう性質があって。何でもそうだと思うんですけどけっこうトップ層の方がいまして，トレンドで，アーリーアドプター*5がどんどん流れていく瞬間があると思うんですけど，（絵を描いて）この辺の段階だとけっこう実はニッチで，好き嫌いが相当激しくて，ある瞬間ドンと広がる瞬間があるんですね。私どもの商品，どちらかというと価格も安いということと，実は日本で一番売れてるブランドなんですね。お客様のとにかく数，売るところなので，どちらかというと落ちてくる瞬間を狙うっていうのか，タイミングがけっこう大事なところなんですね。実はこういうジェルとか新しいタイプっていうのはけっこう前々から流行り始めてるっていうネタはつかんで。バッて広がる瞬間を実は狙って企

画をしたっていう商品なんです。なので構想はずっとあったんですけど商品化するっていうタイミングになったときに実はもうそろそろ広がり始めたっていうのが見えてきた段階で，けっこうバーッと短期間で作ったっていう商品になります。けっこう難しいんですよ。早く出しすぎてしまうと失敗してしまうのがけっこう多かったり。あとみんなタイミングを狙っていて他社が出してきて，負けてしまったりとかいうものもあったりするんですけれども。ファッションとかメイクとかってやっぱり流行りすたりありますので，けっこうタイミングがすごく大事ですね。これは多分特にタイミングがすごくバッチリあった商品になりますね。<u>落ちてくる瞬間，落ちてくるタイミングを狙って。</u>（M氏，「<u>大衆に広がるタイミングでの市場投入</u>」）

そしてそのタイミングは，実際の声を聞いていると遅いという。観察の中から兆しを読み，タイミングを計るという。

　お客さんが発話してくれるようになるのって実はできあがってるものしか言っていただけないんです。<u>実は言われる前のものをつくってお客さん見てそうだこれ欲しかったんだって思う場合，実は売れるんですよ。</u>なのでどういう商品があったらいい？っていう聞き方はあんまりしないですね。結局それってもう見えてるものしか出てこないんで。どちらかというと<u>お客さんのメイクの変化とか，そういうとこのほうが実は答えが多いことが今まではありましたね</u>。たとえばラインとか，この引き方が変わったりとか，入れる場所が変わったりとか，ほんのちょっとのことなんですけど，けっこうそこにいろんな工夫とかネタとか，こうしたいっていうのがけっこう隠されてることがあって，<u>そっから新しい剤型とか新しい仕様とかっていうのを次つくり出すきっかけになることが多いですね。お客さんを見てたりメイクの仕方とか，けっこうトイレとかで見てますね（笑）</u>。公衆のトイレでけっこうメイク直すんですよ。あとポーチの中身。だいたい今やりたいことが入ってたりとか。お客様，実はいろんな商品出してんですけどそれをそのまま使ってはいただけないんで，そこに実は工夫があるってことに次の商品の種があったりとかするんですね。<u>実はウォッチング</u>

してることが多いですね。定性調査とか定量調査とかはやってます。ただそっから商品が出てくることって実はほとんどない。<u>お客様のメイクシーンだったりとかメイクの仕方でしたりとかメイクの仕上がりとか。そういうところからきっかけみたいなところは出てくることが多いですね。</u>日常的に電車乗ってるだけで高校生の子とか友達としゃべってる内容とか。電車とかトイレとか。そういうところがきっかけなことが多いですね。(M氏)

　M氏は高級アイライナーを女子高生たちも「欲しい」けど「高くて買えない」と思い始めたと気づき，女子高生でも手が出せる安価な高級アイライナーを開発し投入すればヒットすると思ったという。M氏だけでなく，たとえばL氏はすでに述べたようにアンチエイジングが叫ばれる時代に合わせて，抗糖化をテーマとした化粧品を投入しているし，またN氏も，カカオ成分を何%と表示したチョコレートを投入したのも，ワインのポリフェノール成分が話題となるなど健康ブームで，以前から投入のタイミングを計っていたが「機は熟した」と感じたからだと述べており，これらから，「大衆に広がるタイミングでの市場投入」という概念が生成された。
　以上，「顧客・社会の課題解消」というカテゴリーにまとめた概念について，見てきた。整理すると，「顧客・社会の課題解消」には，「顧客の"声"を聞く〈顕在・潜在〉」「社会の"声"を聞く〈顕在・潜在〉」「「したい」けど「できない」ことの把握」「「したい」けど「できない」を解消する"道具"の発案と提供」「大衆に広がるタイミングでの市場投入」という5つの概念があった。またこの5つの概念は，「コンセプト創出のきっかけと方向づけ」「課題の把握と課題ベースのコンセプト創出」「市場投入のタイミング」という3つのサブカテゴリーを生成し分けた。またこれらの概念間の関係については，サブカテゴリーで言えば，「きっかけと方向付け→課題の把握と課題ベースのコンセプト創出→市場投入のタイミング」という関係図として表現できるであろう。またこの顧客・社会の課題解消というカテゴリーは，意味マップの基準であるアクションかリフレクションかといえば，顧客や社会という市場に対する行動であり，「顧客・社会に対し行動する〈アクション〉」というカテゴリーグループに属すると考えた。

以上の関係をまとめたものが表6-5である。またこれらの関係を図示したものが図6-4である。
　以上，まずはRQ1である「社会変革や社会貢献を実現するキャリアは，どのように実現可能なのだろうか」を明らかにするため，社会変革・社会貢献実現者の典型としてウーマンオブザイヤー受賞者に対するインタビューデータの分析結果を明らかにしてきた。主にM-GTA（修正版グラウンデッドセオリー法）の手続きにしたがい，分析テーマである「社会変革・社会貢献に至るまでのロジック（因果論理のストーリー）に不可欠だったもの」に関連すると思われる箇所を抜き出し，そこから概念が生成され，サブカテゴリー，カテゴリーを含めた全体の関係を表すモデル図とそれを

表6-5「顧客・社会の課題解消」カテゴリーの概念，サブカテゴリー，カテゴリーグループ

カテゴリーグループ	カテゴリー	サブカテゴリー	概念	定義
顧客・社会に対して行動する（アクション）	顧客・社会の課題解消	コンセプト創出のきっかけと方向づけ	顧客の"声"を聞く〈顕在・潜在〉	顧客から実際に「こうしてほしい」という声を聞くこと（顕在）。または顧客を観察していて気づくこと（潜在）。コンセプト創出のきっかけと実現までの方向付けとして機能する。
			社会の"声"を聞く〈顕在・潜在〉	マスコミ報道，法改正など実際の社会の声を聞くこと（顕在）。または実体験から社会の問題（声）に気づくこと（潜在）。コンセプト創出のきっかけと実現までの方向づけとして機能する。
		課題の把握と課題ベースのコンセプト創出	「したい」けど「できない」ことの把握	大衆が「したい」と思っているのに，様々な条件で「できない」という状況を把握すること。
			「したい」けど「できない」を解消する"道具"の発案と提供	大衆の「したい」けど「できない」という課題を解消する新たな"道具"（商品）を発案し，個人スキルと組織リソースを使って商品化し提供すること。
		市場投入のタイミング	大衆に広がるタイミングでの市場投入（アーリーアダプターからアーリーマジョリティに広がっていくタイミングでの市場投入）	大衆が「したい」けど「できない」と思い始めたタイミングで商品を投入すること。三角形の頂点（初期採用者＝アーリーアダプター）から大衆（初期大衆＝アーリーマジョリティ）に，広がっていくタイミングで商品を投入すること。

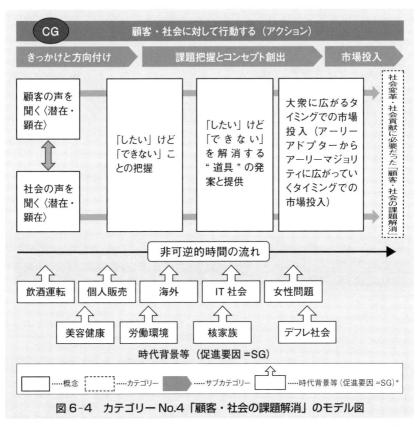

図6-4 カテゴリーNo.4「顧客・社会の課題解消」のモデル図

注：＊サトウ（2009）を参考にして図示。

言葉で説明するストーリーラインが完成した。

　通常の調査であれば，その全体像をモデル図としてまとめて終了するが，それでは今までの調査と同じになってしまう。これまでの調査は，分析過程は各研究者がM-GTAなど共通の手続きを踏んでおりその点は問題がないが，関係を表すモデル図は各研究者が作成しており，研究の数だけ乱立することになり，後に続く者へのロジックとなりにくいという欠点があった。本研究はその欠点を克服するため，意味マップという共通の枠組みでこの結果をさらに分析してみたいと思う。意味マップが共通の枠組みとなり得るかについては，われわれは，すでに従来の主なキャリア研究，特に日本での研究が意味マップを使って分析可能であることを「意味マップの

ルール作り：分類基準の検討」(第4章)で確認してきた。分析可能であるばかりか，意味マップを使うことで，多くの研究を統一的な枠組みで捉えることができ，研究の新たな価値に気づくという利点があることも確認してきた。よって次節では，今までの分析結果を意味マップを使って分析することで，社会変革や社会貢献を実現する新たなロジック（因果論理のストーリー）の抽出を試みたいと思う。

◉―注

* ＊1 ― 「プチプチ」は川上産業の商標登録された商品名であり，正式名称はないが一般的には「空気シート」と呼ばれる。プチプチ（川上産業），エアーキャップ（宇部フィルム，※2012.4より酒井化学に譲渡），エアセルマット（和泉），ミナパック（酒井化学），キャプロン（JSP）と販売企業により呼び名（商標登録名）が異なる。本研究ではプチプチまたはプチプチ（空気シート）と表記する。
* ＊2 ― A氏のコメントだけは全て，講演が録音禁止であったため本人が語った内容のメモ書きやメールでのやりとりなどを，研究者が要約し再構成したものである。
* ＊3 ― 発言の中の固有名詞等は個人情報保護に配慮し「○○（補足説明）」と特定を避ける表記をする場合がある。以下同様。
* ＊4 ― 所由紀 (2005)『偶キャリ。―「偶然」からキャリアをつくった10人』経済界。
* ＊5 ― スタンフォード大学のRogers (1962) は，消費者の商品購入に対する態度をもとに新しい商品に対する購入の早い順から，イノベーター（innovators：革新者），アーリーアドプター（early adopters：初期採用者），アーリーマジョリティ（early majority：初期大衆），レイトマジョリティ（late majority：後期大衆），ラガード（laggards：遅滞者）の5つのタイプに分類した。この5つのタイプの割合は，ベルカーブ（釣鐘型）のグラフで示される。

Chapter 7

調査結果：
「意味マップ」を用いた分析

　それではここからは RQ2 である「社会変革や社会貢献に至るキャリアのストーリーを，意味マップを使って分析することで，個人の意味がやがて社会の意味になる，「漏れ」のない「ロジック」を抽出することは可能だろうか」をテーマにした分析結果について述べる。まずはこれまでの分析結果を意味マップ上に表すことにする。

1 意味マップを用いたロジックの抽出

　ウーマンオブザイヤー受賞者の語りから，26 の概念が生成され，4 つのカテゴリー，および 4 つのカテゴリーグループが生成された。最初にその 4 つのカテゴリーが意味マップのどこに位置するかを確認する。まず「スキルの獲得」は，「スキルを獲得するため行動する（アクション）」というカテゴリーグループに所属している通り，「自分」のための「行動」であろう。よってこのカテゴリーとカテゴリーグループは，マップの「自己志向―Doing」（マップ左下）に分類できるであろう。続いて「使命感の獲得」は，「自分のあり方を考える（リフレクション）」というカテゴリーグループに所属している通り，「自分」の「あり方」（Being）の模索であろう。よってこのカテゴリーとカテゴリーグループは，マップの「自己志向―Being」（マップ左上）に分類できるであろう。続いて，「組織リソースの獲得」は，組織に所属しそのリソースを活用できる立場を獲得することで

組織のあり方を考えることであり,「組織のあり方を考える（リフレクション）」というカテゴリーグループに所属している通り,「他者（組織）」の「あり方」(Being)の模索であろう。よってこのカテゴリーとカテゴリーグループは，マップの「他者志向―Being」（マップ右上）に分類できるであろう。そして「顧客・社会の課題解消」は,「顧客・社会に対し行動する（アクション）」というカテゴリーグループに所属している通り,「他者」に対する「行動」であろう。よってこのカテゴリーとカテゴリーグループは，マップの「他者志向―Doing」（マップ右下）に分類できるであろう。以上の関係を図示したものが図7-1である。

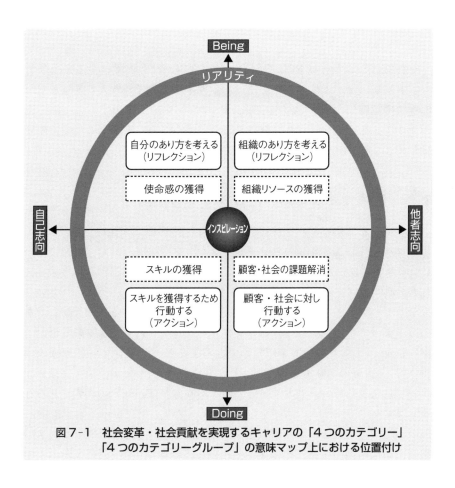

図7-1　社会変革・社会貢献を実現するキャリアの「4つのカテゴリー」「4つのカテゴリーグループ」の意味マップ上における位置付け

2 ……ルート(発達径路)の発見

　またこの4つのカテゴリーには，ある種の順序があることも分かった。各受賞者達の語りを時系列に並べ直す作業を行ってみると「スキルの獲得→使命感の獲得→組織リソースの獲得→顧客社会の課題解消」という順番に語っていることが分かった。時系列とは，文字通り事が起こる順番であり，あるいは因果関係上の順序である。例えば，A氏の語りを時系列で分析してみる。縦軸に「①スキルの獲得，②使命感の獲得，③組織リソースの獲得，④顧客・社会の課題解消，⑤社会変革・社会貢献」を配置した。これは，4つのカテゴリーに社会変革・社会貢献をプラスしたものである。また，横軸に時間区分として，I期からV期まで順番に並べた。I期，II期……と時系列に並べており，I期よりII期の方が後に起こる出来事であることを示している。A氏のキャリアヒストリーを，このルールで整理し

	I	II	III	IV	V
⑤ 社会変革, 社会貢献					完全ノンアルコールビールの大ヒットで講演依頼殺到。
④ 顧客・社会の課題解消				飲酒運転厳罰化の動きに「飲んでも運転できる」完全アルコールゼロのビール開発思いつく。	
③ 組織リソースの獲得			ビール大手に転職しノンアルコールビールのリニューアルを任される。		
② 使命感の獲得		アジア出向で日本の地位低下を感じ日本から商品発信したいと転職を決意。			
① スキルの獲得	マーケティングの「いろは」は外資時代に教わった。				

図7-2　社会変革・社会貢献に至るルート：A氏の事例

たものが，図7-2である。これを見ると，社会変革・社会貢献に至るまで「①スキルの獲得→②使命感の獲得→③組織リソースの獲得→④顧客・社会の課題解消→⑤社会変革・社会貢献」と推移していることがわかる。

また，B氏の事例についても同様の形式で整理したものが図7-3である。A氏と同様，同じ順序で推移していることがわかるであろう。

今回の調査対象者である14名について，同様の分析を行ったが，全員がこのような順序に当てはめて理解可能であったことから，「社会変革や社会貢献に至るキャリアのルート（発達径路）」と考え，図に表したものが図7-4である。つまりはじめはマップの左側である自己志向から始まり，徐々に他者志向へと移行していることが，この意味マップを使うことで明確に分かるであろう。

またこのルートは，スキルの獲得から，顧客社会の課題解消までの"一回り"（一循環）だけでなく，またその一回りを踏まえて，そこで得たスキルや情熱の獲得から，さらに二回り，三回りする循環モデルとも考えられる。この点については後ほど（pp.183-184）改めて考えてみたい。

	Ⅰ	Ⅱ	Ⅲ	Ⅳ	Ⅴ
⑤ 社会変革, 社会貢献					おもちゃ250万個の大ヒット。万博出展。取材依頼殺到。
④ 顧客・社会の課題解消				個人からプチプチ売って欲しいと依頼も個人に直接売るのは御法度。ネットショップで個人販売。	
③ 組織リソースの獲得			プチプチ製造No.1企業に転職し，HP制作の仕事を担当。		
② 使命感の獲得		海外放浪後，世界を広げたいと転職決意			
① スキルの獲得	HP制作が得意で学生時代から仕事。				

図7-3 社会変革・社会貢献に至るルート：B氏の事例

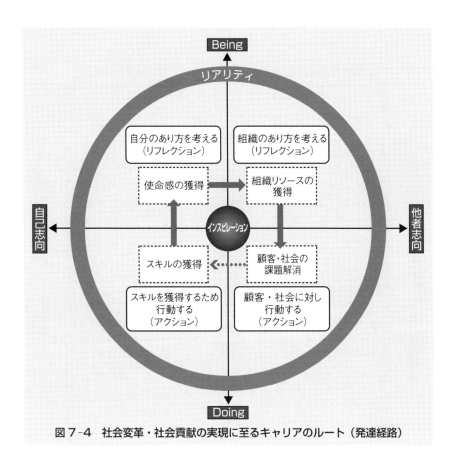

図7-4 社会変革・社会貢献の実現に至るキャリアのルート（発達経路）

3 | 本調査の結論

　本調査から生成された概念と，カテゴリー，カテゴリーグループを全て意味マップ上に表したものが図7-5である。この図をもって，顕著な社会変革や社会貢献をもたらす商品やサービスの実現には，どのようなキャリアの要素が必要なのか，どのようなキャリアを歩めば顕著な社会変革や社会貢献が実現するのか，という本調査の問いに対する結論としたい。

　次節では，この結論からどのようなことが言えるのか，本調査からどのような発見があったのか，その発見事実について整理してみたい。

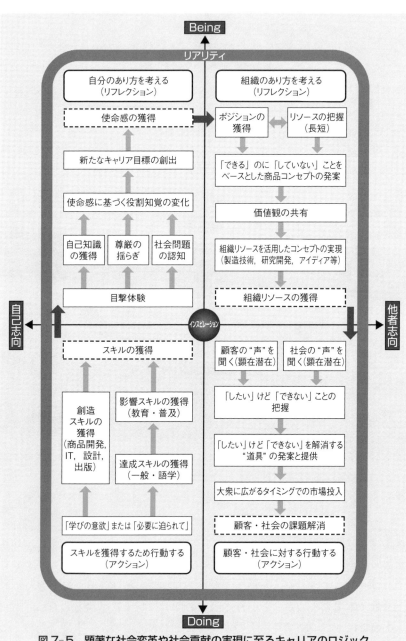

図 7-5 顕著な社会変革や社会貢献の実現に至るキャリアのロジック

4 ……発見事実：意味マップで考える利点

それではここから本調査からどのような発見があったのか，整理してみたい。意味マップを使うことで，どのような発見があったであろうか。特に意味マップを使う利点という視点から整理してみたい。

■ 4.1── 統合的理解

まずひとつ目の発見事実は，統合的理解であろう。社会変革や社会貢献を実現するには，少なくとも「スキルの獲得」「情熱や使命感の獲得」「組織リソースの獲得」「顧客・社会の課題解消」という4つの要因が必要であることがわかった。別の言い方をすると，社会変革や社会貢献につながった商品やサービスは，この4要因が統合されて実現していることがわかったことが，意味マップを使うことの利点として浮かび上がる発見事実のひとつであろう。つまり社会変革や社会貢献につながった商品やサービスは，どれかひとつが欠けても成立しなかったという意味で，4要因の統合的成果物であったと言えるだろう。これは意味マップを使わなければ分からなかった事実であろう。

たとえばA氏は，「飲んでも運転できる」完全アルコールゼロビールを開発し，社会現象を起こすほどの大ヒットをさせているが，これはまず，最初に勤めた外資系トップブランドで世界最高水準のマーケティングスキルを学んだことが不可欠の要因であったであろう。本人もそのスキルを使って開発を進めたと述べていた。またその外資系時代にアジア出向を経験しアジアの優秀なマーケターたちを見て，このままでは日本はアジア諸国に抜かれるという危機感を抱き，日本から優れた商品を世界に発信したいと思うようになり，帰国後，国内メーカーへの転職を考えるようになったという。この使命感の形成体験が，「飲んでも運転できる」完全アルコールゼロビールという世界に発信できる商品を開発するのに不可欠の動機形成体験となっているだろう。また，新しいビールを開発するには，ビール会社の商品開発担当になる必要があり，完全アルコールゼロビールというコンセプトを思いついてもそれを実現するには，ビールの醸造技術が必要になる。よって，ビール醸造技術No.1企業の商品開発担当となったことが不可欠の要素であった。また開発担当となったことで，ビールの日本トッ

プ企業として何をすべきか，世の中に必要とされるビールとは何かを常に模索していたという。なぜなら世界的にビール離れが進んでいるという危機感があったからだという。そのような組織リソースの獲得が不可欠の要素となっているだろう。また悲惨な飲酒運転事件から飲酒運転厳罰化に向かう動きを見て，本当に飲んでも運転できるビールが作れないかと思ったという。つまり「飲みたい」のに「飲めない」という大衆の悩みを，完全アルコールゼロビールという"道具"を提供することで解消しようとしているわけで，飲酒運転厳罰化という顧客や社会の動きとそれを解消したこと，つまり顧客・社会の課題解消は社会変革・社会貢献に不可欠の要素であったであろう。このような関係を図示したものが図7-6である。

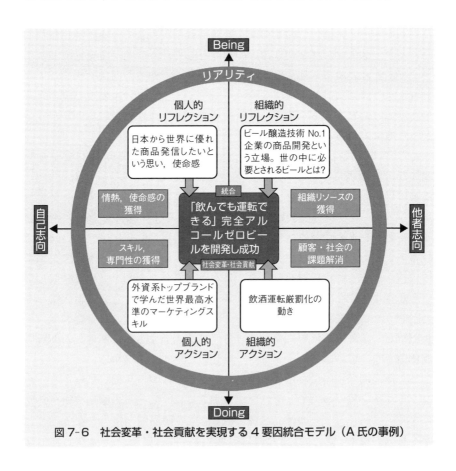

図7-6　社会変革・社会貢献を実現する4要因統合モデル（A氏の事例）

つまりこの発見事実は，以下のようにまとめられるであろう。

[発見事実1-a]
　社会変革・社会貢献を実現するキャリアは，「スキルの獲得」「使命感の獲得」「組織リソースの獲得」「顧客・社会の課題解消」の4つが統合されるかたちで実現していた。

　またこの発見事実は，以下のように言い換えても同じ意味になるであろう。

[発見事実1-b]
　社会変革・社会貢献は，「開発者の個人的スキル（専門性）」「開発者の情熱，使命感」「組織のリソース」「顧客・社会の課題解消欲求」の4つが統合されるかたちで実現していた。

[発見事実1-c]
　社会変革・社会貢献は，「開発者の個人的アクション」「開発者の個人的リフレクション」「組織のリフレクション」「組織の対市場アクション」の4つが統合されるかたちで実現していた。

　このような発見は，意味マップを使うことではじめて明らかになったことであろう。

4.2 ── 逆算モデル

　また，このマップを使うことの利点として，ゴールから"逆算"して考えられるという利点がある。このマップを使うことで，社会変革や社会貢献を実現する商品やサービスを開発する最終局面が顧客や社会の課題解消であることがわかった。そしてそれはより具体的に言えば，大衆の「したい」のに「できない」という課題を解消する"道具"を提供することだとわかった。ならばそれを「ゴール」に設定することで，そのゴールから逆算していけば，そこまでどのような過程が必要かの道筋，ロジックが抽出可能となるであろう。

大衆の「したい」のに「できない」という課題を解消する"道具"を提供するには，まずそのような立場を手に入れなければいけない。つまり組織のリソースを使える立場を獲得する必要がある。また組織のリソースを使える立場を形式的に獲得するだけでなく，そのリソースをいかに活用するか，その活用法について模索する必要があるだろう。つまり組織的リフレクションが必要となる。またその組織リソースを活用する立場になるためには，その組織リソースを活用したいと思う「動機」が発生する必要があるだろう。なぜその会社で商品を生み出したいのか，その会社への参加理由，そうせざるを得ないような動機，情熱，使命感が形成される必要が出てくる。そして，そのような思い，そうしたいと思うには，それができ

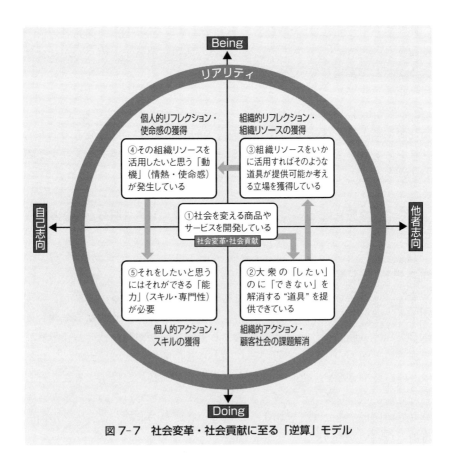

図7-7 社会変革・社会貢献に至る「逆算」モデル

る「能力」が必要となってくるであろう。それができると思うスキルや専門性が無ければ、それがしたいという動機は発生しなかったであろう。このような関係を意味マップを使って示したものが図7-7である。つまりこの逆算モデルからも、「スキルの獲得」「使命感の獲得」「組織リソースの獲得」「顧客・社会の課題解消」という4要因がこの順に必要であることが合理的に理解できるであろう。

[発見事実2]
　社会変革や社会貢献に至るキャリアのゴールが、大衆の「したい」けど「できない」という課題（悩み）を解消する道具の提供とわかれば、そこから"逆算"することで、そこに至るまでのキャリアのロジック（因果論理のストーリー）が明らかになる。

　この発見事実も、意味マップを使わなければわからなかったことであろう。

■ 4.3 ──「個人の意味」が「社会の意味」になるメカニズム

　また意味マップを使うことの大きな利点は、「個人の意味」が「社会の意味」になっていくメカニズムの解明に役立つ点であろう。なぜなら「自己志向」「他者志向」という視点をマップに示すことができるからである。今度はこのような視点から考えてみたい。まずは理解するための枠組みとして、意味マップモデルから派生するものとして少なくとも3つのモデルが考えられる。

● 4.3.1 ── ピラミッドモデル

　ひとつは、今回の発見である「スキルの獲得」「使命感の獲得」「組織リソースの獲得」「顧客・社会の課題解消」という社会変革・社会貢献に至るまでのルート（発達径路）から、スキルの獲得から順に下から積み重ねていくピラミッドモデルが考えられるであろう。それを表したのが図7-8である。
　このモデルからは、マズローの欲求五段階説（たとえば、Maslow, 1998）のように、ひとつひとつステージをクリアしていかないと次のステージに進めない積み重ね式になっていることがわかるであろう。スキルの獲

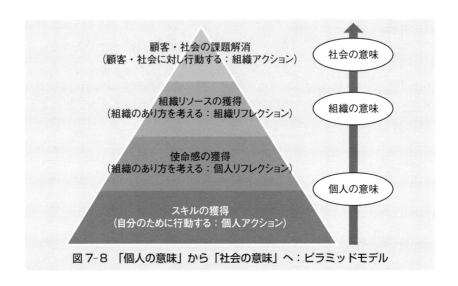

図7-8 「個人の意味」から「社会の意味」へ：ピラミッドモデル

得がなければ，それをどう使うかどう使うべきかという使命感は生まれないであろうし，情熱や使命感がなければ，組織リソースをうまく活用することができないであろう。また組織リソースをうまく使えなければ，顧客や社会の課題を解消することはできない。

　また意味という観点から言えば，スキルの獲得や，情熱や使命感の獲得は，個人の問題で，個人にとって有意味でも，この段階では，組織や社会にとって意味があるわけではない。しかし，そのスキルや使命感が組織の中で活かされ，組織リソースを活用する際に活かされると，組織にとって意味のあることになり個人にとっても，組織にとっても意味のある次の段階に進める。そしてその組織リソースを上手く活用し，顧客や社会の課題，「したい」けど「できない」という課題を解消できたとき，社会にとっても意味のあることになる。またそれは個人のスキルや使命感，組織のリソースが使われたのであれば，個人にとっても組織にとっても意味のあることになる。このピラミッドモデルで考えることで，自分が今，どのステージにいるか判断するのに役立つであろう。自分だけにメリットがある段階か，自分にとっても組織にとっても意味のあるものを作り出せている段階か，自分にとっても組織にとっても，また社会にとっても意味のあるものを作り出せている段階か，判断するのに役立つであろう。

[発見事実3]

「ピラミッドモデル」という積み重ねモデルを使うことで，社会変革や社会貢献の実現には，「個人の意味」から「社会の意味」まで下の段階をクリアしないと上の段階に進めない，積み上げ式の構造になっていることがわかる。

● 4.3.2 ── 吸収拡大モデル：個人の影響力拡大モデル

またもうひとつ考えられるのが，図7-9のような吸収拡大モデルである。いわば個人の意味が徐々に広がり，組織の意味や社会の意味にまで広がっていくイメージである。このモデルを使う利点としては，個人のもつ小さなスキルが，やがて社会を変えるような大きな力になっていく過程がよくわかる点である。たとえばB氏は，HP制作技術という個人のもつ小さなスキルを，この技術をもっとプロデュースする仕事に使いたいという情熱と結びつき，プチプチ製作会社のHPを担当することになり，個人に売って欲しいという声にネットショップを立ち上げてプチプチをおもちゃとして販売したことから大ヒット商品へとつながった。つまりこのモデルは，HP制作技術という個人のもつ小さなスキルが，大ヒット商品の開発に活かされるまでの拡大過程を描いているとも言えるだろう。別の言い方をすれば，このモデルは自己の影響力が，どのように拡大していくのか，その過程を明らかにしている。これはなぜ他者志向になれるのか，エゴを捨てなぜ他者のために働けるのかの回答にもなるだろう。つまり他者志向で働くとは，自己の影響力が増すことでもある。自分のもつスキルを使って社会の問題を解決できるなら，自己の影響力が個人や企業の枠を超えて社会

図7-9 「個人の意味」から「社会の意味」へ：個人スキル（自己影響力）の吸収拡大モデル

にまで広がったことを意味する。

　またこのマップで考えるもうひとつの利点は，最終的な成果物が，社会にとっても，組織にとっても，個人にとっても意味のあるものになっていること，つまり，社会，組織，個人の三者が Win-Win の関係になっていることがよくわかる点である。HP 制作の技術を身につけることやプロデュース的な仕事がしたいと思うことは，個人にとって意味があるだけだが，それが組織で上手に活かされ，社会に役立つ商品やサービスになったとき，三者にとって意味がある．三者の有意味状態，三者の Win-Win の関係が成立し，社会変革や社会貢献が実現していることが，この吸収拡大モデルからよくわかるであろう。

[発見事実3-a]
　「吸収拡大モデル」を使うことで，個人のもつ小さなスキルが，そのスキルを何に活用するかという使命感や情熱の獲得，それを実現可能とする組織リソースの獲得を経て，顧客社会の課題解消に活かされていく，個人スキルがやがて社会にとって意味のあることに拡大していく拡大過程がわかる。

[発見事実3-b]
　「吸収拡大モデル」を使うことで，自己の影響力が，個人から企業，顧客，やがて社会へと拡大していく過程がわかる。このことは，なぜ他者志向になれるのか，なぜエゴを捨て他者のために働けるのかのメカニズムも説明する。つまり他者のために働くとは，自己の影響力の拡大を意味する。

[発見事実3-b]
　「吸収拡大モデル」という個人の意味が組織や社会の意味まで拡大し飲み込んでいくモデルを使うことで，社会変革や社会貢献の実現には，個人の意味，組織の意味，社会の意味が同時に成立する「三者の有意味状態」，「三者の Win-Win の関係」が成立する必要があることがわかる。

● 4.3.3 ── 夢の公式
　このことは別の言い方をすると，「自分の夢」の実現には，社会の夢と

イコールになる必要があるということを示唆している。本研究では，ウーマンオブザイヤー受賞者の個人の意味が社会の意味になっていく過程を追ったが，それは彼女たちの夢が，社会の夢に変わっていく過程でもあった。つまり受賞者たちの抱く夢（キャリア上の目標）は社会の夢と一致し，イコールになっていた。飲んでも運転できるビールの開発をしたいというA氏の夢は，結婚式などでもビールを飲みたいドライバーなど大衆の望むこと，社会の夢と一致する夢になっていた。自分のもつスキルを教えて，35歳以上の女性の就職を成功させたいというC氏の夢は，35歳以上の就職したい女性だけでなく，そのような女性を活用したい社会の夢でもあった。子育て中のタクシーをもっと利用しやすくしたいというE氏の夢は，E氏の夢だけでなく子育て中のママさんなど社会の夢にもなっている。つまり「自分の夢＝社会の夢」となることが，自分の夢が実現する条件，つまり自分の夢が実現する"公式"となっていた。もう少し学術的に言えば，自分が実現させたいキャリア上の目標が，社会が実現を望む状態とイコールになったとき，自分のキャリア上の目標が達成される可能性が高まると言えるであろう。

[発見事実 4-a]
「自分の夢」が「社会の夢」とイコールになったとき，つまり「自分の夢＝社会の夢」という関係（公式）が成立したとき，自分の夢が実現する可能性が高まる。

[発見事実 4-b]
自分が実現させたいキャリア上の目標が，社会が実現を望む状態とイコールになったとき，自分のキャリア上の目標が達成される可能性が高まる。

● 4.3.4 ── 螺旋（らせん）モデル

3つ目のモデルは螺旋モデルである。意味マップを，スキルの獲得から，顧客社会の課題解消まで「一回り」（一巡）することが，社会貢献社会変革への道であり，発達ルート（径路）であると述べたが，これは一回りとは限らず「二回り」「三回り」しながら，徐々に大きな社会変革を実現させていくとも言えるだろう。実際何度も失敗しながら徐々にヒットさ

せるコツがわかってきたというコメントも多く聞かれた。一回りで成功を収めた人もいれば何周もこのマップを回しながら，成功をつかんだ人もいた。つまりマップを一巡させることで，顧客や社会の課題解消を試みたが，うまくいかず，しかしその中から新たなスキルや情熱を得て，二回り目にさらにレベルが上がった商品開発ができるようになるといった，いわば螺旋（らせん）のように徐々にレベルが上がっていくモデルも考えられるであろう。実際 A 氏も，転職先での 1 回目の商品開発が失敗に終わったが，そこからの気づきが二回り目での大成功につながったと述べていた。この螺旋状の発達モデルを示したものが図 7-10 である。これも意味マップを使うことではじめてわかったことであろう。これはいわば人生を歩む循環していくサイクルとも言えるだろう。

［発見事実 5］
　「個人の意味」が「社会の意味」になるまで，つまり「自分の夢」が「社会の夢」と一致し実現するまでの過程は，意味マップを何周も回りながら，

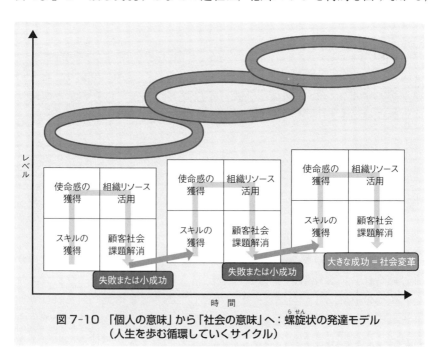

図 7-10　「個人の意味」から「社会の意味」へ：螺旋状（らせん）の発達モデル
　　　　　（人生を歩む循環していくサイクル）

徐々に高いレベルに上っていくいわば螺旋状に発達，成長していく過程であった。

◉ 4.3.5 ── キャリアの有意味性

すでに述べたように欧米における精神性の研究は，「はたして自分のキャリア（職業人生）に意味があったのか」という問いかけから始まった。ベビーブーマー世代が大量に退職時期を迎え，自分の職業人生（キャリア）にははたして意味があったのかと問いかけるような声が大きくなり社会問題化したため，仕事にはどんな意味があるのかを，宗教性などもっと広い視点で考えることが一種のブームのようになった。その時代の空気に応える形で，経営学でも1990年代から仕事やキャリア（職業人生）のもっと「深い意味」に関する議論がさかんに行われるようになった。つまり「自分のキャリア（職業人生）に意味があったという感覚はどのように形成されるのか」という問題，つまり「職業人生の有意味性獲得条件」についての考察である。この点についても本研究からひとつの発見があった。それは意味マップを"一回り"（一巡）することが，職業人生の有意味性獲得のひとつの条件となるのではないかということである。今回のウーマンオブザイヤー受賞者の調査で，社会変革までのルート（径路）として「スキルの獲得」→「使命感（情熱）の獲得」→「組織リソースの活用」→「顧客社会の課題解消」というルート（発達径路）があることがわかったが，長いキャリア（職業人生）の中で，少なくも1回はこのルートを経験し，社会にインパクトを与えるような体験をできたという感覚が，人生の有意味性（自分の職業人生に意味があったと思う感覚）の形成条件のひとつになることが考えられるであろう。つまり，自分のスキル，専門性を獲得し，その専門性を何に使うべきかについて使命感（情熱）を獲得し，そのスキルと使命感を達成（実現）するために，組織リソースを上手に活用でき，顧客や社会の課題を解消できたとき，自分の職業人生には少しは意味があったかなという感覚が得られるのではないか。

これは退職後のいわゆる第二の人生についても考えられる。たとえば，会社員時代の自分の専門性（スキル）を，今度は地域社会に活かしていこうと考え，新たな使命感，情熱を得て，このマップを回すならば，また自分の人生の有意味性を獲得することができるだろう。

また自分の夢＝社会の夢という関係式で言えば，キャリアの中で社会の夢と一致するような自分の夢を思い抱き，それを実現させることも，人生の有意味性（自分の職業人生に意味があったと思う感覚）の形成条件のひとつとなることが考えられるであろう。

［発見事実6-a］
　意味マップを，長いキャリアの中で少なくとも"一回り"することが，自己キャリアの有意味性（自分の職業人生に意味があったと思う感覚）の形成条件のひとつとなる。

［発見事実6-b］
　キャリアの中で，社会の夢と一致するような自分の夢を思い抱き（自分の夢＝社会の夢），それを実現させることも，キャリアの有意味性（自分の職業人生に意味があったと思う感覚）の形成条件のひとつとなる。

■ 4.4 ── マップを「回す力」「動かす力」

　個人の意味がやがて社会の意味になるメカニズムを考えるに当たり，意味マップモデルから，ピラミッドモデル，吸収拡大モデル，夢の公式，螺旋モデル，そしてキャリア（職業人生）の有意味性形成条件を考えてきたが，もうひとつ考えなければいけないのは，それを「動かす力」である。意味マップならそのマップを「回す力」は何なのか，ピラミッドモデルなら下のステージから上のステージに「登らせる力」は何なのか，吸収拡大モデルなら，個人の意味が組織の意味や社会の意味を飲み込んでいく「飲み込む力」「拡大していく力」は何なのかが，次に考えるべきことであろう。

● 4.4.1 ──「専門性の獲得」が他者志向への扉をあける

　まずひとつ気づくことは，いずれのモデルでも，スキルの獲得，つまり専門性の獲得から，モデルがスタートしているということである。スキルの獲得になぜそのようなマップを回す力，次のステージへ動かす力，つまり自分のためにという自己志向から，他者のためにという他者志向へ動かす力があるのだろうか。今度はこのスタートラインからどのようなメカニズムが働くのか考えてみたい。

[発見事実7]
スキルの獲得（専門性の獲得）が，自己志向から他者志向への扉をあける重要な役割をしている。

● 4.4.2 ── 使命感の獲得過程：「できる」のに「していない」という思い

スキルの獲得，専門性の獲得がなぜそのような「動かす力」を有するのかを考える前に，まずは次のステージである「使命感の獲得」場面から見ていくことにする。なぜなら，使命感の獲得には，「自分ならできるのに」という感覚が関係するからだ。先に見たように，使命感の獲得過程は，差別などの何らかの目撃体験から，自分を知ったり（自己知識），尊厳が揺らいだり（尊厳の揺らぎ），社会問題を知ったり（社会問題の認知）することによって，自分のすべきこと，使命感が生まれ，自分の役割知覚に変化が生じ，違う役割をするべきだと思うようになる過程であった。これは別の言い方をすれば，「自分ならできること」が新たにあることに気づいたということであろう。

たとえばA氏は，アジア出向で世界最高水準のマーケティングスキルと英語を学んだが，その中で日本の地位低下を感じ，日本から商品を発信したいと思うようになったと述べていたが，それは別の言い方をすれば「自分のもつスキルなら，日本から優れた商品を発信できる」という確信をもったということであろう。つまりスキルに裏打ちされた確信である。しかし外資系で商品開発は日本ではしておらず，市場調査の仕事しかないことから，日本のメーカーへの転職を決意している。つまり，自分なら「できる」のにそれを「していない」「できていない」という状況が，情熱や使命感を形成させたと言えるだろう。つまり自分なら「できる」のに「していない」，しかし誰かがすべきではないかという思いが，情熱や使命感を形成し，新たなキャリア目標の創出につながっている。

D氏は，カンボジアで観光ガイドをやっているとき，土産物がないことに気づき，アンコールワットの形をしたクッキーを土産物として売り出したら絶対売れるのにと思ったという。これには背景があり，D氏はお菓子作りが趣味でプロ級のスキルをもっていたのでそう思ったという。つまりスキルに裏打ちされた確信と言えるだろう。もし土産物ショップを作れば現地の女性を雇用でき，貧困の解消にもなるのにという思いから，誰もや

らないのであれば，自分がやるべきだと思い，カンボジアでの起業を決意したという。

[発見事実8-a]
　自分なら「できる」のに「していない」，しかし誰かがすべきではないかという思いが，情熱や使命感を形成し，新たなキャリア目標を創出させる。「スキルに裏打ちされた成功確信」が，使命感を形成し次のステージに向かわせる力となっている。

　重要なことは「したい」のに「できない」ではないということだ。「したい」というのは単なる欲望や夢であり，スキルに裏打ちされたものでなければ，成功への確信とは言えない。D氏は大学時代，アジアの貧困を見て衝撃を受け，海外青年協力隊に応募したが何度応募しても落ちたという。D氏の学歴なら落ちるはずはなくなぜ落ちたのかと当時は思ったが，今思うとスキルがなかったからだと気づいたという。情熱ばかりあっても具体的なスキルがなければ現地に行っても役に立たなかったと述べており，「スキルに裏打ちされた成功への確信」，明確に成功をイメージできるだけのスキル，専門性が使命感の獲得には重要であると言えるだろう。

[発見事実8-b]
　自分は「したい」のに「できない」は，単なる願望で「スキルに裏打ちされた成功確信」とは言えず，使命感を形成し次のステージに向かわせる力とはならない。

　使命感や新たなキャリア目標を獲得すると，それを実現するためには一人ではできず会社組織のもつリソースが必要となる。そのため組織のもつリソースを求める「組織リソース活用欲求」が生まれる。それが次のステージ（組織リソースの活用）へと向かわせる力となる。A氏の日本から世界に優れた商品を発信しなければいけないという使命感は，そのようなリソースをもつ日本のメーカーのリソースを活用できなければ実現しないことであろう。

[**発見事実 9**]
　使命感や新たなキャリア目標が生まれると，それを実現させてくれる組織リソースを求める「組織リソース活用欲求」が生まれ，その欲求が次のステージに向かわせる力となる．

● 4.4.3 ──「○○」なのに「○○」モデル
　「スキルに裏打ちされた成功への確信」が使命感の獲得に不可欠であるなら，その前段階として，スキルの獲得がいかに重要かがわかるであろう．つまり直接的な他者志向への移行は，情熱の獲得，使命感の獲得から誰かに何かをしたいと思うことであるが，その前段階として，何かが「できる」ことが重要となる．つまり「できること」を獲得したから，自分なら「できる」のに「していない」という悔しい思い，忸怩たる思いが生まれるのであろう．よってスキルの獲得は，後の使命感の獲得につながるという意味で，後の他者志向につながる扉をあける役割をすると言えるだろう．
　このように社会変革や社会貢献に至るメカニズムを見ていると，「○○」なのに「○○」という命題が多くあることがわかる．よってこのメカニズムを「○○」なのに「○○」という表現で整理してみたい．
　まず何らかのスキルの獲得，つまり「できること」を獲得している．そしてできることが増えていく中で，自分なら「できる」のに「していない」ことを知覚するようになり，このまましなくていいのか，しかし社会的意義があり誰かがしなればいけないのではないか，自分はこのまましなくていいのか，という思いに突き動かされ，これをしたいという新たなキャリア目標が創出されている．そして，その新たなキャリア目標を実現するためには，それを実現してくれる組織のリソースが必要で，組織のリソースをいかに活用するべきかを考える中で，組織の「できる」のに「していなかったこと」に気づき，新たな商品コンセプトや新しい組織目標を創出させている．そして，その商品コンセプトが大衆の「したい」のに「できない」という悩みや課題を解消する"道具"の提供となったとき，社会にとっても意味のある社会を変える商品やサービスとなり社会変革や社会貢献が実現していた．この関係を示したものが図 7-11 である．つまり，「○○」なのに「○○」という表現で言えば，個人（自身）の「できる」のに「していない」，組織の「できる」のに「していない」，大衆の「したい」のに「で

Chapter 7 ▶ 調査結果：「意味マップ」を用いた分析

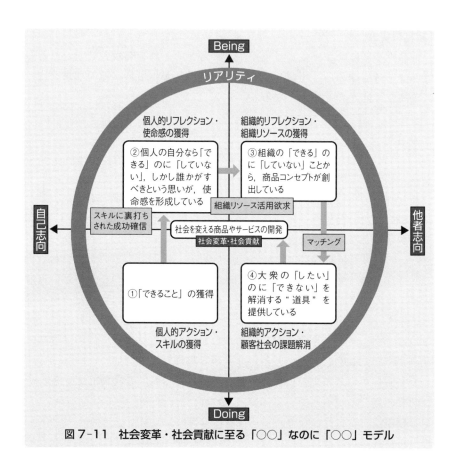

図7-11 社会変革・社会貢献に至る「○○」なのに「○○」モデル

きない」という，3つの「○○」なのに「○○」を上手にマネジメントすることで，社会変革や社会貢献が実現していた。

[発見事実10]

　社会変革や社会貢献の実現者は，個人（自身）の「できる」のに「していない」，組織の「できる」のに「していない」，大衆の「したい」のに「できない」という，3つの「○○」なのに「○○」を上手にマネジメントすることで，社会を変える商品やサービスを実現していた。

　また別の言い方をするなら，社会変革や社会貢献の実現者は，大衆の「し

たい」のに「できない」という思いと，組織の「できる」のに「していない」ことという，2つの「○○」なのに「○○」をうまくマッチングさせる仕事をしていたと言えるだろう。A氏で言えば，飲んでも運転できる完全アルコールゼロビールは，大衆の「飲みたい」のに「飲めない」という悩みを解消する道具として機能しているし，またそれはそのビール会社が今まで「作れる」のに「作っていなかった」ことだった。つまりA氏は，大衆の「したい」のに「できない」ことと，組織の「できる」のに「していない」ことを見事にマッチングさせており，両者をマッチングさせる仕事をしていたとも言えるだろう。また，なぜマッチングできたのか，つまり組織からすれば今まで気づかなかったことになぜ気づいたかと言えば，日本から優れた商品を発信したい，世の中に必要とされる商品を作りたいというA氏個人の使命感があり，個人の情熱や使命感は両者をマッチングさせる仕事への参入動機やより深い視点として機能したと言えるだろう。

またB氏は，プチプチをネットショップを立ち上げおもちゃとして個人に販売するという画期的サービスを思いついたことが，プチプチを使ったおもちゃの大ヒットの前提になっているが，これは大衆の「個人にも売って欲しい」のに「売ってくれない」という悩みの解消にもなっているし，また組織としても今まで個人に売ることは「できた」はずなのに「していなかった」ことの発見でもあったであろう。つまりB氏は，大衆の「したい」のに「できない」と，組織の「できる」のに「していない」ことを見事にマッチングさせたわけだが，それは個人のもつHP制作技術というスキルが重要な役割を果たしている。個人に直接売ることは御法度だが，ネット

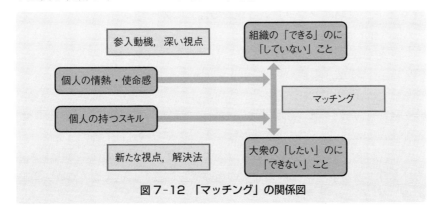

図7-12 「マッチング」の関係図

ショップを通じてなら売れることに気づいたわけで，個人のもつスキルが新たな視点，新たな解決法をもたらし両者のマッチングができたと言えるだろう。

つまり社会変革や社会貢献の実現には，大衆の「したい」のに「できない」ことと，組織の「できる」のに「していない」ことをマッチングさせる必要があるが，その際，個人のもつ使命感は，そのようなマッチングさせたいという参入動機として，あるいは通常のビジネスではなく使命感に裏打ちされた深い視点として機能し，個人のもつスキルは，そのマッチングの際，今まで気づかなかった新たな視点や解決法をもたらす役割をしていると言えるだろう。このような関係を抜き出して示したものが図7-12である。

[発見事実11-a]
　社会変革や社会貢献の実現者は，大衆の「したい」のに「できない」という思いと，組織の「できる」のに「していない」ことという，2つの「〇〇」なのに「〇〇」をうまくマッチングさせる仕事をしていた。

[発見事実11-b]
　またそのマッチングさせる場への参入動機や深い視点として，個人（自身）の「できる」のに「していない」という思いから生まれた使命感が重要な役割をしていた。また個人のもつスキルは，マッチングに新たな視点や解決法をもたらしていた。

■ 4.5 ──「意味マップ」と「意味の輪」の同一性

Lips-Wiersmaはまた，すでに述べたように，重要な概念として「オーガニックな組織」という概念を提示している（p.65，および巻末の附録2 p.243, pp.251-253参照）。このオーガニックな組織は，従事する者の意味をもっとも上手くマネジメントしている構造と言えるが，顧客や課題の回りを人が取り囲む「輪」の構造をしていることから本研究では「意味の輪」と呼ぶことにする。この「意味の輪」と，今まで検討してきた「意味マップ」は実は同一性を有している。一人のキャリアの意味の発生場所を考える「意味マップ」を，実際の組織の組織構造に落とし込んだものが「意味の輪」と言えるであろう。

このオーガニックな組織の特徴，意味の輪の定義とも言える特徴は，以下の4つであった。まずひとつ目は顧客や問題に「直に」接していることであった。つまり直接問題解決に当たっているという特徴があったが，今回の調査対象者であるウーマンオブザイヤー受賞者たちも，今まで見てきたように，大衆の「したい」けど「できない」という悩み（課題）を知覚しそれを解消しようとしていた（「顧客・社会の課題解消」）。また2つ目は，意味の輪は自分一人ではなくチームで問題解決に当たるという特徴があったが，ウーマンオブザイヤー受賞者たちも，一人でそのような業績を上げたわけではなく組織リソースを活用しながら社会変革・社会貢献を達成している（「組織リソースの獲得」）。そして3つ目は，それぞれが専門性をもった人がチームに参加するという特徴であったが，ウーマンオブザイヤー受賞者たちもそれぞれが専門性やスキルをもっており，それが重要な役割をしていた（「スキルの獲得」）。また4つ目は，意味の輪では，参加する個人は，それぞれ内面的成長を期待していた。つまり問題に直接触れること

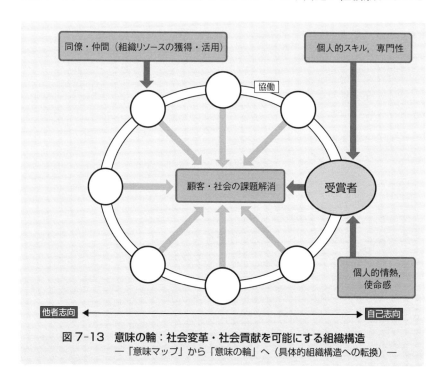

図7-13　意味の輪：社会変革・社会貢献を可能にする組織構造
　　　　―「意味マップ」から「意味の輪」へ（具体的組織構造への転換）―

Chapter 7 ▶ 調査結果：「意味マップ」を用いた分析

で問題意識を醸成できる仕組みであったが，ウーマンオブザイヤー受賞者達も，自分のもつスキルの活かし方，自分のあり方について模索し，情熱や使命感を保持していた（「使命感の獲得」）。この特徴を図で表したものが図7-13である。「意味マップ」が「意味の輪」としても描けることがよく分かるであろう。つまり意味マップでわかったことは，実際の組織の中では，「意味の輪」として構造に落とし込むことで，社会変革や社会貢献をもたらす構造にすることができる。

　たとえばG氏の事例で言えば，携帯電話のインターネットサービスを普及させたとして受賞しているが，携帯のインターネット機能，難しくて一般の人は使えないという問題を，携帯最大手企業の組織リソースを使いながらチームを組んで，その問題を解決する商品を開発し大ヒットさせている（顧客社会の課題解消，組織リソースの獲得）。そしてもともとは雑誌社のカリスマ編集長と言われた人であったが，その言葉のスペシャリストとしてのスキルを見込まれ助けて欲しいと依頼を受け，新しいリソースを使うことでまた何か生まれるかもしれないと転職を決意している（個人的スキル，個人的情熱・使命感）。これを意味マップと，意味の輪で表したものが図7-14である。意味マップが意味の輪でも表現可能であることが分かるであろう。

　今回調査をした受賞者の例では，全員が最終局面ではこのような意味の輪が成立していた。別の言い方をすれば，社会変革や社会貢献が実現するためには，意味の輪と意味マップが一致することが必要であると言えるのかもしれない。

［発見事実12-a］
　社会変革や社会貢献の実現者は，意味マップと意味の輪が一致していた。つまり意味マップを意味の輪でも表現可能であった。意味マップと意味の輪が一致したとき，社会変革や社会貢献が実現していた。

　意味マップを，社会変革や社会貢献を生み出す組織構造として表したものが意味の輪と言えるのではないか。

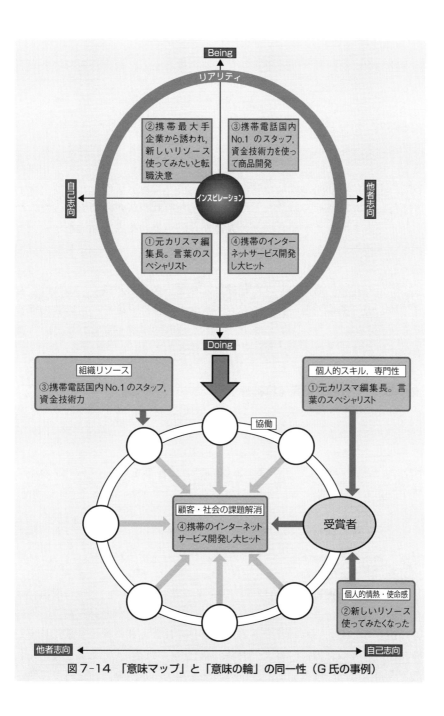

図7-14 「意味マップ」と「意味の輪」の同一性(G氏の事例)

［発見事実 12-b］
　意味マップを，社会変革や社会貢献を可能とする組織構造として表現したものが意味の輪であった。

　また先に紹介した金井（2002b）の一皮むけた経験研究では，44 事例中，詳細が分からないものもあったが，ほぼ全てのケースでこの意味の輪の構造と一致していた。たとえば，あるプロジェクトチームを率いて，新事業の立ち上げに取り組み成功させた経験や，海外で新店舗の立ち上げをチームで行い，成功させた経験などである。またそれぞれが専門をもった人たちとチームを組むことから，その人達から働く姿勢や専門知識を学んだという意見も多かった。つまり「ある目的を達成するためのチームに，専門家として参加し，それぞれが専門をもった人たちと一緒に働き，目的の達成に導いた経験」を一皮むけた経験として語るケースが多く，これは「意味の輪」の"条件"と一致しており，意味の輪は，一皮むけた経験の構造とも言えるのではないか。つまりこれも，意味マップや意味の輪という共通の枠組みで見ることで，見えてくる構造であろう。

■ 4.6 ── 社会を変える精神性

　意味マップを使うことで見えてくるものは他にもある。中心にあるインスピレーションである。提唱者の Lips-Wiersma は，「何か Inspire されるもの」と述べているが，キャリア全体を貫く何のために仕事をするかという精神性と言えるだろう。たとえば，子供のために仕事をするのか，世の中に何か役立ちたいと思っているのかなどである（巻末の講演録参照）。今回，意味マップを使って社会変革や社会貢献の実現者を調査したが，各ステージでどのような精神で仕事をしているのかが明らかになった。今回の調査の主要なテーマではなく，そのような質問もしていないためあくまで推測であるが，考えてみたい。

　まずスキルの獲得場面では，「○○を学びたいと思った」「手に職を付けたかった」などの表現が多く，根底にあるのは，学びたいという意欲であり，これがもっとも強い精神性であると判断し，社会変革や社会貢献に必要な精神性のひとつ目は，「もっと学びたい（学びの意欲）」であると考えられた。次の使命感の獲得場面では，その学んだスキル，専門性を何かに活か

したい，という精神性が根底にあるように考えられたため，「学んだスキルを活かしたい（スキルの活用可能性志向）」と名づけ，これを社会変革や社会貢献に必要な2つ目の精神性とした。続いて，組織リソースの獲得場面では，単に働きやすいとか，よい人間関係の職場で働きたいといった志向ではなく，組織のもつリソースをいかに活用すべきかと発想しており，「組織のもつリソースをいかに活用すべきか（組織リソース活用志向）」と名付け，これを社会変革や社会貢献に必要な3つ目の精神性とした。そして，最後の顧客・社会問題の解消場面では，大衆の「したい」のに「できない」ことを観察しその悩みを解消しようとする精神性が根底にあると思われたため，「大衆の「したい」のに「できない」ことは何か。どうすれ

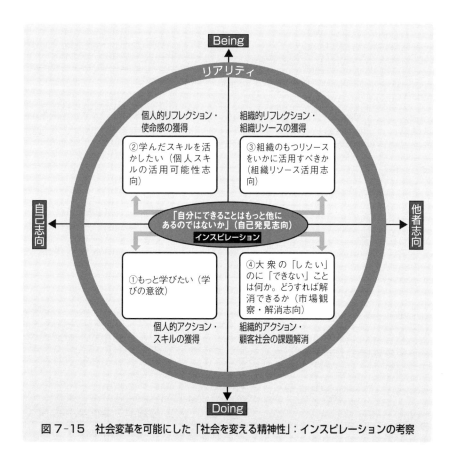

図7-15　社会変革を可能にした「社会を変える精神性」：インスピレーションの考察

ば解消できるか（市場観察・解消志向）」と名づけ，これを社会変革や社会貢献に必要な4つ目の精神性とした。

そしてこれら4つの精神性に共通していることは何であろうか。全ての根底にあるのは，「自分にできることはもっと他にあるのではないか」という問いかけではないだろうか。学びたいという意欲も，スキルを活かしたいという思いも，組織リソースをどう使うべきかという発想も，顧客や社会の「したい」のに「できない」を解消しようとするのも，「自分にできることは何か」という精神性から生まれているのであろう。少なくともそう考える合理性は充分にあるのではないか。よってこの4つの精神性の中心にある源は，「自分にできることはもっと他にあるのではないか（自己発見志向）」と名付け，意味マップの中心に，「社会変革や社会貢献者に必要となるインスピレーション」として位置づけることにする。これを示したものが図7-15である。

[発見事実13-a]
　社会変革や社会貢献に必要なインスピレーションは，「自分にできることはもっと他にあるのではないか」という自己発見志向の精神性であった。

[発見事実13-b]
　またその精神性は，場面によって「もっと学びたい（学びの意欲）」「学んだスキルを活かしたい（個人スキル活用可能性志向）」「組織のもつリソースをいかに活用すべきか（組織リソース活用志向）」「大衆の「したい」のに「できない」ことは何か。どうすれば解消できるか（市場観察・解消志向）」という4つの精神性となって表れていた。

　今回は主要テーマではないためあくまで推測であるが，意味マップを使う利点として，このような精神性までもキャリア研究に含められ調査対象にできる点は大きな利点であろう。

■ 4.7 ── 「子供モデル」と「大人モデル」
　Lips-Wiersmaは巻末の附録でもわかるように，講演で「子供モデル」「大人モデル」という話をしていた。ヒエラルキー（階層・上下関係）が発生

する所では，上司の言うことを聞いておけばいいと思ってしまい，自ら考えなくなる。これが彼女の言う子供モデルである。そうではなく，「我々はステップアップして，世界の中で自分に与えられた，自分が変えることができる小さなパートの責任を担うことが必要」と述べていた。つまりそうすることで仕事から意味を感じられ，かつ世界を変えられる「大人モデル」に転換できるという。今回のウーマンオブザイヤー受賞者たちは，実はやっていることはこの通りで，「自分に与えられた小さなパートの責任を担おうとした人たち」であろう。チームの一員として自分の仕事をしていたら偉業となっていたということであろう。つまり「①問題解決のためのチームに，②専門家として参加し，③問題解決への画期的なアイディアを出し，④それを自身の専門スキルと組織リソースを使い実行し成功させた」というのが基本形であった。これが Lips-Wiersma の言う「世界の中で自分に与えられた，自分が変えることができる小さなパートの責任を担うこと」なのだろう。つまり「意味の輪」の構造である。

　また画期的なアイディアは，凡人では思いつかないと思うかもしれないが，やっていることは，①大衆の「したい」けど「できない」という悩みに気づく，②自身のもつ専門スキルと組織リソースを使えば，その「できない」が「できる」に変わると気づく，という2つの気づきに集約できるであろう。この2つは，自分にできることは他に何かないかという精神でキャリアを歩んでいたら，見つけられるものと言えるのではないか。

［発見事実 14-a］
　「世界の中で自分に与えられた，自分が変えることができる小さなパートの責任を担う」とは，①問題解決のためのチームに，②専門家として参加し，③問題解決への画期的なアイディアを出し，④それを自身の専門スキルと組織リソースを使い実行し成功させること。

［発見事実 14-b］
　問題解決のための画期的なアイディアは，①大衆の「したい」けど「できない」という悩みに気づく，②自身のもつ専門スキルと組織リソースを使えば，その「できない」が「できる」に変わると気づく，という2つの気づきにより得られる。

■ 4.8 ── 「したい」けど「できない」（一覧）

最後に，大衆の「したい」けど「できない」という悩みや課題をどのような"道具"の提供で解消してきたのか，調査対象者ごとに見ていくことにする。一覧で見ることで，そこにはどのようなキャリアの物語が発生していたのかがわかり，後に続く者にとって抽出可能なロジックとなり得ると思うためである。

⊙ A氏

A氏は，飲んでも運転できる世界初の完全アルコールゼロビールを開発しその業績で受賞しているが，これはビールを「飲みたい」のに「飲めない」という状況を解消するための道具と言えるだろう（表7-1）。

表7-1　A氏の事例

①大衆の「したい」けど「できない」という課題を	②個人のスキルと	③組織のリソースを使って	悩みを解消する"道具"を提供して解消	④背景には個人の使命感，情熱
飲酒運転厳罰化の動きで，結婚式などでビールを「飲みたい」けど「飲めない」という課題を，	前職で学んだマーケティングスキルと，	業界No.1のビール醸造技術をもつ組織リソースを使って	「飲んでも運転できる」世界初の完全アルコールゼロビールの開発提供で解消。	背景には，日本の地位低下を感じ「日本から世界に優れた商品発信したい」という使命感

⊙ B氏

B氏は，プチプチを使ったおもちゃの開発と爆発的大ヒットで受賞しているが，もともとは個人に売ることがご法度のプチプチ（空気シート）を，ネットショップを立ち上げ個人にあくまでおもちゃとして売るという方法

表7-2　B氏の事例

①大衆の「したい」けど「できない」という課題を	②個人のスキルと	③組織のリソースを使って	悩みを解消する"道具"を提供して解消	④背景には個人の使命感，情熱
プチプチ(空気シート)を個人にも「売って欲しい」のに「売ってくれない」という課題を，	学生時代に身に付けたHP制作技術と，	プチプチ製造最大手の組織リソースを使って	ネットショップを立ち上げ，個人におもちゃとして売るという今までにないアイデアで解消。	背景にはHP制作自体よりもHPを使って商品や会社をプロデュースする仕事がしたいという情熱，使命感

を考えたことがきっかけだった（表7-2）。

◉ C氏

C氏は，派遣時代に女性の仕事をほぼ全て体験し，どういう仕事ができれば女性は優秀とみなされるのかがわかり，それを就職できないで困っている女性に指導，教育する仕事がしたいと思うようになったという（表7-3）。

表7-3 C氏の事例

①大衆の「したい」けど「できない」という課題を	②個人のスキルと	③組織のリソースを使って	悩みを解消する"道具"を提供して解消	④背景には個人の使命感，情熱
35歳以上の女性は「就職（転職，再就職）したい」のに「できない」という課題を，	派遣時代に身につけたスキルと，35歳以上で就職できた自身の体験と，	自ら起業することで，	35歳以上の女性に特化した人材紹介業の立ち上げにより解消。	背景には，自身が受けた女性差別，年齢差別をなくしたいという使命感

◉ D氏

D氏は，アンコールワット型のクッキーを販売すれば売れると思ったことだけでなく，自分が土産物店を起業すれば現地の女性を雇用でき，ひどい仕打ちを受けている現地の女性の自立につながると思ったことが，カンボジアで起業した本当の理由だという（表7-4）。

表7-4 D氏の事例

①大衆の「したい」けど「できない」という課題を	②個人のスキルと	③組織のリソースを使って	悩みを解消する"道具"を提供して解消	④背景には個人の使命感，情熱
カンボジアでお土産物を「買いたく」ても「買えない」という課題を，	カンボジアで1年間観光ガイドをしていたときに身につけたスキルと，	自ら起業することで，	アンコールワット型のクッキーを売る土産物ショップを開業することで解消。	背景には，カンボジアで感じた女性差別，貧困をなんとかしたいという使命感

◉ E氏

E氏は，見知らぬ土地で出産，子育てを行い，本当に苦しい思いをしたことから，子育てには社会的支援が必要なのにその認識が足りないと思ったことが起業のきっかけだったという（表7-5）。

表7-5　E氏の事例

①大衆の「したい」けど「できない」という課題を	②個人のスキルと	③組織のリソースを使って	悩みを解消する"道具"を提供して解消	④背景には個人の使命感,情熱
子育て中のママさんのタクシーを「使いたい」のに「使いづらい」という課題を,	自身が子育ての悩みを子育てサークルで救われたという体験と,	自ら起業した子育てサークルを使うことで,	子育てに特化した子育てタクシーを実現することにより解消。	背景には自身の子育て体験から子育てには地域の支援が不可欠という使命感

⊙ F氏

　F氏は,化粧品という意味では韓国は進化のサイクルが早く,アメリカやヨーロッパより韓国を見ると,日本に今はないが欲しいと思う商品が見えてくることに気づいたという(表7-6)。

表7-6　F氏の事例

①大衆の「したい」けど「できない」という課題を	②個人のスキルと	③組織のリソースを使って	悩みを解消する"道具"を提供して解消	④背景には個人の使命感,情熱
化粧シートは,「1枚ずつ安価で買いたい」のに「1枚ずつ買えない」という課題を,	雑誌モデル時代に知ったブームを仕掛けるスキルと,韓国への精通と,	自ら起業することで,	化粧シートを1枚ずつ安価で売り出すというアイディアで解消。	背景にはいったん就職したが,ブームを仕掛けてみたいと脱サラして起業した情熱,使命感

⊙ G氏

　G氏は,大手雑誌編集長としてカリスマと呼ばれていたが,携帯のトップ企業から助けてほしいとヘッドハンティングを受けて転職しているが,

表7-7　G氏の事例

①大衆の「したい」けど「できない」という課題を	②個人のスキルと	③組織のリソースを使って	悩みを解消する"道具"を提供して解消	④背景には個人の使命感,情熱
携帯電話を上級者のように「うまく使いたい」のに「うまく使えない」という課題を,	雑誌編集者をしていたスキル,言葉のスペシャリストとしての専門性と,	携帯電話No.1企業のスタッフ,技術などを使うことで,	"コンシェルジュ"というコンセプトを導き出し,誰でも使える携帯のインターネットサービスを開発することで解消。	背景には,今までとは違う別の会社のリソースを使ってみたい,携帯などハイテクに付いていけない人への通訳の役目をしなければいけないという使命感

文系の自分は彼らの言葉や理論がまったく理解できず，自分の役目は彼らの言葉を一般の人にもわかりやすく"通訳"する仕事だと思ったという（表7-7）。

⊙ H氏

H氏は日本に憧れ，中国で社会人として働いていたにもかかわらず，日本への夢があきらめきれず日本に留学している。だから日本への恩返しがしたいという気持ちが根底にあるという（表7-8）。

表7-8 H氏の事例

①大衆の「したい」けど「できない」という課題を	②個人のスキルと	③組織のリソースを使って	悩みを解消する"道具"を提供して解消	④背景には個人の使命感，情熱
従来のマッサージチェア，ダサくてリビングに「置きたい」のに「置けない」という課題を，	大学時代インテリアを学んでいたスキルと，住宅設計のスキルと，	マッサージチェアの業界トップ企業の組織リソースを使うことで，	リビングにおけるソファークッション型のおしゃれなマッサージ器を作ることで解消。	背景には，中国からの留学生で日中の架け橋になりたいという情熱，使命感

⊙ I氏

I氏は，帰国子女で外資系の投資銀行でずっと働いていたが，アメリカの早さに特化したシステムで，日本の企業が負けている状況に，このシステムを日本のために使いたいと思い始めたという（表7-9）。

表7-9 I氏の事例

①大衆の「したい」けど「できない」という課題を	②個人のスキルと	③組織のリソースを使って	悩みを解消する"道具"を提供して解消	④背景には個人の使命感，情熱
優れた旅行検索サイトが「ほしい」のに「なかった」という課題を，	外資系金融機関で使っていた「早さ」に特化した米国式のシステムと，	自ら起業することで，	「早さ」に特化した今までになかった旅行検索サイトのシステムを提供することで解消。	背景には，ずっとアメリカ企業で働いてきて，最後ぐらい日本のために働きたいという使命感

⊙ J氏

J氏は失業を経験し，社会から必要とされていないのではという思いをはじめて経験し，世間からはみ出してしまった人の気持ちがわかるようになり，そういう人に忘れていないというメッセージを送ることが出版社の

仕事だと気づいたという。また音楽ライター時代に新人アイドルなどの売り出し方を見ていて，作者にフォーカスする出版スタイルが身に付いたという（表7-10）。

表7-10　J氏の事例

①大衆の「したい」けど「できない」という課題を	②個人のスキルと	③組織のリソースを使って	悩みを解消する"道具"を提供して解消	④背景には個人の使命感，情熱
世間からはずれてしまい，うまく「生きたい」のにうまく「生きられない」という課題を，	出版社時代の出版スキルと，ライター時代のタレントを売り出すスキルと，	出版社のもつ組織リソースを使うことで，	100歳近い詩人による自費出版の詩集をリニューアルし，くじけている人に「くじけないで」というメッセージを送ることで解消。	背景には，自ら失業し世間から外れた人の痛みがわかり出版社の使命は声なき声の代弁者であると気づいたという使命感

『くじけないで』という本のタイトルは以下のような経緯で決まったという。

　　迷ったんですね。もっとほかにもいっぱいいいのがあるので。やっぱり一番ストレートに響くのは「くじけないで」だと思って。「くじけないで」って言葉がちょっと古い言葉じゃないですか。最近あまり言わないから，ちょっと昭和な感じがして，ちょっと忘れかけてた日本語みたいな感じで，ああいい言葉だなと。「あきらめないで」とかね「負けないで」とかそういうのは流行りましたよ，歌でね。でもそうじゃないんだよなと思って。私はよくカラオケに行ったときに山口百恵さんのさよならの向う側とかいって一番最後に引退するときに歌った曲があって，くじけそうになっても，みたいなそんなのが出てくるんですよ。歌詞でね。私よくそれ歌うんですけど，「くじけそうになって」っていい言葉だなとか思ってたらこれが来て。そっか，あれ，百恵ちゃんの曲と同じだとか思って（笑）　それでこれいいかもなんて思って。若い人はそんな曲知らないと思うんですけど。(J氏)

また読者の反響から，自分が新しい分野を作ったことに気づいたという。

　　これがきっかけになって90代の方（から反響が）。今けっこう超

高齢化社会ですよね。もう90歳でも普通に元気に生きてる女性がいっぱいいるので，そういう方を取り上げる番組とか本とかも増えたみたいで。[1つのジャンルができた？]できたんですね。「アラウンド90」の。アラサーとか，アラフォーからどんどん来て90までいっちゃったっていう。[そういう意味では新しかった？]そうなんでしょうね。(J氏)

⊙ K氏

K氏は，当時日本では流行らないと反対意見の多かったインターネットを推進すべきと強力に主張したという。背景には同じ働く女性として，女性を開放するツールになるという思いがあったという（表7-11）。

表7-11　K氏の事例

①大衆の「したい」けど「できない」という課題を	②個人のスキルと	③組織のリソースを使って	悩みを解消する"道具"を提供して解消	④背景には個人の使命感，情熱
生活をより「便利にしたい」のに「ならない」という課題を，	大学時代に身に付けた英語と，海外留学で学んだ海外体験と，	国内No.1の電話会社の組織リソースを使うことで，	初めての日本発のインターネット検索サイトを開発することで解消。	背景には，働く女性の過密労働生活を解消したいという情熱，使命感

⊙ L氏

L氏は，研究所から出てきた抗糖化という技術は，アンチエイジングの時代に説得力のある根拠になると思ったという。（表7-12）

表7-12　L氏の事例

①大衆の「したい」けど「できない」という課題を	②個人のスキルと	③組織のリソースを使って	悩みを解消する"道具"を提供して解消	④背景には個人の使命感，情熱
女性の年を「とりたくない」のに「とってしまう」という高齢化の課題を，	入社後に学んだ化粧品商品開発のスキルと，	大手化粧品会社の，特に研究所の持つ研究開発の組織リソースを使うことで，	アンチエイジング時代の抗糖化に特化した新しい化粧品を開発することで解消。	背景には，会社のNo.1商品の開発者に抜擢され社運を背負う想い，使命感

⊙ M氏

M氏は，会社が吸収合併され，多くの社員が辞めていく中でどうしようかと思ったが，自分が作ったブランドだけはわが子のようで，どうして

も他の人にやらせたくないと思い，社に残ることにしたという（表 7-13）。

表 7-13　M氏の事例

①大衆の「したい」けど「できない」という課題を	②個人のスキルと	③組織のリソースを使って	悩みを解消する"道具"を提供して解消	④背景には個人の使命感，情熱
高級アイライナー，女子高生など若い人も「買いたい」のに高くて「買えない」という課題を，	大学時代に学んだ造園のスキルと，入社後に学んだ化粧品の商品開発スキルと，	大手化粧品会社の組織リソースを使うことで，	高級アイライナーを安価な値段で提供することで解消。	背景には，吸収合併され社員が辞めていく中で，このブランドは絶対他の人にやらせたくないと社に残った情熱，使命感

⊙ N氏

　N氏は，チョコレートがもともと好きで，特にヨーロッパではチョコレートには健康にいい成分が入っていることが知られていてカカオの成分表示も当たり前なので，日本でも出したいと思っていたところに，健康ブームで機は熟したと思ったという（表 7-14）。

表 7-14　N氏の事例

①大衆の「したい」けど「できない」という課題を	②個人のスキルと	③組織のリソースを使って	悩みを解消する"道具"を提供して解消	④背景には個人の使命感，情熱
チョコレート，「食べたい」のに，健康に悪いから「食べられない」という課題を，	大学時代理系で入社後も研究部門に所属していた理系のスキルと，	菓子メーカーNo.1企業の組織リソースを使うことで，	カカオ成分を表示したチョコレートを発売し，チョコレートを食べる罪悪感を健康にいいというメッセージで打ち消すことで解消。	背景には，欧米ではチョコレートには深い文化的背景があり，それを菓子メーカーNo.1企業として日本でも伝えなければいけないという情熱，使命感

Chapter 8

考察：研究の意義と展望

　それでは本研究の，まず全体的な意義について考察したのち，本研究の発見事実の意義，およびその実務的意義，学術的意義について考察し，最後に展望について述べてみたい。

1 ──── 本研究の意義

■ 1.1 ──「意味マップ」に関する議論

　まず全体的な意義であるが，まず1点目は，日本ではあまり知られていない Lips-Wiersma の「意味マップ」に関して議論できた点であろう。このマップの最大の意義は，内面マップを「見える化」した点にあるだろう。誰もが仕事人生の中で「むなしさ」のようなものを感じる場面があるだろう。たとえば，給与も満足しており，休みも充分もらっていて，人間関係もまったく問題ない，しかしなぜかむなしい，このままでいいのかという思いにかられるなら，それは目に見えない「内面マップ」の中で問題が起こっているという。たとえば，お客さんと全く接しておらず，自分が社会に役立っているのかがわからなかった，などである。このように今まで見えなかった「むなしさ」の原因を見えるようにしたこと，つまり「むなしさ」の見える化が，ひとつ目の内面マップの見える化の意義であろう。そして，内面マップを見て，たとえば組織の一体感が不足していることがわかり，改善に取り組むなら，それは組織改革につながったことになる。これは「新しい組織価値」の見える化，と言えるだろう。また，もちろんこのマップを使い，自分たちはもっと顧客に何か価値を生み出せるのではな

いか，社員の専門性をもっと活かすべきではないかなどの発見につながればそれは新ビジネスにつながるだろう。つまり，新しいビジネスの「見える化」につながる。つまり，内面マップの見える化は，「むなしさ」の見える化，「新しい組織価値」の見える化，「新ビジネス」の見える化という3つの見える化につながる，つまり組織改革につながる可能性を秘めている。

■ 1.2 ──「意味の輪」に関する議論

そして2点目は，やはり日本ではあまり知られていないオーガニック組織形態と Lips-Wiersma が呼んでいた，本研究では「意味の輪」と名づけた組織形態について，議論できた点であろう。この「意味の輪」，つまり意味が発生しやすい輪形式の組織構造は，少なくとも2つの点で新しい議論を生むだろう。

⊙「仕事」でも「人」でもない第三の手法：「状況」への着目

ひとつ目は，課題や顧客の回りに人を配置するというマネジメント手法である。通常はたとえば総務課に○○さんを配置するなど，「仕事」に人を配置していた。あるいは，優れた人をヘッドハンティングするような場合で，そのための仕事や役職を作る場合は，「人」に仕事を合わせていたと言えるだろう。しかし，「意味の輪」はそうではなくある「状況」に「人」を配置するという発想である。これは病院で最近主流となりつつある NST（栄養サポートチーム：nutrition support team）というチーム医療に似ているだろう。患者の回りに医師，看護師，管理栄養士，薬剤師など各専門のスタッフたちがそれぞれの知識や技術を出し合い問題解決に当たるチームである。またプロボノ（pro bono）という，各分野の専門家が，職業上もっている知識やスキルや経験を活かして，ある問題を解決していく社会貢献型（専門性活用型）ボランティア活動にも似ているだろう。意味の輪が新しいのは，それを意味マップという内面マップからその利点を論理的に説明している点だ。つまり意味マップから見ても，専門能力が充分に発揮され，または開発され，チームワークの喜びも感じられ，なにより自分が顧客（対象者）に起こした変化を目の前で見ることができるから意味が発生していると，意味が発生するメカニズムを合理的に説明でき，

意味の発生しやすい組織形態であることがわかる。意味マップという内面マップで充実が起こっていることを，誰の目にも明らかにすることができる。

◉「成果」でも「年功」でもない第三の手法：「解決」への着目

またこの「意味の輪」は，今まで議論のあった「競争の必要性の有無」についても，議論自体に終止符を打つ可能性がある。給与などに「成果主義」が導入されたとき，「競争」が必要だからという議論があった。しかし，結局もうひとつの重要課題である「協力」が得られず，失敗に終わるケースが多かった。「競争」か「協力」かという命題である。つまり給与形態で言えば「成果主義型報酬」か，「年功序列型報酬」かという議論である。完全に競争にしてしまうと個人が自分の手柄にするため抱え込み協力しなくなるという問題が発生し，また完全に年功序列にすると競争意識が働かず，優秀な社員がやる気を失うという議論である。しかし，この意味の輪は，「問題の解決」に焦点を当てる新しい手法と言えるだろう。極論すれば，「成果」でも「年功」でもなく，「解決」に報酬を支払うのである。どれだけ多くの，どれだけ重要な問題をチームで解決できたのか，に報酬を支払うという考え方である。これは別の言い方をすれば，「仕事」に報酬を払うか（成果型報酬），「人」に報酬を払うか（年功序列），問題の「解決」に報酬を払うか（第三の手法）の違いでもあるだろう。これは競争をあおっているわけでもなく，プロボノやNSTと同じく，社会にある問題を解決したいという思いから発している仕事である点が重要である。次に述べる精神性にフォーカスを当てた新手法と言えるのではないか。重要なことは，本人にとって意味が発生しやすいばかりか，社会全体でも社会の問題が解決されており，社会的な意味も発生している点である。つまり，個人も意味を感じ，組織も意味を感じ，社会全体も意味を感じる，「三者のWin-Winの関係」が成り立っていることがポイントであろう。

■ 1.3 —— 経営学の「精神性」に関する議論

3点目は，「精神性」という概念についてなぜ経営学で取り込もうする動きがあるのか，少しではあるが，議論できた点である。「意味マップ」も「意味の輪」も，この精神性を取り込もうとする動きから出た成果である。

精神性という「目に見えないもの」を「見える化」しようとする動きであろう。精神性は英語では「スピリチュアリティ」であり，Lips-Wiersma自身も誤解を招くのでインスピレーションという言葉に変えてしまっているように，誤解を招きやすい言葉で，特に日本では難しい言葉であろう。しかし実はそれほど難しいわけではない。本書全般を通じて，あるいは巻末の附録Bを見てもらえたらそのことがわかるのではないか。スピリチュアリティ研究の第一者の一人である藤井・藤井（2009）の言葉を借りるなら，精神性とは「自分の人生に意味があってほしい」という人間特有の「願い」であり，それを職場やキャリア選択の中に取り込もうという動きと言えば日本人にもわかりやすいのではないか。今回のウーマンオブザイヤー受賞者全員に共通して見られた精神性としては「もっと自分にできることがあるのではないか」という問いであった（p.199）。自分の人生に意味があってほしいという誰もが持つ願いが，そのような精神に転化したとき，社会に意味ある仕事になっていくのかもしれない。

2 本研究の発見事実の意義

　また今回の調査での発見事実についての意義については，まずもっとも大きな意義は，社会変革・社会貢献実現者（社会にとって意味ある仕事の実現者）の意味マップという内面マップの使い方がわかったことであろう。

　まず1点目は，社会変革・社会貢献実現者たちが使った，社会変革をもたらすスキルの種類がわかった点である。何かを生み出すことのできる創造のスキルとして，通常の商品開発，マーケティングスキルだけでなく，出版のスキルであったり，HP制作技術や検索システムなどのIT関係，住宅設計や造園のスキルなど意外な創造のスキルがあることがわかった。また派遣社員での仕事経験など，何でもない一般的なビジネススキルであっても，それを教えることができるような影響のスキルに変わると，社会を変えるサービスを生み出せるようになるというのも，意外な発見であった。また子育ての悩みを子育てサークルで克服できたなどの克服のスキルも，同じように苦しむ人に教えられる影響のスキルになると，大きな武器になる。また英語などの語学は海外にあるものをいち早く知ることができ，日本に持ち込んだり，逆に日本のものを海外に持ち込んだりすれば，

社会にインパクトを与える仕事をするための,大きな武器になることもわかった。これらは,企業のスキル開発政策のみならず,大学などのキャリア教育などでも示唆に富む結果であろう。最近大学などで語学教育が盛んであるが,語学だけではあくまで仕事が達成できるという達成のスキルで,それが海外のものを日本に普及させるなどの普及のスキルにならないと,社会的意義のある仕事をするスキルとはならない。

　2点目は,社会変革・社会貢献実現者は,スキルから使命感が生まれていることである。何かスキルを身につけることは,そのスキルを何に使うかという他者志向を生みやすく,またスキルに裏打ちされた成功確信を高め,「できる」のに「していない」という思いが,どうしてもやりたい,自分がやるしかないという,使命感を形成させていたという発見は示唆に富む。

　3点目は,社会変革・社会貢献実現者は,会社に勤めるというより,会社のもつ組織リソースをいかに活用すべきかと発想していることを明らかにできた点である。会社に勤めるとき,この会社のリソースをどう使うべきかと考える人はあまりいないであろう。このような組織リソース活用志向は,社会にとって意味のある仕事を実現する上で重要であることがわかった。

　4点目は,社会変革・社会貢献実現者は,大衆の「したい」けど「できない」という悩みを解消する"道具"を提供しているという認識で仕事をしていると明らかにできた点である。これもなかなか気づかない視点であろう。

　5点目は,どのような「ルート」で社会変革・社会貢献に至るのかその道筋がわかったことであろう。「個人にとって意味ある仕事」から「社会にとって意味ある仕事」への転換点,自己志向から他者志向への転換のメカニズムが明らかにできたことは意義があったであろう。スキルの獲得から使命感の獲得を経て,そのスキルや使命感を使いたい思いで,他者志向が発生していた。

　6点目は,今回の事例から,「個人の専門性」を,組織のため,社会のため応用するという形で仕事の幅を広げる「吸収拡大モデル」が,社会変革・社会貢献実現への一番の近道だとわかった点であろう。たとえばB氏は,学生時代に身につけたHP制作技術を,プチプチ(空気シート)の会社のHPを見て,自分ならもっといいHPが作れると思い,作らせて欲しいと直接社長に連絡し,入社が認められ,そのスキルを使って個人にプチプチ

をネットショップを立ち上げて売るという，受賞につながった業績を達成している。これは個人のスキル，専門性を武器に仕事の幅を広げていった例であろう。また，I氏も外資系の金融機関に勤め，アメリカで使っていたシステムを，自分のためではなく日本のために使おうとしたことで，シェア8割を超える画期的な検索システムとなっている。

3 実務的意義

　それでは実務的意義について述べる。

　まず1点目は，「意味マップ」を企業や学校で活用してほしい。目に見えないものを見える化するという内面マップは今後様々な展開が可能であり，組織改革につながる可能性がある。企業であれば，もともとこのマップは，上司と部下がこのマップを見ながら意味について語り合うことを意図して作られた。自分がマップのどこから意味をもっと感じたいのか，社員同士マップを見ながらみんなで語り合うことを意図している。そうすれば，もっと意味を感じる職場になるだろう。また大学などの教育機関でもこのマップを活用してほしい。たとえば就活などで，どんな仕事をしたいか，どんな企業で働きたいか，給与や休みなどといった目に見える外面マップばかりで企業選びをしがちだが，意味マップを使って，どんなお客さんに何をできる仕事なのか（マップ右下），どんな能力が身につくか（マップ左下），どんな内面的成長があるか（マップ左上），どんな仲間と仕事をするのか（マップ右上）などで企業選びをすることも可能であろう。

　2点目は，「意味の輪」を企業などで活用してほしい。意味が発生する組織構造だが，このような組織構造になっているか診断ツールに使えるのではないか。

　3点目は，今回の発見を活用してほしいことである。今回の調査結果は，企業のマネジメントや大学などのキャリア教育両面で活用できるはずだ。スキルの獲得，専門性の獲得に関しては，創造のスキルを身に付ける教育プログラムは有効であろう。スマートフォンのアプリを制作する人材が足りないとよく言われるが，そのようなIT関係，出版，商品開発，住宅設計などの何かを創造できるスキルが今回の調査では社会変革につながるスキルであった。また英語などの語学スキルや海外体験は，普及のスキルに

なることや使命感を得るために重要であり，そのような教育プログラムは有効であろう。ただしただ単に言葉を覚えても意味がなく，海外にあるものを日本に持ち込んだり，日本のものを海外に持ち込むなどの普及のスキルになることや，海外を知って日本のために働くなどの使命感につながることを意識する必要があるだろう。また何か困難なことを克服した克服スキルは，同じような悩みをもつ人の救済になり社会的貢献性の高いビジネスに発展する可能性がある。いずれにしても社会変革につながるスキルとは何かを常に調べ，そのようなゴールから逆算した教育プログラムを設計することが重要であろう

　使命感や情熱の獲得に関しては，よく夢は叶うと「やりたいこと」を考えさせる教育がよくあるが，それはあまり意味がないだろう。使命感の源はスキルに裏打ちされた成功確信であった。つまり「できる」のに「していない」，でも誰かがやらなければいけない，という想いが使命感を形成するのであり，スキルを身に付けることと，どのような問題が発生しているのかを目撃する目撃体験ができるような教育プログラムが重要であろう。

　組織リソースの獲得場面では，企業に勤めるという考えより，企業のもつ組織リソースを活用しようとする組織リソース活用志向が重要であった。よって，企業であれば，社内ベンチャーやプロジェクトを任せるなど，組織リソース活用志向が生まれるような教育プログラムが必要だろう。また大学など学校では，就活やキャリア教育において，企業がどのようなリソースを持っているのかを教えたり，学生時代の起業体験ができるようにするなど組織リソース活用志向が生まれるような教育プログラムが必要だろう。また商品開発につながる，企業の「できる」のに「していないこと」を考えるような教育プログラムや就活指導も有効であろう。

　顧客や社会の課題解消では，大衆の「したい」けど「できない」と思っていることを見つける，あるいは，どのような"道具"があればそれを解消できるかを考えさせるような教育プログラムは有効であろう。

　またリフレクションとアクションという考え方は，教育プログラムが可能であろう。特にリフレクション（熟考）に関しては，たとえば瞑想などはインスピレーションを得るための有効な手法であるが，日本ではまだ理解されいない。これも，教育プログラムにすると有効であろう。またコミュニオンとエージェンシーという考え方も重要であろう。今回のウーマンオ

表8-1 本研究の応用例

テーマ	有効な教育プログラムなど	具体例
スキルの獲得	・創造のスキルを身に付ける ・語学スキルや海外体験は，普及のスキルになることや使命感を得るために重要 ・克服スキルは同じような悩みをもつ人の救済になる ・ゴールから逆算したスキル教育	・創造スキルを学ぶ教育プログラム ・普及スキルとしての語学教育 ・困難の克服は救いのスキルになる
使命感，情熱の獲得	・使命感の源はスキルに裏打ちされた成功確信 ・「できる」のに「していない」，しかし誰かがやらなければいけないという想いが生まれるプログラム ・「やりたいこと」ばかり考えてもあまり意味がない	・（普通のボランティアではなく）専門性を活かしたボランティア ・問題の目撃体験プログラム ・使命感獲得のための海外体験（留学，海外出向） ・海外体験，限界集落など様々な場所に「身を置く」体験
組織リソースの獲得	・組織リソース活用志向を身に付けられる教育プログラム ・企業の「できる」のに「していないこと」の発見	・（企業の場合）社内起業，プロジェクトチーム，企画開発の機会提供 ・（学校の場合）学生時代に起業体験，企業のリソースに着目した企業選び
社会・顧客の課題解消	・大衆の「したい」けど「できない」ことを発見する教育プログラム ・大衆の「したい」けど「できない」を解消する"道具"の開発プログラム ・商品開発プログラム	・ビジネスコンテスト
リフレクションとアクション	・リフレクションの方法を学ぶ教育プログラム	・優れた仕事をする人のリフレクションを学ぶ教育プログラム ・リフレクションの体験講座
コミュニオンとエージェンシー	・コミュニオンとエージェンシーを学ぶ教育プログラム ・コミュニオンとエージェンシーの感覚が身に付く体験プログラム	・優れた仕事をする人のコミュニオンとエージェンシーの感覚を学ぶ教育プログラム ・地域の問題を知る，海外体験など様々な場所に「身を置く」体験

　ブザイヤー受賞者の例を見てもわかる通り，偉大な仕事の背景にこのような感覚がある。日本のためにという思いで働く人がいたが，それは日本という「コミュニオン」を意識してその代理人（エージェント）として仕事しているということだろう。35歳以上の女性に特化して人材派遣業を起業した人は，35歳以上というだけで働くことができない女性たちのエー

ジェンシー（代理人）として闘っている。子育ての悩みを地域の支えで克服できたことから，子育てサークルを起業した人は，子育てに悩む，地域社会の助けを得られないお母さんたちの代理人(エージェント)として闘っているという感覚であろう。このようなコミュニオンとエージェンシーの感覚は，自己志向から他者志向に移るための，つまり社会的に意味のある仕事をするための決め手となる精神である可能性があり，地域の問題を体験するなど，自分がどのような共同体に所属し，どのような団体の代理人なのかを意識させる教育プログラムは有効であろう。以上をまとめたものが表8-1である。

4点目は，欧米の仕事の精神性研究を手軽に企業や大学で活用してほしい。難しく考えがちだが，誰もがもつ「自分の人生には意味があったと思いたい心（欲求）」を活用したマネジメント手法や教育プログラムである。「自分の人生には意味があったと思いたい心（欲求）」を組織の中でうまく活かすことができたら，本人にとっても企業にとっても，また社会にとっても意味のある，いわゆる「三者の Win-Win の関係」が実現可能であろう。問題の解決に直接あたる「意味の輪」などは，自分の人生には意味があったと思いたい心（欲求）をうまく活かした組織構造と言えるのではないか。Lips-Wiersma の主張の根幹は，個人にとって意味のある仕事を作り出すことで，社会にとって意味のある仕事を作り出せるという点である。つまり「心が入らない」仕事からは偉業は生まれないということである。

4 学術的意義

学術的意義に関しては，マネジメント研究，キャリア研究，組織研究の分野で，まず今後「内面マップ」についての議論が深まることを期待したい。普段見えない，意味マップという内面マップを見える化しようという発想は大変有意義であり，今後研究が進むことを期待したい。

また，「意味の輪」についても議論が深まることを期待したい。意味が生まれやすい組織構造という発想は，マネジメント手法の今までなかった第三の手法として，組織論に新たな展開をもたらす可能性がある。

3点目は，精神性に関しても議論が深まることを期待したい。個人にとって意味ある仕事が，組織や社会にとっても意味ある仕事になるような「三

者のWin-Winの関係」が成立する組織構造の解明などが期待できる。

　今回の発見に関する議論としては，今回は，社会変革・社会貢献実現者は，意味マップという内面マップをどのように使っているかを明らかにしたが，これは様々なパターンが考えられるだろう。同じような商品開発者を追っていってもいいし，職業別で内面マップをどのように使えば社会にとって意味ある仕事が各職業で実現可能か，ロジックを明らかにし比較検討すると発見があるかもしれない。働く人の内面マップで何が起こっていたのかを明らかにし，研究蓄積していくことが重要であろう。

　意味マップは，ロジックの活用に有効である。たとえば今回の調査では，組織を場としてとらえる可能性として，社会変革・社会貢献実現者の組織の捉え方が明らかになった。はじめにスキルの獲得の話をしているということは，組織を「学びの場」と捉えていると言うことであろう。また使命感や情熱を獲得したという話は，組織を情熱や使命感の「獲得の場」と見ている。組織リソースの獲得場面では，組織をリソースの「活用の場」と捉えていることがわかる。そして最後の顧客社会の課題解消場面では，組織を課題や悩みの「解消の場」と捉えているということであろう。これは一例だが，意味マップを使った様々なロジックの解明が進むことを期待したい。

5 ……展望

　これまで意味マップや精神性に着目した研究を見てきた。意味マップという「内面マップ」も，精神性もどちらも普段目に見えないものだ。つまりどちらも普段目に見えないものを「見える化」しようという動きと言えるだろう。普段働いていて，給与であったり，勤務時間など目に見える「外面マップ」では何も問題ないのに，何か「むなしさ」や「物足りなさ」を感じることがあるだろう。その原因がわからず病院に行くとうつ病と診断されたりする。しかしそうではなく，普段目に見えないが心の奥底から問いかけてくる声があるということ。そのむなしさの原因を「見える化」して，真摯に向き合おうというのが意味マップという内面マップの研究であり，欧米で進む仕事の精神性研究なのであろう。

　これまで「人はなぜ生きるのか」といった根源的な問いを職場に持ち込

むことは御法度とされてきた。そんなことは家でやってくれ，職場ではとにかく働けと言われてきた。しかしその根源的な問いを職場に持ち込もうというのが，Lips-Wiersma の意味マップという内面マップの研究であり，欧米で進む職場の精神性研究である。欧米では「今までコインパーキングに置いてきた大切なものを職場にも持ち込もう」と言われているという。社会人なら，試しに「人はなぜ生きるのか」という問いをもって1日職場で過ごしてみて欲しい。ならば普段気づかない何かに気付くのではないか。学生なら，この問いをもって学生生活を1日過ごしてみて欲しい。ならば何か普段見えないものが見えてくるのではないか。つまり「普段見えないものを見える化することで，普段目に見えない価値に気づくようになる」というのが意味マップという内面マップや，精神性研究の目的なのであろう。

　欧米で実際に行われた実験がある。ある工場で工場労働者のヘルメットの裏に「愛」という言葉が書いた貼り紙を付けておく。その貼り紙が付いていた人は，一週間，その愛を実践しなければいけないという実験である。しかしその貼り紙が付いていたことは他人には言ってはいけない。日々の工場労働の中でどのように「愛」を実践したのか，一週間後に報告をしなければいけない。そうすると工場労働者の働き方に変化が起こるという。今までただお金のために働いていた人も仕事の中で「愛」を実践することが可能とわかる。つまり仕事は極論すれば「愛」の実践の場であることに気づき，より前向きに仕事に取り組めるようになるという。これも普段気づかない価値の「見える化」のひとつであろう。

　背景には，格差社会の進行や派遣労働などの新しい労働形態の出現がある。大学を出ても職がなく，一生アルバイトをするしかない人を見て，今までは何も感じなかったかもしれないが，精神性という普段目に見えないものをスイッチオンして，つまり見える化して眺めると何か違って見えてくるのではないか。アルバイトで一生働かないといけない人も，「自分の人生には意味があったと思いたい心（欲求）」をもって日々生きている。そしてこの心の底からの問いかけに応えられず「むなしさ」や「絶望感」をもって生きていることが，自分のことのように響いてくるのではないか。

　普段目に見えない内面マップや精神性をスイッチオンして，目に見えるようにすることのメリットは，第一はまずは自分への気づきである。自分

の「むなしさ」「物足りなさ」の原因，正体に気づくことが「第一の気づき」である。これは「直接的自己理解」と言ってもいいであろう。しかしそれだけではない。普段目に見えない内面マップや精神性を目に見えるようにすることの2つ目のメリットは，他者の痛みに気づくことである。他者も同じ問いかけの中で生きていて「むなしさ」や「絶望感」の中で生きていることに気づくことが「第二の気づき」であろう。これは「間接的他者理解」と言ってよいであろう。これは欧米の精神性研究では「共感研究」と呼ばれている。

　職場に生きる意味を持ち込もうというのは何もきれい事を言っているのではない。そうすることで今まで見えなかった価値に気づき，自身の仕事への姿勢が変わったり，他者の問題に気づき新しいビジネスに発展することが期待されるのである。つまり会社としてもその方が有り難いのである。働き方が，単純労働から，他者のニーズを読み取るような創造性が求められる仕事に変わってきたことも背景にあるだろう。つまり精神性とは，人生このままでいいのかと心の奥底から問いかけてくる「声の主(ぬし)」なのだろう。そう考えるとそんなに難しくない，ごく普通の概念だとわかる。それを，今まで見えなかったが「見える化」することで，より前向きに充実した仕事人生が送れるということであろう。

　ならば意味マップの意味がわかってくるはずだ。人生このままでいいのかという精神性の問いかけは，キャリアでは具体的に「4つの問いかけ」となって表れるというのが，Lips-Wiersma の発見なのである。つまり「自分はもてる能力をフルに発揮しているか」「この仕事から内面的成長が得られるか」「どこかに所属し仲間と一緒に一人ではできないことを成し遂げているか」「果たして自分たちの仕事は，顧客や社会に何か"違い"を生み出せているのだろうか」という4つの問いかけが，普段目に見えない内面マップから発せられる心の叫びであると特定したところが Lips-Wiersma の功績なのである。そしてこれは，なぜ生きるか，自分の人生が意味あるものであって欲しいという精神性の欲求を封印せず，開放することで，つまり「見える化」することで，明らかになる，見えるようになる問いかけでもある。だからこの問いかけがインスピレーションという名でマップの中心に置かれているのだろう。つまりこれが働く人の真の心の叫びであり，上司と部下がこの内面マップを開放し一緒に見ることで，

表8-2 意味マップという「内面マップ」、および精神性研究の狙い

狙いなど	説明	
職場への持ち込み	「人はなぜ生きるか」という根源的な問いを職場に持ち込む。「自分の人生には意味があったと思いたい心（欲求）」を職場でも開放する	
見える化	普段目に見えない意味マップという「内面マップ」、精神性の「見える化」	
気づき	普段目に見えないものを「見える化」することで、今まで見えなかったもの、新たな価値に気づく	
2つの気づき	第一の気づき	第二の気づき
	直接的自己理解	間接的他者理解
	自己の「むなしさ」の原因、正体への気づき、真に大切なものへの気づき	他者の「むなしさ」への理解、苦悩への気づき
利点（展開可能性）	真にやりたいことの開放、真にやりたいことの職場での表現	共感、他者理解からの使命感の獲得、新ビジネスの創造
真の目的	組織改革、キャリア（生き方）の革新、より意味のある仕事の創造、意味のある仕事を作る出すことによる社会変革	
「キャリアにおける4つの内面からの問いかけ」＝意味マップ	「自分はもてる能力をフルに発揮しているか」「この仕事から内面的成長が得られるか」「どこかに所属し仲間と一緒に一人ではできないことを成し遂げているか」「果たして自分たちの仕事は、顧客や社会に何か"違い"を生み出せているのだろうか」	

もっとよい仕事ができるようになり、組織改革が可能となるというのが、Lips-Wiersmaの主張なのである。以上をまとめたものが表8-2である。

　意味マップの研究も、精神性研究もまだはじまったばかりである。まだ様々な課題があるため、今回の研究を足がかりにさらなる研究を重ね、この分野の研究蓄積に貢献したいと考えている。

附録—A
Lee Richmond 博士インタビュー

リー・リッチモンド先生と著者
(ボルチモアにある先生の大学の研究室にて)

■1 —— インタビュー概要

全米キャリア発達学会（NCDA）の会長経験者であり，キャリア研究の世界的権威であるリー・リッチモンド（Lee Richmond）博士（米国，Loyola University 教授）へのインタビューを行った。日本における講演で「精神性と社会構築理論が，これからのキャリア研究で重要である」と発言されたことの真意をお伺いするためであった。

■2 —— 事前の電子メールでの回答

日本でなぜ上記の発言をされたのかという質問に，事前に電子メールで以下の回答があった。内容は以下の通りである。

There are three current theories that seem to link career development and spirituality more closely than do others.
「3つの理論が関係すると思います」
One is social construction theory. David Tiedeman had much to do with the origin of this theory in the career field, and Mark Savickas seems to be its most articulate currant spokesperson.
「ひとつは，社会構築理論ですね。（ハーバード大学の）David Tiedeman が起源で，今の最大のスポークスマンは Mark Savickas でしょう」

Constructivism is another current theory. Sunny Hansen used it in writing her book on Integrative Life Planning.
「構築主義が2つめの理論で,サニー・ハンセンのILPですよね」
The third area of theory and the one I like best is complexity theory (previously known as chaos theory). Deborah Bloch and I have worked with it.
「3つ目が,私たちがもっとも気に入っているのですが,複雑系理論,かつてはカオス理論と言っていたものです。Deborah Blochと私でいくつか本を書いています」
You might want to look at books and articles by SAVICKAS, by Hansen, and by Bloch and Richmond. Also, NCDA published a commemorative Career Development Quarterly that spoke of David Tiedemann and his work.
「全米キャリア発達学会の記念碑的な Career Development Quarterly で David Tiedemann の特集号が発行されていますよ」
I recently completed a chapter on spirituality and work for the encyclopedia of psycho therapy and spirituality. It is currently in press.
「最近,このジャーナルのワンチャプターを書きました。もうすぐ発行です」
What I learned in Japan is that the Japanese concept of Career and of Spirituality are quite different from what is happening in America, so let me know what you want to do.
「私が日本で学んだことは,キャリアとスピリチュアリティに関して,日本とアメリカで随分違うなということです」

■3 ── インタビュー概要

その後,直接お会いしインタビューを行った。詳細は以下の通りである。

⊙日時　2011年8月18日
⊙場所　Loyola大学リッチモンド教授研究室(米国,ボルチモア州)
⊙時間　約1時間30分

■4 ── インタビュー内容

インタビュー内容は以下の通りであった。ただし,本書に関係する部分のみ掲載する。

【質問—1】社会構築理論がなぜ大事なのですか? social construction theory とは何か,お聞きしたいのですが。

●回答● (Lee Richmond 博士、以下同じ)　マーク・サヴィカスを読んで下さい。社会をどう構築するか，時と場所，国や世代によって違いますよね。予期できない社会です。ハッピーになる人の共通点はわかります。でもハッピーになるにはどうすればいいか予期できない時代。内面的なものを見つめ直し決定するしかないのです。情熱を持って接することのできるもの。本を書くなら，新しいセオリーをどんどん取り入れたらいいですね。アメリカの状況，1つ以上の仕事をしないといけない状況です。そういう社会にどう対処すればいいか，新しい理論が必要です。この本を読んだらいい。『Applying Career Development Theory to Counseling』Richard S. Sharf（著）。メールで書いたことが全て詳しく載っています。アメリカの郵便局は，定年まで安泰な仕事の象徴でした。しかし変わりました。ITが進み，メールなどの台頭で業務自体が縮小し，人員削減がすすんでいます。今まで郵便局に頼っていれば良かったのですが，今は自分にどう頼ったらいいかというトレーニングをやっています。キャリアデベロップメントを状況にどうマッチさせていくかの理論が必要なのです。今までは，状況を分析するだけだったが，新しいセオリーは，その分析から状況をどう発展させるかが新しく加わったセオリーなんです。

【質問－2】なぜ精神性（以降，発音のまま「スピリチュアリティ」と表記）が大事なのですか？

●回答●　サニー・ハンセンはご存じでしょう？　「インテグレイト」，彼女の言葉ですね。大切です。日本で驚いたことがあります。会社は男性ばかり，長い道のりを帰宅，家族にとって不都合が生じますね。仕事とファミリーは切り離せない。男性は接待で楽しんでいる。その裏で妻の不幸がある。うらおもての関係です。妻，娘，働く男，バラバラで考えるとうまく行かない。そのことに気づいたのですね，ハンセンは。インドなどでの体験からでしょう。そしてこの理論の必要性を感じたのだと思います。社会的問題提示していかないといけない。puralistic（多元主義）ですね。

　日本で講演しました。（渡辺）三枝子さんと。キャリアとスピリチュアリティの話をしたら聴衆は「それって何か」という反応でした。アメリカと日本ではクリスマスの意味合い違いますね。アメリカでは宗教儀式，日本ではどうですか。つまりスピリチュアリティと宗教という問題がある。宗教にないものがスピリチュアリティにはある。スピリチュアリティという見方をすることで，宗教で解決できないことが叶うのです。それが大事。宗教にないものをスピリチュアリティは持っているのです。しかし日本では「何の話か」という反応でした。日本でたくさんの接待を受け，私は楽しかったが接待をしている男性の家庭は今どうなっているのかと

思った。喜びの裏で不幸が起こっている。私たちは日本人とは違う視点で神を見ているので，かみ合わなくなってくる。宗教とか神とか言葉は同じでも違うので。スピリチュアリティとは内面に係わることだと言えばいいと思います。自分自身の内側。キャリアに関してスピリチュアリティ語るならヒューマンスピリチュアリティについて語らないといけないですね。ヒューマンスピリットとは，人のパッション，ヒューマンパッションのこと。東洋人がもっている宗教という概念と，西洋人がもっている宗教という概念は違うので。キャリアの中でスピリチュアリティを話すとき，宗教は入れない方がいいですね。

【質問―3】日本人にスピリチュアリティをどのように語ればいいでしょうか。
●回答● エンライトメント（enlightenment）とウィズダム（wisdom），それをトピックにしたらどうですか？ それも内的なものです。イナーウィズダム(inner wisdom)，イナーエンライトメント（inner enlightenment）です。ユニティ，とかワンネスという概念もとても大事ですね。ライフ is キャリア。スピリチュアリティの7つの要素。チェンジ，バランス，エナジー，ハーモニー，コーリング…。

【質問―4】コーリングとは？なかなか日本人には難しい言葉ですが。
●回答● 2通りあります。神のお告げ，降りてくる，というのと，もうひとつは，自分の中から感じること。誰かに言われて動くのではなく，スピリチュアリティに関するコーリングは，内から感じ取って自分で何をしたいのか，に目覚めることです。自発的に「何がしたいの？」と問いかける。どんなことに情熱感じるか。ミッション。外部から与えられたミッションではなく，内部から与えられたミッションです。それがスピリチュアリティ。キャリアというと仕事と思う人多いが，キャリアとはもともとラテン語で「カート」という意味なんです。「キャリア＝ジョブ」と言われがちだが。キャリアとは＝「meaning を運ぶカート」なんです。「キャリア＝意義あるものを運ぶ手段」ですね。仕事であったり生活であったり。80年代にドナルド・スーパーがライフキャリアレインボーを発表しましたが，この人，この時点で，キャリアは more than job と捉えていた。目的を運ぶものその行動がキャリア。Miller-Tiedeman は「ライフ is ユアキャリア」と言っています。生き方そのものがキャリア。そういう風に考えるとスピリチュアリティにどんどん近づきますよね。日本である話を聞いた。日本は自殺の多い国。生活が苦しい，子供は自分がいなくなれば負担無くなると思い，やがて死に価値を見出す，これはよくない。「ライフ is キャリア」。より良いライフを送ることが大切。一番大事なのは，医者になること，弁護士になることではなく，being who you are，あなた自

身になることなのです。大企業に勤めていることだけが支えの人は，そういうものを失ったら何もなくなる。だからライフそのものが自分のキャリア。だからスピリチュアリティが大事なんだと（言ったのです）。自分というキャリアです。

　リチャード・ボウルズの『あなたのパラシュートは何色？』という本を知っていますか？　リチャードは，アースプレイト（地盤）とワークプレイト（仕事の地盤）というわかりやすい話をしています。今まで仕事の基盤はしっかりしていたが，今ゆるんできている。今までキャリアと呼ばれたものが大きく変わった。子供も働きに出る時代やってくる。社会変動の時期。仕事だけをベースに考えられなくなりました。今まで仕事をベースに考えていた。しかし今はできない。「人としての価値」に重きを置くようになったのですね。チェンジ（変化，ゆれる）→バランス（揺れる中で，変化の中でどうバランス取るか）→エナジー（そのエナジーはどこから来るか）……。モデルにしていたお手本を見直す必要があります。自分自身にユニティ（一体感）を持つ。周りの人にもユニティを持つ。家族にもユニティを持つ，のちには，理想だが，世界にもユニティを持つということです。

【質問―5】Social construction theoryとConstructivismはどう違うのでしょうか。
●回答●　何度その質問を受けたことか。どちらも共通しているのは自分自身にストーリーを語るということ。人にお願いしない，内心的なこと。自分自身に語りかけなさい，ということ。Social construction theoryは文字通り，どこに社会を構築するか，時と場所，アメリカと日本は違うようにね。Constructivismは「どうやっていこうか」に焦点，言葉（language）を重視。サビカスは自分のことを「ソーシャル・コンストラクト・セオリスト」と，ハンセンは自分のことを「コンストラクティベスト」と呼んでいます。

【質問―6】複雑系理論がなぜ関係するのでしょう。コンプレックスセオリーとは。
●回答●　もともとは物理学からきたものです。「コンプレックス・アダプティブ・システム」ですね。人に限らず全ての生物に当てはまりますが。人間は，フィットネス・ピークを探し求めているのです。（私に）あなたはどうして今の仕事しているのですか？　前の仕事は何？証券会社ですか？　結果的にフィットしなかったから辞めたのでしょう？　株売っているより今の方がフィットしているのではないでしょうか。フィットを求めていたのです。ところでなぜあなたは本を書こうとしているのか，日本で精神性と社会構築主義をベースにしたキャリアの教科書がないからか，そう今答えたこと，それがスピリチュアリティに関係しますよね。どういうことかというと，あなたに興味を持たせることが出現したと言うことでしょう。与

えられた興味ではなく，内からの興味。自分が書きたいと思った，自分の内からフィットした場所が生まれている。心地よいフィット。人はフィットネス・ピークを求めている。そのことを研究するのがコンプレックスセオリー，「どうして，どんな風に」を研究するのがコンプレックスセオリーなのです。フィットネス求めているときに，魅了するもの，引きつけられるものがアトラクターなのです。4つあります。「ポイント・アトラクター」…1つだけ，1回だけ衝突するもの。「サークル・アトラクター」…同じようなところをめぐりめぐって。「トーラス・アトラクター」…ドーナツ状，大学の先生が典型，毎年おなじことしているようで，学生は変わっているので。立体的回転。「ストレンジ・アトラクター」…彗星のように現れさらっていく。突然恋に落ちて仕事を全て捨ててヨーロッパに行ってしまう人など。コンプレックスセオリーは，「いつフィットネスのピークが訪れるのか，アトラクターがどのようにアプローチをかけてくるのか」，この2つの点をより詳しく研究するものです。(以上)

■5 ── インタビューからわかったこと

　冒頭で述べた通りこのインタビューは，日本における講演で「精神性（スピリチュアリティ）と社会構築主義が，これからのキャリア研究で重要である」と発言されたことの真意についてお聞きするためのインタビューであったが，その答えが大部分得られたのではないか。その点について整理してみたい。

　まずもっともわかりやすいのが郵便局員の話だろう。定年まで安泰な仕事の象徴だったが，時代が変わり，いつリストラされるかわからないという。今まで郵便局に頼っていれば良かったが，今は「自分にどう頼ったらいいか」が重要だという。「自分に頼る時代」，これがひとつのキーワードなのだろう。つまり，郵便局に勤めていますといえば一言で語れたキャリアが，もしリストラされ，小さな無名の会社に勤めるようになったら，その意味を自分で考えないといけない。つまり外から与えられた働く意味や生きる意味ではなく，「自前で働く意味や生きる意味を構築しなければいけない時代」ということなのだろう。

　「自分に頼る」とは，自分の内なる声に従い，本当に自分が何をしたいのか，という問題から逃げずに向き合うということだろう。つまりそれがスピリチュアリティということなのだろう。自分の本当の声，自分のスピリチュアリティに従って，自前の働く意味，生きる意味を構築することが重要だというのが，リー・リッチモンド先生の発言の真意だったのではないか。

　そしてユニティという言葉も多く聞かれたが，これはどういう意味か。日本語に訳せば「一体感」である。つまりこれは「自分一人では生きていないという感覚」

ではないか。自分のやりたいこと，自分の内なる声に従うというときの「自分」をどう捉えるかという問題。まず親がいなければ自分は存在していない。家族や周りの人とユニティを持つとはそういう意味だろう。そして世界の一員，宇宙の一員という感覚が持てれば，世界や宇宙とユニティが持てた状態と言えるのではないか。

　こうして考えると，先生の言うスピリチュアリティとは，「自分で考えた使命」のことではないかと思った。自分は何をしたいのか，自分は何をすべきなのかを突き詰めて考えたときに，その答えとして得られる「自分がこの世でするべきこと＝使命」，つまり人に与えられたわけではない「自前の使命感」こそが先生の言うスピリチュアリティなのかなと思った。「自分に頼る」時代とは「自前の使命感に従って生きる時代」ということなのだろう。

　つまり「自前の使命感としてのスピリチュアリティに従って，自分のキャリアを社会の中に構築することが重要だ」というのが，日本における講演で「精神性（スピリチュアリティ）と社会構築主義が，これからのキャリア研究で重要である」と発言されたことの真意だったのではないか。

　労働環境が不安定で，複数の会社を経験したり，いつリストラされるかわからない時代であったり，派遣社員として一生働かなければいけないような時代，つまり会社に頼れない時代に，何を頼りにキャリアを生きるべきかを考えたとき，「自分で考えた使命」，つまりスピリチュアリティに従って生きることが，意味深いキャリアを歩む上で重要なのだと先生は言いたかったのではないか。

　日本でスピリチュアリティというと変な顔をされたので日本では二度と言わないと先生は言われていたが（笑），自前の使命観，つまり何のために生きるのか，何をするべきなのかに関する感覚，そう考えたら私たち日本人にもあやしい宗教用語ではなく，すんなりと理解できるのではないか。今回のウーマンオブザイヤー受賞者はまさに内からわき起こる思い，自前の使命感＝スピリチュアリティに従って，社会の中に自分のキャリアを構築した人たちであった。もちろん正確に言えば社会構築主義はそういう意味ではなく「一人一人がそれぞれの社会を構築（解釈）している」という意味だ。ならば今回の受賞者たちは，自分の内なる声，人に言われたわけではない人としてすべきこと，自前の使命感＝スピリチュアリティに基づいて，社会（世界観）を構築（解釈）している人たちと言えるのかもしれない。つまり「自分のスピリチュアリティに従って生きることで，自分にとっても社会にとっても意味のあるキャリアを築ける」ということなのではないか。

　たった1時間半のインタビューの中で，このようなことを端的に伝えて下さった先生に感謝したい。

附録—B

M.S. Lips-Wiersma先生来日記念講演会*

要約と講演評
Meaningful Work：
意味深い仕事とは

〜 M.S. リプス - ウィルスマ先生　来日記念講演会〜

企画者：**神戸康弘**

ウィルスマ先生とクランキ先生（講演前，神戸大学貴賓室にて）
右：リプス・ウィルスマ先生
左：ケイコ・クランキ先生（北コロラド州立大学）

■1 —— 講演のきっかけ

　私が金井壽宏教授の指導のもと神戸大学大学院経営学研究科に提出した博士論文は，Lips-Wiersma（リプス - ウィルスマ）先生の「意味のマップ」に依拠したものでした。共同研究者である米国のKrahke先生（北コロラド州立大学）がWiersma先生とAOM（全米経営学会）での研究仲間であることから，ご紹介してくださりロンドンでの講演帰りに日本に寄って下さることになりました。そのため，金井先生はもちろん，藤本哲史先生（同志社大学），鈴木竜太先生（神戸大学）のご協力もあり，日本でのこの貴重な講演が実現しました。皆様に心より御礼申し上げます。

■2 —— 講演者の研究変遷

　Wiersma博士が「意味のマップ（The Map of Meaning）」を雑誌（*Journal of Management Development*）に最初に発表したのは2002年であった。博士論文をもとにしたこの論文はその後注目をあび，多くの大学のキャリアマネジメントの授業や企業研修に取り入れられ，「意味の問題を見える化（make meaning visible）した」「キャリアの意味について議論するよい機会となった」「意味深い仕事の選択に役立った」などの評価を得て，米国，英国など海外でも数々の講演やワークショップを開催している。その後，意味深い仕事研究を中心に組織改革などをテーマとした論文を多数発表し，数々の賞を受賞し，ジャーナルの編集委員，AOMの

委員などを務めている。彼女は現在，カンタベリー大学（ニュージーランド）の准教授であり，大学のＨＰによると，研究関心分野は，意味深い仕事，利益を超えた目的（Purpose beyond Profit），職場の精神性（Workplace Spirituality），責任型リーダーシップ（Responsible Leadership），企業責任（Corporate Responsibility），倫理（Ethics）となっている。とりわけ意味のマップは彼女の研究の代名詞であり，Lips-Wiersma & Morris（2009）では，ワークショップの214名の参加者記録を基にさらなる改訂版を提示しているし，2011年には著作 *The Map of Meaning: A Guide to Sustaining Our Humanity in the World of Work* を発表している（Lips-Wiersma & Morris, 2011）。また仕事の意味研究の世界的権威として，インターネット上のプレゼンテーションサイトであるTEDで講演し，その動画は世界中に配信されている。そのTEDの紹介文には以下のように書かれている。「彼女は，意味深い仕事研究の世界的権威の一人。研究者としては過去15年間，様々な職業，文化，年齢の人々と対話を行い，何が彼らの仕事を意味深いものにするのかを理解することに費やしてきました」。また日本での講演に先がけ，以下のようなメッセージをいただいた。「今日，世界が直面している病状は，組織の意思決定にもっと多くの「人間性（humanity）」を取り込む必要があることを示唆しています。しかしまた他方では，人を人として扱わないような職場の官僚性的傾向はますます進み，世界中の至る所で，従業員の会社離れ（職場や仕事への無関心，低関与）が増大しています。このプレゼンテーションでは，意味のある仕事を作り出すことで，私達の人間性と世界のニーズとをコネクト（接合）させる方法についてご紹介したいと思っています」。

■3 ── 講演の要約

　意味深い仕事について，より大きな社会学的な視点から考える。私たち個人にとってではなく世界にとってどんな意味があるのか。どのように意味深い仕事を作り出すのか，意味深い仕事を作り出すことは個人にとってだけでなく，なぜ世界にとって重要なのか。仕事をした結果私たちはどんな社会を作っているのか，私たちの仕事のもっと大きな目的とは何なのか，という観点から考える。

(1) 4つの「困難と機会」

　今日，意味深い仕事にとって，4つの「困難と機会」が発生している。
　1つ目は「効率と締め切り」である。仕事には効率が求められ，締め切りに追われる。よってその仕事がどれほど意味深いかよりも，いかに早く終わらせるかしか考えなくなる。その結果，従業員は重要と思わないことに時間の大半を費やす。そ

附B表-1　4つの「困難と機会」

敵と機会 (Challenges and Opportunities) ⊙効率と締め切り (Efficiency and Deadlines) ⊙官僚制と階層性 (Bureaucracy and Hierarchy) ⊙急速に進行中の変化 (Rapid Ongoing Change) ⊙労働の安定性 (Job Security)

して思う。いったい自分は何をやっているのか，と。意味と効率，そこには常にテンション（緊張関係）が存在する。効率だけを考えて行った仕事が，真に世界に貢献をもたらすか？　効率的であることは重要である。しかしそれを自分の内なる声に忠実に，なぜこの仕事をしているのか，なぜこの仕事が自分にとって重要なのか，自問自答しながら行うことは可能であり，そのバランスがわからないとあらゆる仕事は意味のないものとなってしまう。

　2つ目は「階層（ヒエラルキー，上下関係）」の問題である。これがなぜ意味深い仕事にとって邪魔となるのか。近年，組織行動論の分野で，リーダーシップを特定のリーダーではなく全員が持つべきものとして見始めている。しかしまだリーダーを頂点とするヒエラルキーモデルから脱してはいない。私たちはまだリーダーを探し続けるのか。世界が必要としているのは，私たちみんなが立ち上がること，進化することであって，けっして一人の英雄的リーダーを求めているわけではない。ヒエラルキーを持っている限り，私たちはステップアップして，その人が担うことが可能な責任を果たすことが出来ない。ヒエラルキーの中では人は責任を果たす大人ではなく，子供のままでいなければならない。ヒエラルキーは従業員を子供扱いするシステムなのである。これでは意味ある仕事を経験できない。我々はステップアップして，世界の中で自分に与えられた，自分が変えることができる小さなパートの責任を担うことが必要である。

　3つ目は急速に進行する「変化」である。我々は常に何かを変え続けている。変化がなぜ意味深い仕事にネガティブな影響を与えるのか，そのひとつは変化が起こる枠組みにある。変化は過去のやり方は間違っており，今のやり方が正しいという形で起こる。そのため人々がやってきた過去の仕事を尊敬しなくなる。過去の人々の業績もその意味も全て捨て去るのである。もうひとつの理由は，何かを「完了」することができないという問題。意味にとって重要なのは何かを成し遂げ達成感を得ること。完了するかどうかは意味深い仕事に大きな影響与える。3つ目は，変化が恒常化してしまい，もはや何も重要だと感じられなくなることであり，今日の経

営理論は明日はゴミ箱行きとなる。大切なことは「変わらないものは何か」と問うこと。そうすることで連続したストーリーの中に身を置くことができる。

　4つ目は「労働の安定性」である。近年，労働の安定性が失われる状況にある。労働の安定性は2つの側面から意味に影響する。ひとつは所属感。会社に長くいれば所属感を得られる。所属感は人生に意味があったと感じるかどうかにとって重要。人間は共同体の一部でありたいと思い，人間には共同体意識，コミュニティの「パートを取る」，一部を担うことが必要なのである。所属組織がない場合，どこで共同体意識を得るのか。もうひとつ重要な感覚がある。それは自分自身より大きく偉大な何かに貢献しているという感覚である。自分が会社に貢献すると，個人が投入した労働量以上のより集積された集団的成果を見ることができる。転職を繰り返す場合，この個人のスキルを超えたものはどうやって計るのか。自分の仕事に価値があったかどうかを彼らはどれだけお金を稼いだか，どれだけ出世したかで計ろうとする。しかしこれらが唯一の自分を評価する方法だと考えていると，中年の危機に行き着く。

(2) 意味深い仕事のマップ：作成過程

　私達はこのような問題にどう対処すべきか考えていた。そして，ひとつ忘れがちなことがあることに気づいた。それは仕事はハートとソウルをもった人を通じて行われるということである。そこで人の「願い」を全てビジュアル化できないかと考えた。Amabile & Kramer の研究がヒントになった。彼らは，リーダーは何が意味深い仕事かわかっていないため，意味深い仕事を無意識に破壊していると言った。ライバルに勝つ戦略といった研修ばかりだがそのような外仕事（outer work）は意味深い仕事を破壊する。よって目に見えない意味深い仕事を，個人にもリーダーにも「目に見える」ようにしないといけないと思った。

　このような背景から15～16年前に意味深い仕事研究を始めた。この15年間，私の関心は「意味深い仕事とは何か」「それは誰にとっても同じか」「仕事がより意味深くなるように仕事のやり方を変えることは可能か」にあった。

　3つの段階があった。1段階目はまず仕事のストーリーを集め，そこから意味のあるものを抜き出し，それを調査対象者に見てもらった。すると，自分のニーズを優先するか，他者のニーズを優先するか，常にテンション（緊張関係）が存在することがわかった。さらに being（あり方，熟考）と doing（行動）にもテンションがあった。熟考なしの行動も，行動なしの熟考もおかしいと。よって自己志向—他者志向，being—doing の2軸でマップ上に表した。2段階目は，彼ら（調査対象者）は，もうひとつ全てのバランスをとるものがあると言った。当初はスピリチュ

アリティという言葉でマップの真ん中に置いたが，他の言葉でもいいのでは？と言われ，インスピレーションという言葉に変えた。自分をモチベートしてくれるものなら何でも当てはまる言葉。あなたに命，エナジーを吹き込むもの，スピリチュアリティ，宗教，自分の子供など人それぞれ違ったものからインスパイアされる。その全てのタイプを含んだ言葉。あなたがやっていること，仕事に命を吹き込み続けてくれるものである。3段階目は，このマップの外に「リアリティ」という外枠を作った。こうして意味のマップが完成した。

　意味は何か違いを作り出すこと，コミュニティでの他者とのつながり，全ての才能を表現することで創造される。インナーセルフ（内部自己）を開発する必要がある。特にそれは仕事の中で，勇気と共感と優しさが求められる場面で。自分の仕事が意味深いと感じたとき，より共感的になっている。これらのことをこのマップは表現している。

(3) 意味深い仕事のマップ：発表後

　研究の次の段階は，アクションリサーチ。このマップが外の世界の地図をもつ彼らにどう見えるのか知りたいと思った。人々は組織で成功する方法を知っている。効率的である，官僚制の中でうまくやっていく，ヒエラルキーの中で自分のポジションを理解する，そういうことはわかっている。しかしその過程の中で自分の内部世界の地図を失う。何が意味があり，意味がないかが描かれた地図。自分の内部世界をビジュアル化できなければ，それをマネジメントすることもできない。

　マップの使い方の第一は，対話をもつこと。自分にとって何が意味深いか，このマップを使うと他人に表明できる。意味について対話が持てる。2つ目の使い方は意思決定に使うこと。どの方向に進むべきかマップを使って考える。顧客に違いを作り出せているか？問うてみる。補聴器の会社であるスウェーデンのオーティコン社が，このマップを使い始めた。「おしゃれな補聴器」を出していたが，顧客はどう思っているのか。対話すると顧客の望んでいたのは「もっとシンプルな補聴器」だった。お年寄りにとってどんどん複雑になる機械は困りものだった。補聴器は日常生活に欠かせないもの。常に作動してシンプルな操作性が重要だったのである。自分たちの商品は本当に顧客に役立っているのか？という質問は重要である。3つ目の使い方は，比較することである。このマップは全ての人にとって同じか？意味深い仕事はユニバーサルな概念か。男女で異なるのか。年齢によって異なるのか。職業によって異なるのか。

附B表-2　これからの研究課題

これからの研究課題
(The future of Work)
⊙スタート：行動的な希望 (Start: Active Hope)
⊙ヒューマンな視点から見て何が重要か見えるようにする
(Makes visible what is important from a human perspective)
⊙ダイナミック：継続的緊張関係－オーガニックな組織化
(Dynamic: takes constant tensions as a given of the human condition-organic organizing)
⊙ヒューマンな視点からの評価の許可
(Allows to evaluate from a human perspective)

(4)「社会的・環境的」視点から見た意味深い仕事のマップ

　個人の意味のマップを，社会的な視点で見る。人が意味深い仕事人生を送れる社会はどうすれば実現するのか，これが最近の私のリサーチクエスチョン。

　まず会社内での「他者との一体感」は，社会レベルで見ると「コーオペレーション」（協同，提携）となる。ユニリーバ社はその代表的企業であり，ひとつは大学との関係である。大学研究者と共に南アフリカで貧富の差を研究している。2つ目は政府との共同である。インド政府と衛生の問題に取り組んでいる。3つ目がNGO。コーオペレートは従業員が仕事の中からより多くの意味を発見することを助けるという。

　次は「人材開発」。今多くの組織が，革命的な新しい組織形態を実験している。ヒエラルキー型のビジネス組織からの脱却を試みる。彼らはもっとオーガニック（有機的）な組織を作ろうとし始めている。人々が自分の潜在能力をフルに発揮できるような組織を目指し，彼らは顧客またはイシュー（課題）の周りにチームを配置する組織改革を行っている。これは全ての人が課題解決に貢献できることを意味する。ニュージーランドのNeighborhood Careという会社では，看護師，老人介護士，医者など専門家でひとつのチームを形成し，600のチームを展開している。マネジャーはいない。ケアを必要とするクライアントの周りにオーガニックに組織化される。全員が平等でヒエラルキーを持たない。なぜなら患者にとってそれぞれ皆が重要だからである。この組織改革は従業員のフルポテンシャルの発揮を助け，多くのスキル開発に成功している。

　最後は「持続可能性」。Interfaceという会社。2020年までに環境負荷ゼロを目指すゼロミッションを掲げる。彼らは絶えず自分たちができることがもっと何かないかと問う。彼らは新しいビジネスモデルを開発した。

この種の組織は強い「希望」をもっている。ヒューマニティ（人間性）の未来について信頼の感覚を持っている。きわめてポジティブであり，彼らは強いエージェンシー感覚（代理者感覚）と郷土愛をもつ。私たちは何かに返す，恩返しするパワーが必要。それがあるからこそ何かを成し遂げられる。同時に彼らは強いコミュニオンの感覚をもつ。コミュニティの一部で，コミュニティの栄光とともに生きる。意味深い仕事は，組織改革へとつながり，人類のよりよい未来を実現する。

(5) 質疑応答

【質問―1】（金井教授，Kobe University）　私はこの2つの次元に興味を持ちました。例えば，このコントラスト。エージェンシーなどですが。先生が（お書きになった本の中で）引用されたデビット・ベーガンは私の知人なのですが。私が知りたいのは，ベーカンが本の中で言っていたことの間にあるつながりです。また，今日の参加者の大半は，組織行動論やその他の経営学を学んでいるので，クリス・アージリスの業績はおそらく馴染み深いと思いますが，垂直方向の次元，リフレクション対アクションというのは，クリス・アージリスの多才な仕事を思い出させますね。彼はアクションの中のリフレクション，リフレクションの中のアクションという考えを言っていますよね。もしよろしければ，この垂直なコントラストに関して何か追加的なコメント頂けたら，有り難いのですが。

　幾つか全部対比なっているんですけども，軸が減っているところなんですけども，縦軸は，私たちが普通に考えるときですけど，考え，考え過ぎてアクションのとれない人，ハムレットみたいな人と，いつも行為しているけど全く内省してない，ドン・キホーテみたいな人といますが，そうじゃなくて，この1つが，ここにマンダラじゃないですけど，私たちの世界，ユニバースの中で，というか。

　そのリフレクションとアクションに関しては，珍しく経営学者の中でクリス・アージリスという有名な人が，本当にいい実践家は内省ができる実践家だということで，例えば野村克也さんが監督としてうまくリーダーシップとっていたとしたら，彼はリーダーシップとしてのアクションとリフレクションの2つがあって，監督のリーダーシップ行為がどうであるかについて自分のセオリーを持っていたようなときに，リフレクションもアクションもできるようになっていく。横軸は，これはあんまり翻訳がないので読まれてないんですけど，デビット・ベーカンというのが，人間存在の二重性という言葉で，とても良い本なんですけれども，もし人間がエージェンシーだとしたら，例えば後ろに神様がいてもいいんですけど，後ろに神様がいて，神のエージェントとして何か頑張るんだというのがウルトラマンでもいいし，会社の研究所の人でもいいし，自分がすごい支えがあってエージェントとして頑張るん

だという人が孤立してしまったら，非常に気持ち悪いことというか，逆にコミュニオンというのは，関係性があるという意味ではいいんですけど，集まっているけど何もアクションとらない，というのだったら困るので，それだとデビット・ベーカンという人がエージェンシーとコミュニオンというのを対比して語っていて。私がここで興味深いなと思ったのは，普通の経営学の文献でしたら，クリス・アージリスも非常に深いし，デビット・ベーカンはほとんど哲学者なんですね，経営学者というより。ですから，先生の枠組みの中で，たぶん先生にも深い意味合いがあると思うので，ちょっとそれを聞かせてもらいました。

●回答● (Lips-Wiersma 博士，以下同じ) はい，金井教授がすでに言及してくださったように，リフレクションですが……，この中の何一つ分離しているものはないのですよ？ 意味深い仕事は，統合的な概念です。このマップ上のどこでも行けるし，どのポイントからスタートしてもいいですし，他のどの部分をピックアップしてもいいのです。リフレクションとアクションというのは，まさに巨人の肩の上に乗ったもので，アクションの中のリフレクションについて考えたクリス・アージリスの業績からカンバックしてきたものですね。彼が言うように，私たちは，立ち戻って常に内省しているわけでもないし，また常にその辺を走り回っている訳でもありませんね。しかし彼はとても重要だと言っていますし，私たちは彼の考え方から調査サイクルをつくりました。アクション（行動），インプルーブメント（改善），リフレクション（内省）という恒常的なサイクルで，改善を志向したものでした。彼はその後の研究の中で，私たちにとって，リフレクションは，私たちが達成の感覚を得るうえで，あるいは意味の感覚を得るうえで，いかに重要であるかについてさらに多くのことを書いていますね。これらが彼の仕事ですね。

そして，60年代初期に著作を開始した人がいます。彼の名前はベーカンです。私はその名前は考えたことはなかったのですが。しかし確かに彼は，エージェンシーとコミュニオンの感覚は，人間存在の根本的な動機付けだと述べていますね。その両者には常に緊張関係が存在します。一方で，エージェンシーは，自己決定の感覚であり，自分の人生や自分のキャリアを自分でコントロールしたいと思う感覚であって，それらは全て自分自身のためですね。しかしまた他方では，それと同時に，私たちは人間であるがゆえに，私たちはある感覚を必要とします，彼がよく使う言葉を借りるなら，所属の感覚ですね。そして世界に貢献しているという感覚もまた必要とするのです。これについては後にキャリアの調査が行われていますね。being と doing が同時に存在するのか，というもので，そういう結論だったと思いますが，確かにその通りなのですが，私たちの調査では，拡張を必要とするのです。例えば，私たちが行動志向になりすぎると，私たちは次のステップに進むように駆

り立てられるのです。それはおそらく，コミュニティの感覚，サービスの感覚を失うからではないかと考えています。

　ベーカンが60年代に最初に思いついたとされるコンセプトは，自己志向と他者志向の間にあるものとして言及されてきたと思います。しかし自己志向と他者志向という概念は，西洋の世界では昔からある概念ですね。例えば，それは聖書の主要なテーマですよね。私が思うに，beingとdoing，アクションの中のリフレクションというのは，むしろ東洋世界で活発に記述されてきたのではないでしょうか。仏教はまさにbeingとdoingの間にある緊張関係がテーマではないでしょうか。私が思うに，それが現実社会の文脈の中で意味の問題を観察したとき，ずっと興味を引きつけたことだったのではないでしょうか。

【質問―2】 インスピレーションについて質問があります。話を聞くというスタイルで調査されたと言われていました。多くの人に仕事生活の意味とは何ですか？といった質問をされたのだと思いますが，それに対して，つまりインスピレーションに関してどのようなイベント（出来事）が出てきたのでしょうか。

●回答●　いい質問ですね。仕事の中でどういう所からインスパイアされますか？と聞きました。それに対する答えは多種多様でした。なぜならそれはその人の世界観に依存するからです。例えば，私はユダヤ人，だから神へのお祈りから一日が始まります。だからそれは神です，などの答えがありますね。だからまずそれらは含まないことにしました。組織にとって考えるべきことだけにしました。だからもう一つの側面に注目することにしたのです。金井さんもおそらく同じような研究されていたと思いますが，仕事の中での困難な経験，チャレンジングなテストされているような状況から突然スパーク（ひらめき）を得ましたというような答えも含むことにしました。後は，自然からインスパイアされるとか，静けさからとか，コミュニティからという回答もありました。また夢の話をする人もいました。Interface社のAndersonは，1人の従業員が書いたポエム（詩）からインスパイアされたと言っていました。そのポエムのタイトルは「明日の子供（tomorrow's child）」でした。この詩からAndersonはInterface社は次世代への貢献を作り出せる会社にしようとインスパイアされたそうです。またある人は，座って瞑想をしているとき，突然，それがやってきたのです。それはアイディア，パッション，他者からの導き，これらをすべて含むような場所でした，と言いました。そういうわけで私は全ての言葉にオープンである必要があると感じ，マップの中心にスピリチュアリティという言葉を置くのを止めました。なぜならそれは世界観に依存する言葉だからです。私は職場でこのような会話をするとき，どこからインスパイアされるのかという質

問を元に判断しないようにすることがとても重要だと思っています。私は「インスピレーション」という西洋の言葉が，そう簡単に東洋の方に伝わるとは思っていません。いつの日か，みなさんの力を借りて，より万国共通の言葉を探したいと思っています。文字通りの西洋での意味は，「あなたに命を吹き込むもの（"that which breathes life into"）」です。

【質問―3】 リーダーシップの調査をしたときリスト化した形容詞の中に"inspiring"という言葉がありました。私達日本人にとってこの言葉は，どのような日常の日本語の言葉に置き換えたらいいのか難しいのですが，その点をぜひ教えて頂けないでしょうか。

●回答● はい，まさにその通りだと思います。リーダーシップの文献だと，リーダーはヒエラルキーの頂点にいて私達をインスパイアしていると考えますね。それを全て否定するわけではないですが，しかし私達は日々の日常生活の中では，自分のインスピレーションに従って行動していますよね。ＣＥＯが何か話をするのはせいぜい月１回のことだったりするので。あるいは年に１回，スピリチュアルの先生から話を聞くぐらいですよね。もしいればですが。だから私達は，何が私達の魂を正しい方向に導くのか，何が上を目指させるのか，何が私達にエネルギーを与えるのか，何が私達の日常のタスクから，「なぜ私達は今ここにいるのか」というより大きな問いの世界まで引き上げてくれるのか，自分で日々自問自答していますよね。

　いつの日か，私はデータを集め，よりよい言葉，インスピレーションを表す西洋も東洋もわかるような言葉，しかし定義が狭くなりすぎないような言葉を探そうと思っています。たぶん１０の言葉が要るのですね。このマップを作るとき，事前に言葉は決めていませんでした。ある人は，内面自己を高めるのは「自分を愛すること」だと言いました。またある人は，ユニティとの「高い水準のつながり」だと言いました。またある人はインスピレーションを表す言葉は「スパーク（閃き）」だと言いました。

　もし仏教徒がいたら「自分を愛すること」なんて言いませんよね。おそらく「自我を忘れること」と言うはずです。世界観の違いの一例ですが。でもどちらの人も，仕事に情熱をもって打ち込めるかどうかが，いい人を作るか悪い人を作るかを決めるという認識については同意していました。そしてどういう言葉にするかみんなで決めていきました。そういうわけでいろんな世界観を含んでマップを作ったので，ダイバーシティ（多様性）のある職場でも役立つと思います。以上のことが示しているのは，人々は一見多様に見えても実は一致している部分もあるということです。

【質問―4】日本には，古来から，働くというのは，端々を楽にさせるという考え方がありまして，このフレームワークでいくと，インスピレーションがアザーズに向かってミーニングフルになっていくことが，ワークの本来であると私は思うんですね。インスピレーションがセルフに向かってミーニングフルになっていくと，そもそもこれ悪いことになるんじゃないかなという印象をものすごく強く受けまして，（マップの）左上のようにそういう心があるということは分かるんですけど，左下にいくと，例えば具体的にいうと，ファンドマネジャーとか，投機スキル，投機技術を駆使して短期で利益を得るというような仕事がありますよね。そういうのは，ワークであるけれども，そういうものにミーニングフルをたくさん感じていくと，米国が2008年リーマンショックを起こしたのも，そういう結果の相対がそういう形になっていたと思うんですね。社会に対していい仕事をしていくとなると，インスピレーションがセルフのほうにミーニングフルになっていくということを重視するというのはいかがなものかなというような感想を私はもちました。ということを一言申し上げます。（日本では他者を幸せにすることが意味のあることと伝統的に考えられてきました。よって，インスピレーションは，右側（他者志向）寄りに置くべきではないか。おそらく，左側（自己志向）に寄っていることが世界のトラブルの元だと思うのですが。）

●回答● あなたがどこの国の人であるかは理解しています。また私の国の世界観も理解しています。何か違いを生まなければ，つまり成果を上げなければ仕事が意味あるものにはなりませんね。だから成果を上げる（違いを生み出す）というこの基準が他の側面よりもより重要であるべきでしょう。しかし，これはデータに基づいたものではなく私の独自の経験，私が博士号を取ったときの話をしますが，私は成果を出したい，違いを生み出したいと思っていました（マップ右下）。しかしすぐに明らかになったことは，もし自分が調査対象者と充分な良い関係を築けなければ（ノー・ユニティ，マップ右上），決して私が望む質の高いデータは集められないと言うことでした。もし私が偏見に満ちていて，充分に内面自己を成長させることができなければ，得られたデータは充分に人間性全体を反映したものにはならないしょう（マップ左上）。また私が自分のポテンシャルを充分に表現できるようなスキルを学んでいなければ（マップ左下），私の博士論文は出版されず，博士号はとれなかったでしょう。だから最初の質問への答えは，意味は相互独立的だということです。2つ目の質問への答えは，マップ上の全ての要素が，仕事を意味深いものにするということです。このことを別の視点から考えてみましょう。もうひとつの例を出します。あなたはナース（看護師）だとします。日々患者さんに違いを生み出しています，つまり成果を上げています（マップ右下）。しかしあなたが信頼

できる同僚がひとりもおらず（ノー・ユニティ，マップ右上），人々があなたを意思決定から除外したとしたら（あなたの能力をフルに発揮できない，マップ左下）。さらにその同僚が倫理的に問題のある人ばかりだったら（内部自己を発達させることができない，マップ左上），あなたの看護師としての経験は，意味深い仕事になりますか？客観的にその仕事が意味があるかを問題視しているわけではありません。問題は，あなたがそう感じるかどうかです。

　社会学的な視点から言えば，私はバランスの取れた社会が必要だと信じています。私はニュージーランドから来ましたが，とても個人主義的な文化を持っています。正直ではっきりと物を言う国民です。そうすることで人格的な強さを磨き，多くの才能を育てます。私達はリアルが得意です，つまりとても現実主義的な文化をもっているのです。しかしお互いに希望を与え合ったり，隣人に配慮することはそれほど得意ではありません。別の社会では，人々はとても強いコミュニティを作っています。しかし自分の能力を開発する機会を与えられず，貧困から抜け出すことができません。また別の社会では，個人の前にコミュニティがありきで，自分の才能や独自性を発揮することができません。こういう社会も何かを失った社会と言えるでしょう。私は社会学者ではありませんので，これらのことはもっと調査してみないとわかりません。大切なことは，全人格を発達させ，より健康的な社会を作るには全てのことが必要だということです。

　私は4ヵ月間，仏教の大学に通っていました。何か成長したいと思ったからです。私は，彼らが"being"という言葉を強調することに，ずっと違和感を持っていました。私はいつもこう思っていました。「いったいどんな違いを生み出したというの？スタートし，何かをしなければ現状をより良い世界に変えられないじゃないか」と。しかし，そうでないことに気付いたのです。彼らはあらゆる「リフレクション（熟考）のスキル」を学んでいたのです。瞑想，傾聴，自己を肯定的に受け入れる，などです。これらは彼らに多くの勇気と，自我を離れ違いを生み出す（成果を出す）ためのスキルを与えました。彼らはまず内部自己からスタートしていくのですが，すぐに他者に移って。

　長い回答になってしまいましたが，正確に答えるには調査が必要ですね。よって再び，近いのはベーカンのエージェンシーとコミュニオンの議論ですね。彼は，他を犠牲にした（マップ上の）象限はたとえどんな象限であっても，個人と集団的幸福の喪失につながることを明らかにしました。

■4 ── 本講演の意義

　こうして改めて活字で見ると大変意義深い講演だったことがわかる。意味のマッ

プの研究者としては，全てが興味深く衝撃的でもあった。Wiersma博士のお話の背景には「今の組織構造は人の潜在能力を制限している」という問題意識がある。その点を踏まえるとより講演内容が理解しやすいのではないか。講演前のメッセージである「ヒューマン（人間，人間性）をもっと組織に取り込む」「意味のある仕事を作り出すことで，ヒューマンと世界をコネクトさせる」とはどういう意味だったのかを中心に，重要ポイントについて順を追って振り返ってみたい。

① 4つの困難

「効率と意味のテンション」という話は，効率を追求しすぎる日本にとって重要な指摘で，どこかで意味について考える時間を与えることは，雇用主の義務であろう。意味と効率のバランスへの配慮が日本の企業にあるか。欧米ではリフレクション休暇という内省，熟考のためだけの休暇制度があるという。

「ヒエラルキーの存在するところでは，従業員は子供のまま」という指摘は興味深い。リーダーシップとは各自が立ち上がり自分が担うべき世界のパートを取ることであるという指摘は，組織改革につながるヒントとなるだろう。

「変化は意味を捨て去る」という話は，常に改革を求めることの落とし穴の指摘とも言える。改革は良いことと考えられているが，過去の意味を否定することでもあり，気をつけないと「意味の喪失」にもつながる危険性を秘める。

「労働の不安定性」については，「自分を超えたより大きな何かへの貢献の感覚」「個人のスキルを超えたものをどう計るのか」という指摘は重要であろう。自分が10働けば10の見返り（報酬）が得られるというのが働くことだと思いがちだが，自分の小さな貢献がやがて大きな偉業となるところに労働やキャリアの本質がある。転職を繰り返しているとその感覚が得られないという指摘は，示唆に富むであろう。

② 意味のマップについて

意味のマップを作ろうと思った動機についての話が聞けた点は興味深い。人間がもっと潜在能力を伸ばせる分野を全て抜き出そうというのが，もともとの発想であった。そしてリーダーは無意識に意味深い仕事を破壊しているというAmabileらの研究をヒントに，リーダーにも意味ある仕事を見えるようにしようというのが，マップ作りの動機であった。つまり意味のマップは「内面マップ」で，それとは別に「外面マップ」がある。人は仕事で上手くやるとは，お金を稼ぎ，出世することだと思っている。なぜならそれは「外面マップ」で目に見えるから。しかし表面上はうまくやっていても何かむなしい，人生これでいいのかと悩む。なぜなら目に見えないもう一つの「内面マップ」の中で問題が起こっているからだ。よってその内

面マップを「見える化」して自分がどこで意味を感じられないのかを，本人と上司が目で見られるようにしたいというのがもともとの意味マップ構想であったという話は大変興味深い。「内面マップを使った組織改革」，それが Wiersma 先生の真の主張であろう。

③「ヒューマン（人間，人間性）をもっと組織に取り込む」「意味のある仕事を作り出すことで，ヒューマンと世界をコネクトさせる」の実例

それでは本題である「ヒューマン（人間，人間性）をもっと組織に取り込む」「意味のある仕事を作り出すことで，ヒューマンと世界をコネクトさせる」とはどういうことなのか，整理してみたい。講演で紹介された3つの事例から考えたい。

⊙事例1「オーガニックな組織への改革 − Neighborhood Care 社の取り組み」

1例目は Neighborhood Care 社の取り組み。「オーガニックな組織」への改革として，顧客または問題の周りに人を配置したチームを展開する大胆な組織改革を行っている。

この組織は人のフルポテンシャルを発揮しやすい，ヒューマンを取り込んだ組織であり，特徴は4点ほどある：(1)顧客または問題と「直に」接する，(2)自分の専門が明確で「自分が担うべきパート」に責任を持つ，(3)それぞれ専門を持つ仲間

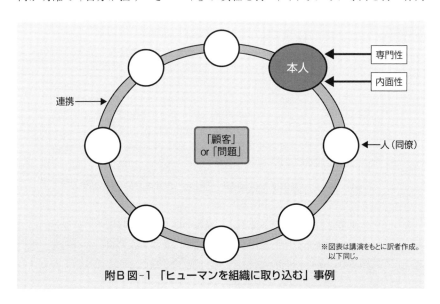

附B図-1「ヒューマンを組織に取り込む」事例

と問題を共有できる，(4)顧客や問題に起こした変化を目の前で見ることができる。

1点目は，顧客の問題と直に接するという点であろう。通常の仕事では，実際に起こっている問題の解決を任されるケースはまれであろう。

2点目は，自分の専門が明確であるため，自分が担うべきパートが明確になる点であろう。例えば介護士なら，介護士の仕事を全責任をもって行わなければいけない。これが Wiersma 先生の言う「ステップアップして，その人が担うことが可能な，自分が変えることができる小さなパートの責任を担うこと」であろう。ヒエラルキーの中の子供から脱することだろう。また専門家の立場から参加するため，専門スキルが開発されやすい，つまりフルポテンシャルを発揮しやすい。

3点目は，他の専門性をもった仲間と同じ立場で同じ問題を見るため，問題を共有でき，一体感が得られる点である。また自分のスキルだけでは解決できない，もっと大きな解決を一致団結して行えるため，Wiersma 博士の言う「自分を超えたより大きな何かへの貢献の感覚」「個人のスキルを超えたもの」を得ることができる。

4点目は，自分たちが行った解決の効果を直に感じることができる点であろう。これは Wiersma 博士の言う意味獲得に不可欠な「自分がこの世界で変化を起こすことに貢献できた」という感覚の獲得につながるであろう。

またこれを意味のマップの4目的である「フルポテンシャルの発揮」「内面自己の開発」「他者との一体感」「他者への奉仕」から見ると，このようなオーガニック型の組織が，4つの目的を全て満たした「意味深い職場」になっていることがわかる。これが Wiersma 博士の言う「ヒューマンをもっと組織に取り込む」例であろう。

```
顧客／問題 ←専門の立場で参加 ←スキル開発，フルポテンシャル発揮 (Self/Doing)
        ←顧客への共感 ←内面自己の開発，内面の成長 (Self/Being)
        ←仲間と問題を共有 ←一体感／自己を超えた集団の成果 (Others/Being)
        ←顧客や問題の変化を観察 ←変化（貢献）の実感 (Others/Doing)
```

附B図-2 顧客または問題に「直に」接するチームの効果

もうひとつ重要なのはバランスである。顧客の問題に直に接する，仲間と協同で解決に当たる点は「他者志向」だが，専門の立場で接するため自己の専門性，専門スキルが蓄積され，また内面的成長も得られるため「自己志向」の欲求も満たされ，両者のバランスという問題も解決されている。また「リフレクション」と「アク

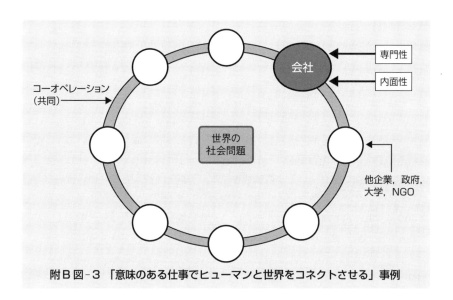

附B図-3 「意味のある仕事でヒューマンと世界をコネクトさせる」事例

ション」のバランスの問題も，まず問題の解決を担うためには「考える」ことが不可欠である。流れ作業の仕事をこなしているわけではない。しかし考えるだけではダメで，実際に問題を解決しなければならず「アクション」が求められる。つまりこの点も「リフレクション」と「アクション」のバランスが取れている。

⊙事例2 「顧客が人と意識すると世界を変えられる－補聴器 Oticon 社の取り組み」
　2例目は Oticon 社の例。マップをヒントに顧客は本当は「もっとシンプルな補聴器」を望んでいることに気づいたが，1例目が「従業員」のヒューマンを取り込む例だとすると，この2例目は「顧客」のヒューマンを組織に取り込んだ例かもしれない。

⊙事例3 「意味のある仕事で組織と世界をつなげる－ Unilever の取り組み」
　最後は Unilever 社の例。大学や政府と，世界の社会問題の解決のためコーオペレーションを展開しているという。これが Wiersma 先生の言う「意味のある仕事を作り出すことで，ヒューマンと世界をコネクトさせ，組織と世界を変える」例であろう。

■5 ── インプリケーション
　学問的インプリケーションとしては，本講演はこれまでの経営学の「管理」と

いう発想自体に警鐘を鳴らすものだろう。「管理する，マネジメントする」という発想自体が人の能力を制限してしまったのではないか，人の潜在能力を開発しそれを結集することで，今よりもっと偉大な仕事ができるのではないか，それがWiersma博士の真の提案なのだろう。

これまでのモチベーション研究，意味のある職場研究との比較を簡単にまとめると，従来の研究が，人に仕事をやらせる，やる気を出させるにはどうしたらいいかをテーマとした管理モデルであるのに対し，意味のマップ研究は，そのような発想を超えて，人の潜在能力をもっと開放すれば，今よりもっと多くの，真に重要な問題の解決が可能ではないかとする開放モデル，可能性モデルとなっている点に特徴がある。よってその目的を達成する組織構造として，管理モデルがヒエラルキーであるのに対し，開放モデルではオーガニックな組織構造なのだろう。あくまで私見であるが，両者の違いは以下の表のように整理できるように思う（付B表-3）。

日本における実務的インプリケーションとしては，日本は仕事から「やりがい」を感じられない国とよく言われるが「意味のマップにより内面マップを目に見える

附B表-3　従来の研究と意味マップ研究との対比

	従来のモチベーション研究，意味のある職場研究	Wiersma博士の「Map of Meaningful Work」研究
経営スタイル	管理モデル	開放モデル・可能性モデル
目的	管理する（やらせる，従わせる），動機付ける（やる気を引き出す）に適した組織構造，組織行動の研究	①意味のある仕事を作り出し，人の潜在能力を開放することで， ②より多くの，より重要な問題の解決／今まで解決できなかったタイプの問題の解決を可能とするような， ③組織構造や組織行動，または働き方（キャリア）の研究
モデル	子供モデル（潜在能力の制限モデル）	大人モデル（潜在能力の開放モデル）
組織構造	ヒエラルキー	オーガニック
方法	報酬，誘因の設定	状況の設定：問題に直に接するなどヒューマン（人の持つ問題意識，正義感，怒り，喜び，解決したい欲求，役立ちたい思い，社会に貢献したい心など潜在的な人間性質）を組織に取り込む。

ようにすることで，上司と従業員が意味について対話ができるようになる」「新人もベテランもそれぞれの立場で顧客の問題に直に接するオーガニック型組織構造」など，実際の組織改革に使用可能な提案が数多くあった。

　また大学などのキャリア教育においても例えば「エージェンシーの感覚」という言葉は示唆に富む。今の若者は我慢が足らずすぐ辞めてしまうと言われ，折れない心，レジリエンス（resilience）の研究がさかんであるが，それは「自分のため」に働いているからであろう。しかし「自分のため」は意外に弱く，意外と頑張れない。だから辛いことがあるとすぐに辞めてしまう。何か「背負っているもの」がないこの状況を，「エージェンシー」の研究が解決する可能性を秘めている。

　今回の講演が少しでも，日本の経営問題，労働問題の解決に役立つ事を期待したい。

(神戸康弘訳)

●―注
*― 本講演評は，『経営行動科学』第 27 巻第 2 号に掲載されたものに質疑応答などを加筆したものである。

附録—C 意味マップの使い方

　最後に意味マップの使い方について触れておきたい。多くの人に使ってほしいが，どんな人にどのように使ってほしいかについて，就活を控えた学生と，働く人とに分けて考えてみたい。

■1 ――「学生」の就活（会社選び，仕事選び）に
　まず1つは，学生の就活，つまり会社選びや仕事選びに役立つだろう。マップを使うことで，少なくとも4つの視点で考えることができる。それが附C図-1である。
　まず自分はどんな能力（スキル）を持っているのかという視点である。これはマップで言えば左下のことで，ここではskillのSの「S領域」と呼ぶことにする。これは語学や専門領域，IT技能などの文字通りの能力だけでなく，どこに住んでいるのかなどの個人状況もある種の能力と考えていいだろう。例えば，文字が書けたり，パソコンやスマートフォンが使えたりするのは当たり前のことと思うかもしれないが，その国の状況や年代に特有の能力であろう。発展途上国や年代が違えば，それは特殊な能力，先進国や若者だけが持つ能力となる。次にその能力をどのように活かすべきか，どのように活かすことに情熱を持てるかという視点である。例えば先進国の若者なら，何をすべきか，都会に住んでいるか地方に住んでいるかや，もちろん何を学んできたかによっても何をすべきかが違ってくるだろう。これはマップの左上の話であり，ここではpassionのPの「P領域」と呼ぶことにする。そして3つ目がそのような能力や使命感はどんなリソースを持つ会社（組織）ならば活かせるか，どんな人たちと一緒に働きたいかという視点である。これはマップの右上の話であり，ここではresourceのRの「R領域」と呼ぶことにする。そして4つ目が自分の能力や情熱，会社のリソースをどんな人のために使いたいか，どんな人たちのニーズや悩みを解消できるかという視点である。これはcustomerのCの「C領域」と呼ぶことにする。つまり学生の就活にこのマップを使うことで，「能力」「情熱・使命感」「組織リソース」「顧客・解消」という4つの視点から会社選び，仕事選びをすることが可能となるのではないか。またマップの中央に「中心(I,S)」とあるが，これはLips-Wiersma博士がインスピレーションやスピリチュアリティと呼んでいた部分である。どういう言葉にするか決められないと述べていた

が，人生に対する考え方の部分であろう。この部分が変わることで，全てのマップの内容が変わる可能性を秘めている。例えば，自分は何をしたいか，仕事するなら好きなことを仕事に，などと言われることも多いが，そうではなく人はなぜ生きるのか，何のために生きているのかなど，宗教的な意味合いも含めた根源的な問いからこのマップを見つめるなら，また違う考えが生まれるかもしれない。また「能力」からスタートするマップであるため，例えば大学院に通ったり，語学や新しい資格にチャレンジするなど，自分の能力が高まれば，このマップはまた新たなステージに書き換えられるだろう。

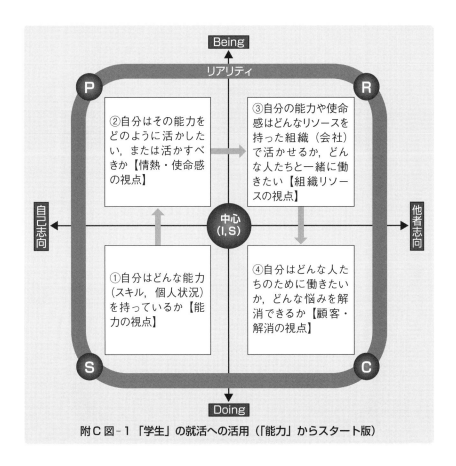

附C図-1 「学生」の就活への活用（「能力」からスタート版）

また会社選びは，以下の3つの視点が重要とも言われる。

・会社選びの視点
（1）お客さんは誰か（誰が買っているのか）
（2）どんなニーズを満たしているのか
（誰のどんなニーズを満たすビジネスか）
（3）なぜそれが可能なのか，その会社独自の能力

　この3つの視点からマップを眺めるなら，まず（1）と（2）はマップの右下，C領域の話だろう。そして（3）はたくさんある会社の中でなぜお客さんはそのビジネスを選ぶのか，なぜその会社だけがお客さんのニーズを満たせるのか，その独

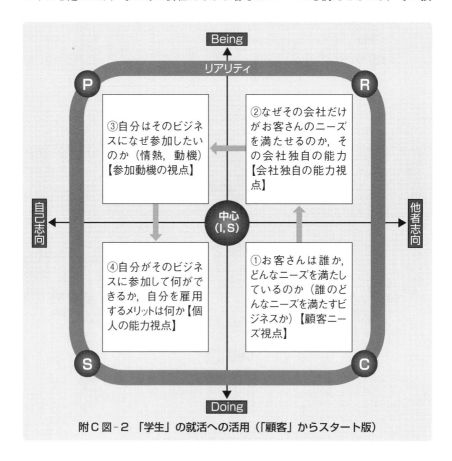

附C図-2 「学生」の就活への活用（「顧客」からスタート版）

自の能力の話であり，マップの右上，R領域の話だろう。そして自分がこのビジネスになぜ参加したいのかが，情熱，動機の部分，マップの左上，P領域の話だろう。そしてそのビジネスの中で自分は何ができるのか，自分が加わることでどのように役立つのか，会社側のメリットは何なのかを考えるのが能力の部分，マップの左下，S領域の話だろう。それを図にしたものが附C図-2である。これはマップの右下，C領域からスタートするマップである。

■2──「働く人」の悩み整理，意味を感じる働き方への転換に

また実際に働いている人にとっては，自分がどうすればもっと意味を感じる働き方ができるのか，仕事上の悩みがマップのどこから発生しているのか，悩みの発生場所の特定とその改善法を考えるのに役立つだろう。

より意味を感じる働き方への転換という意味では，このマップを使うことで4つの視点（問い）から仕事を見つめ直すことができる。まず第1の問いは，自分の能力をフルに発揮できているかという問いである。例えば大学で習ったことが活かせているだろうか。自分の能力をフルに発揮できているという喜び（報酬）が感じられているだろうか。これはマップの左下，S領域の話だろう。またあなたは自分のしたいこと，するべきことができているだろうか，それができている喜び（報酬）を得ているだろうか，というのが第2の問いである。これはマップの左上，P領域の話だろう。そして，あなたはどんな仲間と仕事しているだろうか，良い仲間と一体感を持って仕事ができているという喜びを感じているか，できていないとしたらどうすればそれが可能だろうか，というのが第3の問いである。これはマップ右上，R領域の話だろう。そして，自分たちのビジネスは何か社会に役立っているか，顧客に何かメリットをもたらしているのか，その喜びを感じられているかというのが第4の問いである。つまり「能力の報酬」「情熱，使命感の報酬」「所属感の報酬」「社会変化の報酬」を得ているかをチェックするのにこのマップは役立つだろう。それを表したのが附C図-3である。つまりその分野の喜びが感じられていないならば，どうすればそれが感じられるのか，このマップは，日々の仕事の改善，喜びを増す方法を考えることに役立つだろう。例えば，顧客に役立っているかわからないと思っているなら顧客に直接聞いてみればいい。おそらく多くの声が集まるだろう。そこから仕事を改善し顧客の喜びが増せば，この分野からより多くの喜びを感じることができる。また仲間と一体感を感じられないならそのような企画を立ててみればいい。例えば日頃思っていることを感謝の手紙として渡す企画を行えば，この分野の仕事の喜び（報酬）がより増えることになるだろう。また自分のしたいことが生まれ育った町の地域貢献だったのに，それができないと思っているなら，地域とつな

がる企画を立ててみればいい。ならばこの分野の喜び，つまり自分がしたいことすべきことができているという喜びを増やすことができるだろう。このように明日からどの分野のどんな喜びを増すことが可能か，それを視覚的にわかりやすく示してくれるのがこの意味マップの長所であり活用法であろう。

また悩みの整理や解決という意味でも役立つだろう。例えば，仕事の悩みを書き出してみると良い。そして書き出した悩みがこのマップのどこの話なのかを，当てはめてみて欲しい。おそらくどれかに当てはまるからだ。例えば，人間関係の悩みならマップの右上，R領域の話であるし，自分の能力が活かされていないという悩みならば，マップの左下のS領域の話である。つまりマップを使うことで，悩みの発生源をマップ上で特定することができる。そうすればどうすればその悩みが解決

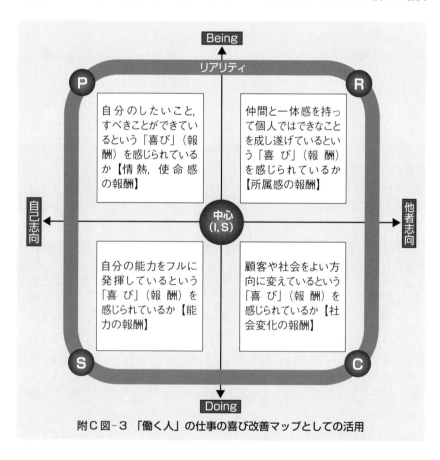

附C図-3 「働く人」の仕事の喜び改善マップとしての活用

可能か具体的な方法が見えてくる。例えば自分の能力が活かされていないという悩みならば、自分の能力が活かせる仕事を立ち上げてみればよい。それが社内で認められたら、この分野の悩みを解決することが可能となるだろう。また自分の能力（S領域）を高めていけば、多くの悩みが解決可能であることもわかる。例えば能力が増せば、自分のやりたいこともできるようになり、顧客にも役立つことができる。また社内で一目置かれ、付き合う人間関係のレベルも上がり、人間関係の悩みも解消されることも可能であろう。また仕事ではなく、人生に対する見方（「中心（I, S)」）が変われば、多くの悩みが解消されるかもしれない。つまり自分の悩みがどの分野から発生しており、明日から何をすればこの悩みを解消可能なのかをわかりやすく視覚的に示してくれるのがこのマップの長所であり、活用法と言えるだろう。

　以上、意味マップの活用法について学生の就活用と働く人用に分けて考えてきた。実際に書き込んで使えるようにそれぞれに書き込み用のマップを作成した。それが、附C図-4, 5, 6である。学生ならばこのマップに書き込んでみて欲しい。そして中心にあるなぜ生きるのか、自分の生きる意味についても考えてみて欲しい。哲学でもいいし宗教でもいいし、問い続けることで自分なりの答えが見つかればまたこのマップの内容が書き換えられていくのではないか。また働く人ならば、喜びを感じられていないと思う分野で、明日からどうするか、何をどう変えるのか"宣言"をしてみて欲しい。待っていても喜びがやってくるわけではない。報酬の種類と場所（発生源）がわかったわけだから、明日から今日のやり方を変えてみて欲しい。ならばこの意味マップを使う意味がわかるはずだ。そしてより多くの人が意味ある仕事ができるようになれば、提唱者のLips-Wiersma博士にとって意味あることになるだろう。

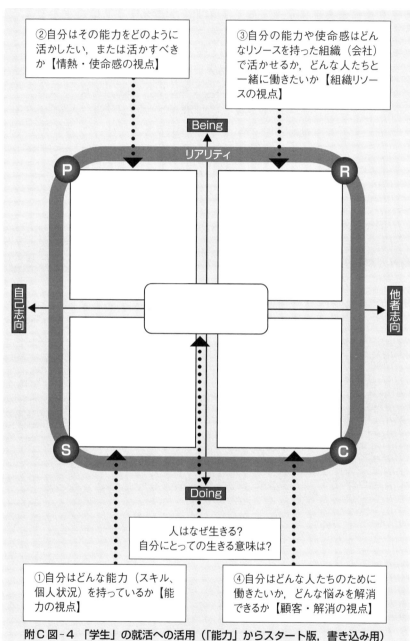

附C図-4 「学生」の就活への活用（「能力」からスタート版，書き込み用）

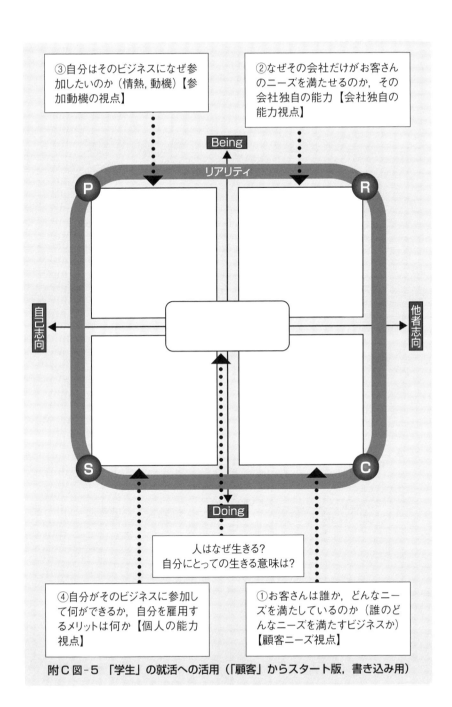

附C図-5 「学生」の就活への活用(「顧客」からスタート版, 書き込み用)

附録 C ▶ 意味マップの使い方

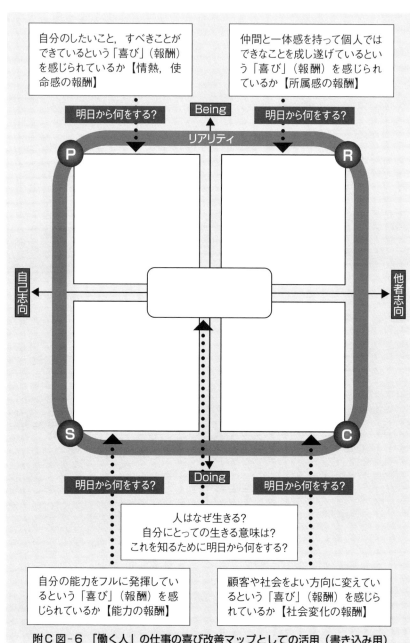

附C図-6 「働く人」の仕事の喜び改善マップとしての活用（書き込み用）

参考文献

Adams, D. W., & Csiernik, R. (2002). Seeking the lost spirit: Understanding spirituality and restoring it to the workplace. *Employee Assistance Quarterly, 17*, 31-44.

Allen, T. J., & Katz, R. (1986). The dual ladder: Motivational solution or managerial delusion? *R&D Management, 16*(2), 185-197.

Amabile, T. M., & Kramer, S. J. (2012). How leaders kill meaning at work. *McKinsey Quarterly, 1*, 124-131.

Arthur, M. B., & Rousseau, D. M. (1996). *The boundaryless career: A new employment principle for a new organizational era*. New York, NY: Oxford University Press.

Ashforth, B. E., & Pratt, M. G. (2003). Institutionalized spirituality: An oxymoron? In R. A. Giacalone & C. L. Jurkiewicz (Eds.), *Handbook of workplace spirituality and organizational performance* (pp.93-107). Armok, NY: M. E. Sharpe.

Ashmos, D., & Duchon, D. (2000). Spirituality at work: A conceptualization and measure. *Journal of Management Inquiry, 9*(2), 134-145.

Ayers, D. F., Miller-Dyce, C., & Carlone, D. (2008). Security, dignity, caring relationships, and meaningful work. *Community College Review, 35*(4), 257-276.

Beazley, H. (1997). *Meaning and measurement of spirituality in organizational settings: Development of a spirituality assessment scale*, Doctoral dissertation, The George Washington University, *UMI Microform* 9820619.

Becker, E. (1973). *The denial of death*. New York, NY: Free Press.

Biberman, J., & Whitty, M. (1997). A post modern spiritual future for work. *Journal of Organizational Change Management, 10*(2), 130-138.

Bloch, D. P. (1997). Spirituality, intentionality, and career success: The quest for meaning. In D. P. Bloch & L. J. Richmond (Eds.), *Connections between spirit and work in career development: New approaches and practical perspectives* (pp.185-208). Palo Alto, CA: Consulting Psychologists Press.

Bloch, D. P. (2004). Spirituality, complexity, and career counseling. *Professional School Counseling, 7*(5), 343-350.

Bloch, D. P. (2005). Complexity, chaos, and nonlinear dynamics: A new perspective on career development theory. *The Career Development Quarterly, 53*(3), 194-207.

Bloch, D. P., & Richmond, L. J. (1997). *Connections between spirit and work in career development: New approaches and practical perspectives*. Palo Alto, CA: Consulting Psychologists Press.

Bloch, D. P., & Richmond, L. J. (1998). *Soul work: Finding the work you love, loving the work you have*. Palo Alto, CA: Davies-Black.

Bolz, N. (1997). *Die Sinngesellschaft. Düsseldorf,* DE: Econ Verlag. (村上淳一訳『意味に餓える社会』東京大学出版会, 1998).

Brandt, E. (1996). Corporate pioneers explore spirituality peace. *HR Magazine, 41*(4), 82-87.

Brewer, E. W. (2001). Vocational souljourn paradigm: A model of adult development to express spiritual wellness as meaning, being, and doing in work and life. *Counseling and Values, 45*(2), 83-93.

Bujold, C. (1990). Biographical-hermeneutical approaches to the study of career development. In R. A. Young & W. A. Borgen (Eds.), *Methodological approaches to the study of career* (pp.57-70). New York, NY: Praeger.

Burrell, G., & Morgan, G. (1979). *Sociological paradigms and organizational analysis: Elements of the sociology of corporate life*. London, UK: Heinemann Educational Books（鎌田伸一・金井一賴・野中郁次郎訳『組織理論のパラダイム―機能主義の分析枠組』千倉書房, 1986）.

Butts, D. (1999). Spirituality at work: An overview. *Journal of Organizational Change Management, 12*(4), 328-332.

Cavanagh, G. F. (1999). Spirituality for managers: Context and critique. *Journal of Organizational Change Management, 12*(3), 186-199.

Chappell, T. (1993). *The soul of a business: Managing for profit and the common good*. New York, NY: Bantam Books.

Charlene, W. E. (1996). Spiritual wellness and depression. *Journal of Counseling and Development, 75*(1), 26-36.

Charmaz, K. (2006). *Constructing grounded theory: A practical guide through qualitative analysis*. Thousand Oaks, CA: Sage Publications Inc.

Cochran, L. (1990). Narrative as a paradigm for career research. In R. A. Young & W. A. Borgen (Eds.), *Methodological approaches to the study of career* (pp.71-86). New York, NY: Praeger.

Cochran, L. (1997). *Career counseling: A narrative approach*. Thousand Oaks, CA: Sage Publications, Inc.

Cohler, B. (1982). Personal narrative and life-course. In P. B. Baltes & O. G. Brim (Eds.), *Life span development and behavior* (Volume 3) (pp.149-201). Washington DC: US Government Printing.

Conger, J. A. (1994). *Spirit at work: Discovering the spirituality in leadership*. San Francisco, CA: Jossey-Bass.

Dale, E. S. (1991). *Bringing heaven down to earth: A practical spirituality of work*. New York, NY: Peter Lang.

Davidson, J. C., & Caddell, D. P. (1994). Religion and the meaning of work. *Journal for the Scientific Study of Religion, 33*(2), 135-147.

Dehler, G. E., & Welsh, M. A. (1994). Spirituality and organizational transformation: Implications for the New Management Paradigm. *Journal of Managerial Psychology, 9*(6), 17-26.

Dent, E. B., Higgins, M. E., & Wharff, D. M. (2005). Spirituality and leadership: An empirical review of definitions, distinctions, and embedded assumptions. *Leadership Quarterly, 16*, 625-653.

Driver, M. (2007). A "spiritual turn" in organizational studies: Meaning making or meaningless? *The Journal of Management, Spirituality & Religion, 4*(1), 56-86.

Duffy, R. D., & Blustein, D. L. (2005). The relationship between spirituality, religiousness, and career adaptability. *Journal of Vocational Behavior, 67*(3), 429-440.

Duffy, R. D. (2006). Spirituality, religion, and career development: Current status and future directions. *Career Development Quarterly, 55*(1), 52-63.

Emmons, R. A. (2000). Is spirituality an intelligence? Motivation, cognition, and the psychology of

ultimate concern. *The international Journal for the Psychology of Religion, 10*(1), 3-26.
Emmons, R. A. (2003). *The psychology of ultimate concerns: Motivation and spirituality in personality.* New York, NY: The Guilford Press.
Fox, M. (1994). *The reinvention of work: A new vision of livelihood for our time.* New York, NY: HarperCollins.
Frankl, V. E. (1969). *The will to meaning: Foundation and applications of Logotherapy.* New York, NY: The New American Library, Inc.（大沢博訳『意味への意志―ロゴセラピイの基礎と適用』ブレーン出版，1979）．
Frankl, V. E. (1978). *The unheard cry for meaning: Psychotherapy and humanism.* New York, NY: Simon & Schuster.
藤井理恵・藤井美和（2009）．『たましいのケア（増補改訂版）』いのちのことば社。
藤原正仁（2009）．「ゲーム産業におけるプロデューサーのキャリア発達」『キャリアデザイン研究』 *5*, 5-21。
藤原正仁（2013）．「ゲーム産業における女性開発者のキャリア発達：創造的専門家のライフストーリーからの展望」『東京大学大学院情報学環紀要』*85*, 45-95。
Garcia-Zamor, J. C. (2003). Workplace spirituality and organizational performance. *Public Administration Review, 63*(3), 355-363.
Giacalone, R. A., & Jurkiewicz, C. L. (2003). *Handbook of workplace spirituality and organizational performance.* New York, NY: Sharpe.
Gibbons, P. (1999). *Spirituality at work: Definitions, measures, assumptions and validation.* available at: http://spiritatwork.com/ university/Gibbons1999.htm.
Gibson, J. J. (1986). *The ecological approach to visual perception.* Hillsdale, NJ: Lawrence Erlbaum Associates (Original work published, 1979)（古崎敬他共訳『生態学的視覚論―ヒトの知覚世界を探る』サイエンス社，1986）．
Glaser, B. G., & Strauss, A. L. (1965). *Awareness of dying,* Chicago, IL: Aldine（木下康仁訳『死のアウェアネス理論と看護―死の認識と終末期ケア』医学書院，1988）．
Glaser, B. G., & Strauss, A. L. (1967). *The discovery of grounded theory: Strategies for Qualitative Research.* Chicago, IL: Aldine（後藤隆・大出春江・水野節夫訳『データ対話型理論の発見―調査からいかに理論をうみだすか』新曜社，1996）．
Glaser, B. G., & Strauss, A. L. (1968). *Time for dying,* Chicago, IL: Aldine.
Gottfredson, L. S. (1981). Circumscription and compromise: A developmental theory of occupational aspirations. *Journal of Counseling Psychology, 28*(6), 545-579.
Gottfredson, L. S. (2002). Gottfredson's theory of circumscription, compromise, and self-creation. In D.Brown & Associates (Eds.), *Career choice and development* (4th ed.)(pp.85-148). San Francisco, CA: Jossey-Bass.
Gottfredson, L. S. (2005). Applying Gottfredson's theory of circumscription and compromise in career guidance and counseling. In D. Brown & R. W. Lent (Eds.), *Career development and counseling: Putting theory and research to work* (pp.71-100). Hoboken, NJ: Wiley.
Hackman, J. R., & Oldham, G. R. (1976). Motivation through the design of work: Test of a theory. *Organizational Behavior and Human Performance, 16*(2), 250-279.
Hackman, J. R., & Oldham, G. R. (1980). *Work redesign,* Reading, MA: Addison-Wesley.

Hall, D. T. (1976). *Careers in organizations*, Santa Monica, CA: Goodyear.
Hall, D. T. (2002). *Careers in and out of organizations*. Thousand Oaks, CA: Sage Publications, Inc.
Hansen, L. S. (1997). *Integrative life planning: Critical tasks for career development and changing life patterns*. San Francisco, CA: Jossey-Bass.
Hansen, L. S. (2001). Integrating work, family, and community through holistic life planning. *The Career Development Quarterly, 49*(3), 261-274.
Hansen, L. S. (2002). Integrative life planning (ILP): Holistic theory for career counseling with adults. In S. Niles (Ed.), *Adult career development: Concepts, issures and practices* (3rd ed.) (pp.57-75). Columbus, OH: National Career Development Association.
Hermans, H. J. M. (1992). Telling and retelling one's self-narrative: A contextual approach to life-span development. *Human Development, 35*(6), 361-375.
Hermans, H. J. M., & Hermans-Janse, E. (1995). *Self-narratives, the construction of meaning in psychotherapy*. New York, NY: The Guilford Press.
Herzberg, F. (1966). *Work and the nature of man*. Cleveland, OH: World Publishing Company（北野利信訳『仕事と人間性―動機づけ‐衛生理論の新展開』東洋経済新報社，1968）.
比嘉勇人（2006）.「文章完成法による spirituality 評定尺度の開発」『人間看護学研究』*3*, 63-69。
Hoff, P. (2010). Historical perspectives of person-cantered medicine and psychiatry. *International Journal of Integrated Care, 10*, e016. (Published online)
Holland, J. L. (1966). *The psychology of vocational choice*. Watham, MA: Blaisdell.
Holland, J. L. (1973). *Making vocational choices: A theory of careers*. Englewood Cliffs, NJ: Prentice Hall.
Holland, J. L. (1985a). *Making vocational choices: A theory of personalities and work environments* (2nd ed.). Englewood Cliffs, NJ: Prentice Hall（渡辺三枝子他共訳『職業選択の理論』雇用問題研究会，1990）.
Holland, J. L. (1985b). *Manual for the vocational preference inventory*. Odessa, FL: Psychological Assessment Resources.
Holland, J. L. (1992). *Making vocational choices: A theory of vocational personalities and work environments*. Odessa, FL: Psychological Assessment Resources.
Holland, J. L. (1997). *Making vocational choices: A theory of personalities and work environments* (3rd ed.). Odessa, FL: Psychological Assessment Resources.
Hopson, B. (1981). Response to the papers by Schlossberg, Brammer and Abrego. *The Counseling Psychologist, 9*(2), 36-39.
Hopson, B., & Adams, J. D. (1977). Towards an understanding of transition: Defining some boundaries of transition. In J. D. Adams & B. Hopson (Eds.), *Transition: Understanding & managing personal change* (pp.1-19). Montclair, NJ: Allanheld, Osmun and Co. Publishers.
Howden, J. W. (1992). Development and psychometric characteristics of the Spirituality Assessment Scale. *Dissertation Abstracts International, 54*(1), 166B.
Hughes, E. C. (1958). Men and their work. Glencoe, IL: Free Press.
池田香代子［再話］C. ダグラス・ラミス［対訳］（2001）.『世界がもし 100 人の村だったら』マガジンハウス.
今道友信（1990）.『エコエティカ―生圏倫理学入門』講談社.

Kahnweiler, W., & Otte, F. L. (1997). In search of the soul of HRD. *Human Resource Development Quarterly, 8*(2), 171-181.

金井壽宏（2002a).『働くひとのためのキャリア・デザイン』PHP研究所．

金井壽宏（2002b).『仕事で「一皮むける」―関経連「一皮むけた経験」に学ぶ』光文社．

神戸康弘（2014).「＜講演評＞Meaningful Work：意味深い仕事とは―リプス - ウィルスマ先生来日記念講演会」『経営行動科学』*27*(2), 159-184。

狩俣正雄（2009).『信頼の経営―スピリチュアル経営の構築に向けて』中央経済社．

杵渕友子（2002).「働く意味獲得のための一試論―社会構成的意味を超えて」『城西大学女子短期大学部紀要』*19*(1), 18-31．

Kinjerski, V. M., & Skrypnek, B. J. (2006). Measuring the intangible: Development of the Spirit at Work Scale. In K. M. Weaver (Ed.), *Best paper proceedings of the sixty-fifth annual meeting of the Academy of Management* [CD], Al-A6.

King, N. (1998). Template analysis. In G. Symon & C. Cassell (Eds.), *Qualitative methods and analysis in organizational research: A practical guide*. Thousand Oaks, CA: Sage.

木下康仁（2003).『グラウンデッド・セオリー・アプローチの実践―質的研究への誘い』弘文堂．

清川雪彦・山根弘子（2004).「日本人の労働観―意識調査にみるその変遷」『大原社会問題研究所雑誌』*542*, 14-33。

Knasel, E. G. (1980). A model, specifications and sample items for a measure of career adaptability in young blue-collar workers. *Canadian Journal of Counselling and Psychotherapy, 15*(1), 31-37.

Kofodimos, J. (1993). *Balancing act, how managers can integrate successful careers and fulfilling personal lives*. San Francisco, CA: Jossey-Bass.

小池和男編（1991).『大卒ホワイトカラーの人材開発』東洋経済新報社．

Krahnke, K. (1999). *Searching for soul: Work and human evolution*, Ph.D thesis, Colorado State University.

Krumboltz, J. D., & Levin, A. S. (2004). *Luck is no accident: Making the most of happenstance in your life and career*. Oakland, CA: Impact Publishers（花田光世・大木紀子・宮地夕紀子訳『その幸運は偶然ではないんです！』ダイヤモンド社，2005）.

Kuhn, T. (1962). *The structure of scientific revolutions*. Chicago, IL: University of Chicago Press（中山茂訳『科学革命の構造』みすず書房，1971）.

楠木建（2010).『ストーリーとしての競争戦略―優れた戦略の条件』東洋経済新報社．

Lax, W. D. (1996). Narrative, social constructionism, and Buddhism. In H. Rosen & K. T. Kuehlwei (Eds.), *Constructing realities: Meaning-making perspectives for psychotherapists* (pp. 195-220). San Francisco, CA: Jossey-Bass.

Lips-Wiersma, M. S. (2002). The influence of spiritual 'meaning-making' on career behavior. *Journal of Management Development, 21*(7), 497-520.

Lips-Wiersma, M. S., & Morris, L. (2009). Discriminating between 'meaningful work' and the 'management of meaning.' *Journal of Business Ethics, 88*(3), 491-511.

Lips-Wiersma, M. S., & Morris, L. (2011). *The map of meaning: A guide to sustaining our humanity in the world of work*. Sheffield, UK: Greenleaf.

益田勉（2008).「キャリア・アダプタビリティと組織内キャリア発達」『人間科学研究』*30*，文教

大学人間科学部, 67-78。

Maslow, A. H. (1998). *Maslow on management*. New York, NY: Wiley(金井壽宏監訳, 大川修二訳『完全なる経営』日本経済新聞社, 2001).

松尾睦 (2010).「救急医の熟達と経験学習」『国民経済雑誌』*202*(4), 13-44。

Maturana, H. R., & Varela, F. J. (1980). *Autopoiesis and cognition: The realization of the living*. Dordrecht, NL: Springer Netherlands(河本英夫訳『オートポイエーシス』国文社, 1991).

May, D. R., Gilson, R. L., & Harter, L. M. (2004). The psychological conditions of meaningfulness, safety and availability and the engagement of the human spirit at work. *Journal of Occupational and Organizational Psychology, 77*(1), 11-37.

Maynard, H. B., & Mehrtens, SE. (1993). *The fourth wave: Business in the 21st century*. San Francisco, CA: Berrett-Koehler.

McAdams, D. P. (1988). *Power, intimacy, and the life story: Personological inquiries into Identity*. New York, NY: Guilford Press.

McAdams, D. P. (1992). Unity and purpose in human lives: The emergence of identity as a life story. In R. Zucker (Ed.), *Personality structure in the life course: Essays on personality in the Murray tradition* (pp. 323-375). New York, NY: Springer.

McGregor, D. (1960). *The human side of enterprise*. New York, NY: McGraw-Hill Book Co. (高橋達男訳『企業の人間的側面』産業能率短期大学出版部, 1966).

McKnight, R. (1984). Spirituality in the workplace. In J. D. Adams (Ed.), *Transforming work* (pp.138-153). Alexandria, VA: Miles River Press.

Merton, R. K. (1949). *Social theory and social structure*. New York, NY: Free Press(森東吾・森好夫・金沢実・中島竜太郎訳『社会理論と社会構造』みすず書房, 1961).

Michaelson, C. (2008). Work and the most terrible life. *Journal of Business Ethics, 77*(3), 335-345.

Miller-Tiedeman, A. L. (1988). *Lifecareer: The quantum leap into a process theory of career*, Vista, CA: Lifecareer Foundation.

Miller-Tiedeman, A. L. (1989). *How not to make it… and succeed: Life on your own terms*. Vista, CA: Lifecareer Foundation.

Miller-Tiedeman, A. L. (1992). *Lifecareer: How it can benefit you*. Vista, CA: Lifecareer Foundation.

Miller-Tiedeman, A. L. (1997). The Life process theory: A healthier choice. In D. P. Bloch & L. J. Richmond (Eds.), *Connections between spirit and work in career development: New approaches and practical perspectives* (pp. 87-114). Palo. Alto, CA: Consulting Psychologists Press.

Miller-Tiedeman, A. L. (1999). *Learning practicing, and living the new careering*. Philadelphia, PA: Accelerated Development.

Milliman, J. F., Czaplewski, A. J., & Ferguson, J. M. (2001). An exploratory empirical assessment of the relationship between spirituality and employee work attitude. *Academy of Management Proceedings*, B1, 1-6.

Mirvis, P. H., & Hall, D. T. (1996). Psychological success and the boundaryless career. In M. B. Arthur & D. M. Rousseau (Eds.), *The boundaryless career: A new employment principle for a new organizational era* (pp.237-255). New York, NY: Oxford University Press.

Mitchell, A. M., & Krumboltz, J. D. (1990). Social learning approach to career decision making. In D. Brown & L. Brooks (Eds.), *Career choice and development* (2nd ed.) (pp.145-196). San Francisco, CA: Jossey-Bass.

Mitchell, A. M., Levin, A. S., & Krumboltz, J. D. (1999). Planned happenstance: Constructing unexpected career opportunities. *Journal of Counseling & Development, 77*(2), 115-124.

Mitroff, I., & Denton, E. A. (1999). *A spiritual audit of corporate America: A hard look at spirituality, religion, and values in the workplace.* San Francisco, CA: Jossey-Bass.

Moore, T. (1992). *Care of the soul: A guide for cultivating depth and sacredness in everyday life.* New York, NY: Harper Collins.

諸富祥彦(2012).『100分de名著 フランクル「夜と霧」』NHK出版。

Myers, I. B. (1962). *Manual: The myers-briggs type indicator. Princeton,* NJ: Educational Testing Service.

Neal, J., & Biberman, J. (2003). Introduction: The leading edge in research on spirituality and organizations. *Journal of Organizational Change Management, 16*(4), 363-366.

Neck, C., & Milliman, J. (1994). Thought self-leadership: Finding spiritual fulfillment in organizational life. *Journal of Managerial Psychology, 9*(6), 9-16.

Neimeyer, R. A., & Stewart, A. E. (2002). Constructivist and narrative psychotherapies. In C. R. Snyder & R. E. Ingram (Eds.), *Handbook of psychological change: Psychotherapy processes and practices for the 21st century* (pp.337-357). New York, NY: Wiley (Published online).

Ochberg, R. L. (1988). Life stories and the psychosocial construction of careers. In D. P. McAdams & R. L. Ochberg (Eds.), *Psychobiography and life narratives* (pp. 173-204). Durham, NC: Duke University Press.

岡田昌毅(2007).「ドナルド・スーパー:自己概念を中心としたキャリア発達」渡辺三枝子編著『新版キャリアの心理学』(第1章)ナカニシヤ出版。

尾野裕美・岡田昌毅(2014).「20代ホワイトカラーにおけるキャリア焦燥感の構造とそれによって生じる行動,およびキャリア焦燥感の緩和プロセスに関する探索的検討」『キャリアデザイン研究』*10*, 105-117。

Pandey, A., Gupta, R. K., & Arora, A. P. (2009). Spiritual climate of business organizations and its impact on customers' experience. *Journal of Business Ethics, 88*(2), 313-332.

Plummer, K. (1995). Life story research. In J. A. Smith, R. Harré, & L. V. Langenhove (Eds.), *Rethinking methods in psychology* (pp.50-63). London, UK: Sage Publications.

Polkinghorne, D. E. (1997). Reporting qualitative research as practice (ch. 5). In W. G. Tierny & Y. S. Lincoln (Eds.), *Representing the text: Re-framing the narrative voice* (pp.3-55). New York, NY: State University of New York Press.

Poole, E. (2009). Organisational spirituality: A literature review. *Journal of Business Ethics, 84*(4), 577-588.

Robbins, S. P. (2003). *Organizational behavior.* Upper Saddle River, NJ: Prentice Hall.

Robbins, S. P. (2005). *Essentials of organizational behavior* (8th ed.). Upper Saddle River, NJ: Pearson Education, Inc. (髙木晴夫訳『(新版)組織行動のマネジメント—入門から実践へ』ダイヤモンド社, 2009).

Robert, T. E., Young, J. S., & Kelly, V. A. (2006). Relationships between adult workers' spiritual

well-being and job satisfaction: A preliminary study. *Counseling and Values, 50*(3), 165-175.
Rogers, E. M. (1962). *Diffusion of innovations.* New York, NY: Free Press of Glencoe（青池愼一・宇野善康監訳『イノベーション普及学』産能大学出版部，1990）.
Rojas, R. R. (2005). *Spirituality in management and leadership: A relational-ideopraxis approach.* Bloomingdale, IN: AuthorHouse.
Royce-Davis, J., & Stewart, J. (2000). *Addressing the relationship between career development and spirituality when working with college students.* ERIC Document Reproduction Service No. ED452444.
坂下昭宣（2002）.『組織シンボリズム論―論点と方法』白桃書房。
Salovey, P., & Mayer, J. D. (1990). Emotional intelligence. *Imagination, Cognition and Personality, 9,* 185-211.
サトウタツヤ（2009）.『TEMではじめる質的研究―時間とプロセスを扱う研をめざして』誠信書房。
Savickas, M. L. (1988). An Adlerian view of the publican's pilgrimage. *Career Development Quarterly, 36*(3), 211-217.
Savickas, M. L. (1989). Career style assessment and counseling. In T. J. Sweeney (Ed.), *Adlerian counseling: A practical approach for a new decade* (3rd ed.) (pp. 289-320). Muncie, IN: Accelerated Development Press.
Savickas, M. L. (1993). Career counselling in the postmodern era. *Journal of Cognitive Psycotherapy, 7*(3), 205-215.
Savickas, M. L. (1997). The spirit in career counseling: Fostering self-completion through work. In D. P. Bloch & L. J. Richmond (Eds.), *Connections between spirit and work in career development:* New approaches and practical perspectives (pp.31-66). Palo. Alto, CA: Consulting Psychologists Press.
Savickas, M. L. (2002). Career construction: A developmental theory of vocational behavior. In D. Brown & Associates (Eds.), *Career choice and development* (4th ed.) (pp.149-205). San Fransisco, CA: Jossey Bass.
Savickas, M. L. (2005a). *Career construction theory and practice.* Presented at the American Counseling Association Meeting, April 2005, Atlanta, GA.
Savickas, M. L. (2005b). The theory and practice of career construction. In D. Brown & R. W. Lent (Eds.), *Career development and counseling: Putting theory and research to work* (pp. 42-70). Hoboken, NJ: Wiley.
Schein, E. H. (1978). *Career dynamics: Matching individual and organizational needs.* Reading, MA: Addison-Wesley（二村敏子・三善勝代訳『キャリア・ダイナミクス』白桃書房，1991）.
Sharf, R. S. (2008). *Theory of psychotherapy and counseling: Concepts and cases* (4th ed.). Belmont, CA: Thomson Brooks, Cole.
Sharf, R. S. (2009). *Applying career development theory to counseling* (5th ed.). Belmont, CA: Brooks Cole.
Sheep, M. L. (2004). Nailing down gossamer: A valid measure of the person-organization fit of workplace spirituality. In D. H. Nagao (Ed.), *Best paper proceedings of the sixty-third annual meeting of the Academy of Management* [CD], B1-B6.
Sievers, B. (1993). *Work, death and life itself: Essays on management and organization.* Berlin, DE:

Walter de Gruyter.

下條信輔（1999）.『〈意識〉とは何だろうか－脳の来歴，知覚の錯誤』講談社。

Strauss, A. L., & Glaser, B. G. (1970). *Anguish*. Mill Valley, CA: The Sociology Press.

Super, D. (1990). A life-span, life-space approach to career development. In D. Brown & L. Brooks (Eds.). *Career choice and development* (2nd ed.) (pp.197-261). San Francisco, CA: Jossey-Bass.

Super, D. E., & Knasel, E. G. (1979). *The development of a model, specifications, and sample items for measuring career adaptability (vocational maturity) in young blue-collar workers: Final report to Canada employment and immigration*. National Institute for Careers Education and Counselling.

Super, D. E., & Knasel, E. G. (1981). Career development in adulthood: Some theoretical problems and a possible solution. *British Journal of Guidance and Counseling, 9*(2), 194-201.

鈴木竜太（2002）.『組織と個人―キャリアの発達と組織コミットメントの変化』白桃書房。

田路則子（2006）.「半導体産業におけるミドルエンジニアの役割とキャリア志向性」『赤門マネジメント・レビュー』*5*(12), 729-744。

竹田恵子・太湯好子・桐野匡史・雲かおり・金貞淑・中嶋和夫（2007）.「高齢者のスピリチュアリティ健康尺度の開発―妥当性と信頼性の検証」『日本保健科学学会誌』*10*(2), 63-72。

Tiedeman, D. V., & Miller-Tiedeman, A. L. (1979). Choice and decision processes and career revisited. In M. Anita, G. Mitchell, B. Jones, & J. D. Krumboltz (Eds.), *Social lerning and career decision making* (pp.160-179). Cranston, RI: Carroll Press.

Tierny, W. G., & Lincoln, Y. S. (1997). *Representation and the text: Re-framing the narrative voice*. New York, NY: State University of New York Press.

Thompson, W. D. (2001). Spirituality at work. *Executive Excellence, 18*(9), 10.

Vaill, P. B (1989). *Managing as a performing art: New ideas for a world of chaotic change*. San Francisco, CA: Jossey-Bass.

Vaill, P. B. (1991). *The inherent spirituality of organizations*, unpublished manuscript prepared for the Academy of Management Meeting, Miami Beach, FL.

Valsiner, J. (2007). *Culture in minds and societies: Foundations of cultural psychology*. New Delhi, IND: Sage.

Valsiner, J., & Sato, T. (2006). Historically structured sampling (HSS): How can psychology's methodology become tuned in to the reality of the historical nature of cultural psychology? In J. Straub, C. Kölbl, D. Weidemann, & B. Zielke (Eds.), *Pursuit of meaning: Advances in cultural and cross-cultural psychology* (pp. 215-251). Bielefeld, DE: Transcript Verlag.

Wagner-Marsh, F., & Conley, J. (1999). The fourth wave: The spiritually-based firm. *Journal of Organizational Change Management, 12*(4), 292-301.

Wong, P. T. P. (1998). Implicit theories of meaningful life and the development of a meaning profile. In P. T. P. Wong & P. S. Fry (Eds.), *The human quest for meaning: A handbook of psychological research and clinical applications* (pp.111-178). Mahwah, NJ: Lawrence Erlbaum Associates.

Wrzesniewski, A., McCauley, C., Rozin, P., & Schwartz, B. (1997). Jobs, careers, and callings:

People's relations to their work. *Journal of Research in Personality, 31*(1), 21-33.

Yalom, I. D. (1980). *Existential psychotherapy*. New York, NY: Basic Books.

Young, R. A., & Borgen, W. A. (1990). *Methodological approaches to the study of career*. New York, NY: Praeger.

Zohar, D., & Marshall, I. (2001). *SQ: Connecting with our spiritual intelligence*. New York, NY: Bloomsbury.

索 引

事項索引

— あ行 —

アイデンティティ……………………………18
アクション……………… 58, 59, 62, 63, 215
アクションかリフレクションか………96, 97
明日の子供……………………………………238
アースプレイト（地盤）……………………227
アダプタビリティ（適応コンピテンス×適応モチベーション）………………………………18
あなたのパラシュートは何色？……………227
新たなキャリア目標の創出………… 137, 138
アーリーアドプターからアーリーマジョリティ（大衆）に広がっていくタイミング……… 164
アンバランス……………………………………77
アンバランス状態………………………………77
医師の熟達………………………………………79
一般的現実………………………………………28
意味のある仕事を作り出すことで，ヒューマンと世界をコネクトさせる………… 242, 243
意味の生成マップ（the map of meaning-making）……………………………… 48, 52, 56
意味の輪…………………………… 65, 194, 210
意味深い仕事のマップ：作成過程………… 233
意味マップ……………… 55, 56, 57, 67, 75, 209
意味マップ使用のルール作り………… 66, 67
「意味マップ」と「意味の輪」の同一性… 194
意味マップの右半球問題………………………97
インスピレーション（inspiration）…… 56, 63, 75, 76, 240
ウーマンオブザイヤー（woman of the year）…………………………………………… 104, 106
ウーマンオブザイヤー受賞者……106, 108, 115, 171
影響スキルの獲得………………………… 125
影響すること………………………………51, 52
影響のスキル……………………………… 123
エージェンシー（代理人，agency）…… 61, 62, 63, 219
エージェント……………………………… 216
エンジニアリング志向…………………………85
オーガナイズ志向………………………………85
オーガニック（有機的）な組織 … 65, 194, 235, 243
大人モデル………………………… 200, 246
オープン・コーディング………………… 110

— か行 —

解決への着目……………………………… 211
解釈主義パラダイム………………… 107, 108
階層（ヒエラルキー，上下関係）………… 232
開放モデル………………………………… 246
外面マップ………………………… 64, 242
書き込み用…………………… 254, 255, 256
学生の就活への活用………………… 249, 250
価値観の一致………………………………50
価値観の共有……… 52, 143, 148, 152, 153, 154
可能性モデル……………………………… 246
関係図（モデル図）……………………… 111
管理モデル………………………………… 246
緩和プロセスの分析……………………………88
機能主義パラダイム……………………… 107
機能人……………………………………………20
逆算モデル………………………………… 179
キャリア・アダプタビリティ（適応力）… 16, 22, 24
キャリア意思決定アプローチ……………………………
キャリア焦燥感………………………… 87, 88
キャリア・スタイル・インタビュー………26
キャリア・ドリフト……………………………75
キャリアのアーチ……………………………15
キャリアの危機………………………………17
キャリアのゴール（目的）……………………65
キャリアの虹…………………………………15
キャリアの有意味性……………………… 187
キャリア発達の最終目的………………… 102
キャリアヒストリー………………… 111, 112
キャリアへの意味アプローチ……………27, 28
キャリア・マチュリティ（成熟度）…… 15, 23
キャリア・マチュリティ理論…………………16
吸収拡大モデル………………………… 183
急速に進行する変化……………………… 232
共同体の"使い"………………………………62
協力（co-operation）…………………………60
キルト……………………………………………31
キルト志向………………………………………32
均衡のロス（喪失）…………………… 52, 57
グラウンデッド・セオリー・アプローチ… 110
計画された偶然（planned happenstance）」理論…………………………………………………18
顕著な社会変革や社会貢献の実現に至るキャリアのロジック………………………… 176
構築主義（constructivism）………… 32, 224
効率と締め切り………………………… 231
功利的コミットメント…………………………74
顧客・社会の課題解消…… 116, 155, 166, 167, 172
顧客の"声"を聞く〈顕在・潜在〉… 166, 167

顧客または問題に「直に」接するチームの効果 ……………………………………………… 244
個人スキル（自己影響力）の吸収拡大モデル ……………………………………………… 183
個人成長，自己理解，尊厳維持 ………… 58
個人的現実 ……………………………… 28
個人的成長（personal growth）…… 50, 52
子供モデル ……………………… 200, 246
コミュニオン（共同体，communion）… 60, 62, 63, 218
ゴールに至るまでのロジック（因果論理のストーリー）…………………………… 66
コンストラクティベスト ……………… 227

― さ行 ―

最適バランス …………………………… 78
最適バランスの獲得 …………………… 78
三者の Win-Win の関係 ………… 184, 211
軸足コーディング …………………… 110
自己―他者 ……………………………… 52
自己知識（self-knowledge）……… 50, 52
自己知識の獲得 ………………… 137, 138
自己表現 …………………………… 52, 58
自身を成長させ自分自身になる ……… 52
持続可能性 ……………………………… 60
「したい」けど「できない」………… 202
「したい」けど「できない」ことの把握 … 156, 166, 167
「したい」けど「できない」を解消する"道具"の発案と提供 ……………… 156, 166, 167
実存的空虚 ……………………………… 21
質的研究における従属変数の問題 …… 96
質的な精神－伝記的研究法 ………… 108
自分になる ……………………………… 58
自分の夢＝社会の夢 ………………… 185
自前の使命感 ………………………… 229
使命感に基づく役割知覚の変化 … 137, 138
使命感の獲得 … 116, 127, 137, 138, 139, 171, 189
社会構築主義（social constructionism）…22
社会構築理論（social construction theory） ………………………… 32, 223, 224
社会システムとしての意味マップ …… 60
社会的意義のある商品 ……………… 152
社会の構成物 ………………………… 107
社会にとって意味のある仕事 ………… 66
社会の"声"を聞く〈顕在・潜在〉… 156, 166, 167
社会変革・社会貢献の実現者 ……… 103
社会変革・社会貢献の実現に至るキャリアのルート（発達経路）………… 174, 175
社会変革・社会貢献を実現する4要因統合モデル ……………………………… 178
社会問題の認知 ………………… 137, 138
社会を変える精神性 ………………… 198

ジャンプ ………………………………… 77
修正版グラウンデッド・セオリー・アプローチ（M-GTA）…………………………… 110
主観的調査における従属変数の問題 …… 95
状況への着目 ………………………… 210
情緒的コミットメント ………………… 74
職業パーソナリティ …………………… 22
職務特性モデル ……………………… 100
所属観 …………………………… 50, 52
人格人 …………………………………… 20
人生課題 ……………………………… 26
人生はキャリア ………………………… 28
垂直軸 …………………………………… 20
水平軸 …………………………………… 20
スキルの獲得 …………………… 116, 171
成功するキャリア ……………………… 20
精神性（spirituality）………… 32, 33, 56
精神性アプローチ ……………………… 29
精神性との一貫性 ……………………… 52
精神性の健康度（spiritual wellness）… 38
精神性の測定 ………………………… 42
精神性の探求 ………………………… 32
精神的伝記的データ分析法 ………… 112
世界を変えるポジション ……………… 65
選択的コーディング ………………… 110
全米キャリア発達学会（NCDA）…… 223
専門性の獲得が他者志向への扉をあける … 188
早期記憶 ……………………………… 26
創造スキルの獲得 ……… 117, 120, 122, 124
創造すること ……………………… 50, 52
促進的記号（social guide=SG）…… 126
組織行動論（organization behavior=OB）… 34
組織コミットメント ……………… 74, 75, 77
組織と個人 ……………………………… 74
組織リソースの獲得 …… 116, 139, 153, 154, 171
組織リソースを活用したコンセプトの実現 …………………… 142, 143, 148, 153, 154
ソーシャル・コンストラクト・セオリスト …… 227
尊厳の維持 ……………………………… 50
尊厳の揺らぎ …………………… 137, 138
尊厳を維持する（maintaining integrity）…… 52

― た行 ―

第三の手法 ……………………… 210, 211
第三の変化 ……………………………… 32
大衆に広がるタイミングでの市場投入 …… 166, 167
大卒ホワイトカラー …………………… 93
第4の波 ……………………………… 34
代理人 ………………………………… 62
他者との一体感 ………………… 52, 58, 60
他者への奉仕 …………………… 52, 58
達成スキルの獲得 ……… 119, 120, 125
達成すること ……………………… 51, 52

チェンジ・エージェント（change agent）……31
違いを作り出す……50
チームワーク……58
「できる」のに「していない」ことをベースとした商品コンセプト発案…142, 143, 144, 148, 153, 154
「できる」のに「していない」という思い……189
テクニカル志向……84
テクニカル・ラダー（Tラダー）……84
伝記−解釈学的アプローチ……108
伝統的アプローチ……13, 20
統合的ライフプランニング（ILP）理論…31, 102
等至点（EFP）……104
透明性（transparent）……61
特性論アプローチ……13

— な行 —

内面的成長……58, 61
内面マップ……64, 74, 217, 242
内面マップの見える化……64
人間性ニーズに合わせる……58
能力発揮……58, 60

— は行 —

バウンダリレス・キャリア……18
働く人の仕事の喜び改善マップとしての活用……252
発達理論アプローチ……15, 17
発達ルート……82
半構造化面接法……108
ビジネス志向……85
必要なもの……32
必要に迫られてのスキル獲得……118, 125
一皮むけた経験……68, 72
一皮むけた経験研究……198
ヒューマン（人間，人間性）をもっと組織に取り込む……242, 243
ピラミッドモデル……181
複雑系理論……224
複線径路・等至性モデル（trajectory equifinality model：TEM）……111
フラットランド……20
プロティアン・キャリア……17
分析ワークシート……115
変幻自在なキャリア……17
包括的発達モデル……48
ポジションの獲得……140, 143, 148, 153, 154
ホランドの六角形……13
本研究の分類基準（ルール作り）……98
本質主義（essentialism）……22

— ま行 —

マズローの欲求五段階説……181

マッチング……193
マップを「回す力」「動かす力」……188
学びの意欲からのスキル獲得……125
学びの意欲によるスキル獲得……117
マネジメント・ラダー（Mラダー）……84
マネジリアル志向……84
「○○」なのに「○○」モデル……191, 192
メタ・コンピテンシー……18
目撃体験……137, 138
求めるもの……32
モラル開発，人格成長，自分に誠実……58

— や行 —

ユング心理学……14

— ら行 —

ライフキャリア財団……28
ライフキャリア理論……28
ライフスタイル……26
ライフスタイルコンセプト……26
ライフスパン理論……15
ライフ・テーマ……22, 26, 27
螺旋状の発達モデル……186
螺旋モデル……185
リアリティ（reality）……57, 76
リアリティショック……75
リサーチ志向……85
リソースの把握……142, 143, 144, 148, 153, 154
リフレクション……58, 59, 62, 63, 215
ルート（発達径路）の発見……173
歴史的構造化サンプリング（HSS）……104
労働の安定性……233
ロゴセラピー……20

— わ行 —

ワークプレイト（仕事の地盤）……229

———— 欧字・数字 ————

Adler理論……26
AOM（全米経営学会）……230
"being"ということばの捉え方……97
"Born Free"プログラム……31
Doing—Being……52
Foxによる「仕事の精神性」に関する質問表…42
Hopson & Adamsモデル……19
human development……60
ILP……102, 224
iSAS……42
Management, Spirituality & Religion（MSR）……34
MBTIモデル……14

M-GTA ·· 110, 115
Myers-Briggs Type Indicator (MBTI) ········14
Myers-Briggsのタイプ理論 ·························14
NVivo 9 ··· 114
QDA ·· 114
RIASEC（リアセック）モデル ·················13
RIASEC理論 ··13
SAS ···42
SI（spiritual intelligence）·······················38
Soul Work ···29
SQ（spiritual quotient）··························38
TED ·· 231
TEM ·· 111
The Academy of Management（AOM）····34

4つの困難と機会 ································· 231
5ステップ内容分析法 ···························· 111
6つの重要なライフタスク（six critical life tasks）
  ··31
7ステップ解釈手続き ·····························27
7つのテーマ ··29
7年目の転機（ジャンプ）·······················75

人名索引

― あ行 ―

アージリス，C. ······································ 236
今道友信 ·· 4
岡田昌毅 ································ 16, 84, 87, 89
尾野裕美 ·· 84, 87, 89

― か行 ―

金井壽宏 ····· 39, 68, 72, 74, 84, 89, 198, 230, 236
狩俣正雄 ···39
神戸康弘 ···55
杵渕友子 ···································· 2, 3, 4, 5, 20
木下康仁 ·· 110, 115
清川雪彦 ···99
楠木建 ··96
小池和男 ·· 93, 94, 95

― さ行 ―

坂下昭宣 ·· 107
サトウタツヤ ·· 111
下條信輔 ·· 6
鈴木竜太 ······························· 74, 84, 89, 230

― た行 ―

竹田恵子 ···39
田路則子 ·· 84, 87, 89

― は行 ―

藤本哲史 ·· 230
藤原正仁 ·· 90, 91
ベーガン，D. ································ 236, 237
ボウルズ，R. N. ···································· 227

― ま行 ―

益田勉 ······································ 15, 17, 22
松尾睦 ··89

― や行 ―

山根弘子 ···99

――――― 欧字 ―――――

― A ―

Adams, D. W. ··································· 37, 40
Adams, J. D. ··19
Allen, T. J. ···84
Amabile, T. M. ····································· 233

Arthur, M. B. ···················18
Ashforth, B. E. ···············35, 36
Ashmos, D. ····················33
Ayers, D. F. ····················100

— B —

Beazley, H. ····················42
Becker, E. ·····················48
Biberman, J. ··················33, 48
Bloch, D. P. ·············11, 28, 29, 30, 37, 40
Blustein, D. L. ·················38
Bolz, N. ·······················2
Borgen, W. ····················108
Brandt, E. ·····················33
Brewer, E. W. ···············36, 39, 40
Bujold, C. ····················112
Burrell, G. ····················107
Butts, D. ·····················33

— C —

Caddell, D. P. ················36, 40
Cavanagh, G. F. ···············48
Chappell, T. ···················34
Charlene, W. E. ················38
Charmaz, K. ··················110
Cochran, L. ···················108
Cohler, B. ····················112
Conger, J. A. ··················33
Conley, J. ····················34
Csiernik, R. ··················37, 40

— D —

Dale, E. S. ····················48
Davidson, J. C. ···············36, 40
Dehler, G. E. ·················37, 40
Dent, E. B. ················33, 34, 42, 99
Denton, E. ···················49, 54
Driver, M. ····················101
Duchon, D. ····················33
Duffy, R. D. ··················38, 40

— E —

Emmons, R. A. ·················38

— F —

Fox, M. ······················34, 42
Frankl, V. E. ··················20, 21

— G —

Garcia-Zamor, J. C. ·············40
Giacalone, R. A. ················34
Gibbons, P. ··················37, 40
Gibson, J. J. ···················8

Glaser, B. G. ···················110
Gottfredson, L. S. ···············17

— H —

Hackman, J. R. ·················100
Hall, D. T. ····················17, 48
Hansen, L. S. ·········28, 31, 32, 102, 224, 225, 227
Hermans, E. ···················112
Hermans, H. J. M. ···············112
Herzbeurg, F. ··················2
Hoff, P. ······················108
Holland, J. L. ·············11, 13, 14, 22, 23
Hopson, B. ····················19
Howden, J. W. ··················42

— J —

Jurkiewicz, C. L. ···············34

— K —

Kahnweiler, W. ·················48
Katz, R. ······················84
King, N. ·····················114
Kinjerski, V. M. ················36
Knasel, E. G. ··················16, 17
Kofodimos, J. ················48, 112
Krahnke, K. ··················8, 53
Kramer, S. J. ··················233
Krumboltz, J. D. ···············11, 18
Kuhn, T. ·····················107

— L —

Lax, W. D. ···················109
Lincoln, Y. S. ·················109
Lips-Wiersma, M. S. ······1, 11, 40, 48, 55, 56, 57, 100, 101, 108, 109, 111, 114, 198, 230, 231

— M —

Marshall, I. ···················38
Maslow, A. H. ·················181
Maturana, H. R. ···············8
May, D. R. ··················100, 101
Mayer, J. D. ···················38
Maynard, H. B. ·················34
McAdams, D. P. ···············108, 112
McGregor, D. ··················2
McKnight, R. ·················38, 40
Mehrtens, S. E. ················34
Merton, R. K. ·················110
Michaelson, C. ················100
Miller-Tiedeman, A. L. ·········28, 226
Milliman, J. F. ················40, 49
Mirvis, P. H. ··················48
Mitchell, A. M. ················11

索　引

271

Mitroff, I.	49, 54
Moore, T.	34
Morgan, G.	107
Morris, L.	55, 56, 57, 114, 231
Myers, I. B.	14

— N —

Neal, J.	33
Neck, C.	49
Neimeyer, R. A.	22

— O —

Ochberg, R. L.	108, 112
Oldham, G. R.	100
Otte, F. L.	49

— P —

Pandey, A.	38, 99
Plummer, K.	112
Poole, E.	34, 49
Pratt, M. G.	35, 36

— R —

Richmond, L. J.	28, 29, 30, 223
Robbins, S.	34
Robert, T. E.	38, 40
Rojas, R. R.	34, 42
Rousseau, D. M.	18

— S —

Salovey, P.	38
Sato, T.	104
Savickas, M.	22, 23, 26, 27, 32, 49, 102, 223, 225, 227
Sharf, R. S.	13, 225
Sheep, M. L.	39
Siervers, B.	48
Skrypnek, B. J.	36
Stewart, A. E.	22
Strauss, A. L.	110
Super, D. E.	11, 15, 16, 17, 22, 23, 102

— T —

Thompson, W. D.	37
Tiedeman, D. V.	22, 28, 223
Tierny, W. G.	109

— V —

Vaill, P. B.	34, 49
Valsiner, J.	104, 111
Varela, F. J.	8

— W —

Wagner-Marsh, F.	34
Welsh, M. A.	37, 40
Whittey, M.	48
Wong, P. T. P	48
Wrzesniewski, A.	36, 40

— Y —

Yalom, I. D	49
Young, J. S.	108

— Z —

Zohar, D.	38

● ─著者紹介

神戸康弘〈かんべ・やすひろ〉

早稲田大学商学部卒業。
早稲田大学大学院商学研究科博士課程，および
神戸大学大学院経営学研究科博士課程修了。博士（経営学）。
現在は山陽学園大学准教授。専門はキャリア研究。

■「意味マップ」のキャリア分析
──「個人の意味」が「社会の意味」になるメカニズム

■発行日──2016年9月6日　初版発行　〈検印省略〉

■著　者──神戸康弘
■発行者──大矢栄一郎
■発行所──株式会社白桃書房

　　〒101-0021　東京都千代田区外神田5-1-15
　　Tel 03-3836-4781　Fax 03-3836-9370
　　振替 00100-4-20192
　　http://www.hakutou.co.jp/

■印刷・製本──藤原印刷株式会社

©Yasuhiro Kanbe 2016　Printed in Japan
ISBN978-4-561-26672-3 C3034

・本書のコピー，スキャン，デジタル化等の無断複製は著作権法上での例外を除き禁じられています。本書を代行業者等の第三者に依頼してスキャンやデジタル化することは，たとえ個人や家庭内の利用であっても著作権法上認められておりません。

・ JCOPY 〈(社)出版者著作権管理機構 委託出版物〉
本書の無断複写は著作権法上での例外を除き禁じられています。複写される場合は，そのつど事前に，(社)出版者著作権管理機構（電話 03-3513-6969，FAX 03-3513-6979，e-mail : info@jcopy.or.jp）の許諾を得てください。

落丁本・乱丁本はおとりかえいたします。

● 好評書 ●

日本のキャリア研究

◎── 金井壽宏・鈴木竜太 [編著]
組織人のキャリア・ダイナミクス 本体価格 3800 円
専門技能とキャリア・デザイン 本体価格 3500 円

◎── 坂下昭宣 [著]
組織シンボリズム論 ─論点と方法 本体価格 3000 円

◎── E. H. シャイン [著] 二村敏子・三善勝代 [訳]
キャリア・ダイナミクス 本体価格 3800 円

◎── E. H. シャイン [著] 金井壽宏 [訳]
キャリア・アンカー ─自分のほんとうの価値を発見しよう 本体価格 1600 円

◎── E. H. シャイン [著] 金井壽宏 [訳]
キャリア・サバイバル ─職務と役割の戦略的プランニング 本体価格 1500 円

◎── 金井壽宏 [著]
キャリア・デザイン・ガイド
─自分のキャリアをうまく振り返り展望するために 本体価格 2100 円

◎── E. H. シャイン [著] 金井壽宏・髙橋潔 [訳]
キャリア・アンカー：セルフ・アセスメント 本体価格 762 円

◎── E. H. シャイン・J. ヴァン=マーネン [著] 木村琢磨 [監訳]

キャリア・マネジメント
─変わり続ける仕事とキャリア

セルフ・アセスメント 本体価格 800 円
パーティシパント・ワークブック 本体価格 3000 円
ファシリテーター・ガイド 本体価格 3500 円

東京 **白桃書房** 神田
※本広告の価格は本体価格です。別途消費税が加算されます。